| 博士生导师学术文库 |

A Library of Academics by
Ph.D.Supervisors

产业组织框架下技术创新与技术许可机制研究

闫庆友　杨　乐　朱丽丽　著

光明日报出版社

图书在版编目（CIP）数据

产业组织框架下技术创新与技术许可机制研究 / 闫庆友, 杨乐, 朱丽丽著 . -- 北京：光明日报出版社, 2020.6

ISBN 978-7-5194-5795-2

Ⅰ.①产… Ⅱ.①闫…②杨…③朱… Ⅲ.①技术经济—研究 Ⅳ.①F062.4

中国版本图书馆 CIP 数据核字（2020）第 097083 号

产业组织框架下技术创新与技术许可机制研究
CHANYE ZUZHI KUANGJIA XIA JISHU CHUANGXIN YU JISHU XUKE JIZHI YANJIU

著　　者：闫庆友　杨　乐　朱丽丽
责任编辑：刘兴华　　　　　　　责任校对：刘浩平
封面设计：一站出版网　　　　　责任印制：曹　诤
出版发行：光明日报出版社
地　　址：北京市西城区永安路 106 号，100050
电　　话：010-63139890（咨询），010-63131930（邮购）
传　　真：010-63131930
网　　址：http://book.gmw.cn
E - mail：liuxinghua@gmw.cn
法律顾问：北京德恒律师事务所龚柳方律师
印　　刷：三河市华东印刷有限公司
装　　订：三河市华东印刷有限公司
本书如有破损、缺页、装订错误，请与本社联系调换，电话：010-63131930
开　　本：170mm×240mm
字　　数：235 千字　　　　　　印　　张：16
版　　次：2020 年 6 月第 1 版　　印　　次：2020 年 6 月第 1 次印刷
书　　号：ISBN 978-7-5194-5795-2
定　　价：95.00 元

版权所有　　翻印必究

前　言

在经济快速发展的今天,科技日新月异。技术进步是一个国家经济发展和产业结构调整的根本性动力,对于社会发展有至关重要的作用。技术创新,作为技术进步的一个主要标志,是推动一个国家和民族稳定发展的基础,也是推动社会进步的重要因素。所以,各个国家的企业都在不断地投入大量时间、资金和精力来进行技术创新,以期来保持其在市场竞争中的领先地位。除自身创新之外,企业考虑更多的是在创新后如何在企业间进行技术转移,而技术许可一直被视为是企业对创新成果进行扩散和商业化转化最有效的途径之一。那么,企业对于技术许可的如何创造、占有和运用,一直是产业组织理论研究中的热点问题。综合地运用博弈论、最优控制理论和产业经济理论等方面相关理论和经典方法,从多角度综合地分析许可方和被许可方的许可策略选择和行为,评价最优技术许可策略对双边利润、消费者福利和社会总福利的影响,是技术创新和技术许可研究的核心内容。

基于此背景,本书在产业组织理论框架下,通过考虑对于企业技术创新与技术许可有影响的多方面因素,包括新技术获取方式、技术模仿、市场竞争结构、市场需求结构、信息不对称以及不确定性等,来构建具有不同侧重点的企业技术创新与技术许可博弈模型,以期探究在不同经济背景下企业如何进行研发投入、新技术获取,以及采用何种策略对于新技术进行转移并实现商业化收益等问题。全书的研究内容共分为七章,具体如下:

第一章,首先介绍技术创新与技术许可的研究背景与研究意义。然后,结合本书的研究主题，对技术创新和技术许可领域的相关文献进行梳理总结。最后，对于本书所涉及的基础理论进行综述，并以此为后续章节相关研究奠定理论基础。

第二章，首先在同质双寡头竞争市场，分析企业进行研发竞争时不同因素对于企业研发创新投入、市场均衡利润等方面的影响。然后，在异质双寡头竞争市场，分别对于技术创新企业可能采取的技术获取方式进行分析并求解其各自市场均衡结果。最后，对这些可能的技术获取方式进行比较分析，从而得出企业最佳新技术获取方式。

第三章，从内部创新者的角度出发，首先在不存在技术模仿的情况下，分析异质产品市场中的创新企业对于成本降低型创新技术的最优许可方式。然后，在假定模仿存在的情况下，分析创新企业如何通过设计技术许可合同来阻碍模仿行为的发生。最后，探讨创新企业如何通过推迟技术的采用方式来阻碍模仿行为的发生。

第四章，在古诺竞争、斯塔克伯格竞争和伯川德竞争三种典型市场结构下，讨论质量提高型创新技术的许可决策问题，并以此来分析不同市场结构下的技术许可策略对于消费者剩余、生产者剩余和社会福利的影响，以期探究质量提高型创新技术许可的内在决策机制。

第五章，在考虑商品上游供应关系下，首先从产品原材料上游供应商的角度出发分析耐用品的质量提高型创新技术的许可决策问题。然后，以终端市场需求结构为切入点，通过考虑线性需求结构和 Logit 需求结构来分析质量提高型创新技术的许可决策问题。

第六章，首先从不同的角度分析技术许可过程中可能遇到的信息不对称问题。这里的信息不对称可能是不参与市场竞争的外部创新者无法掌握产品生产企业的相关信息，也可能是产品生产企业对于创新技术的质量相关信息掌握不完全。然后，探讨这些信息不对称问题对于创新企业技术许可策略的内在影响。

第七章，在考虑研发创新结果和市场需求等多种不确定条件下，讨论创新企业技术许可决策的相关问题。具体来说，首先在研发结果不确定和技术溢出的条件下分别分析私有制企业和混合所有制企业的技术许可行为。然后，在市场需求不确定的条件下，分析新产品技术的动态许可决策及其相关市场均衡。

在上述七章内容中，第一章、第二章、第四章、第五章由闫庆友执笔；第三章、第六章、第七章由杨乐执笔；第四章、第五章的部分内容由朱丽丽执笔。另外，华北电力大学数量经济研究所的桂增侃、米乐乐和于振华也参与了本书的部分编撰校对工作。全书最后的统稿和审定由闫庆友负责。

在本书的编写过程中，得到了华北电力大学经济与管理学院的大力支持，在此表示衷心的感谢和诚挚的敬意。

编著者

2019 年 5 月于华北电力大学

目 录 CONTENTS

第一章 技术创新与技术许可研究概述 ………………………… 1
（一）研究背景及意义 ………………………… 1
（二）国内外研究现状 ………………………… 3
（三）相关理论综述 ………………………… 12
    1. 技术创新相关理论 ………………………… 12
    2. 技术许可相关理论 ………………………… 16
（四）本章总结 ………………………… 20

第二章 考虑不同影响因素的企业技术研发竞争及技术获取策略分析 ……… 21
（一）初始边际成本存在差异下的双寡头企业研发创新竞争 ……… 21
    1. 模型基本假设 ………………………… 22
    2. 市场均衡求解 ………………………… 22
    3. 市场均衡结果分析 ………………………… 24
（二）有技术吸收能力存在下的双寡头企业研发创新竞争 ……… 29
    1. 模型基本假设 ………………………… 30
    2. 市场均衡求解 ………………………… 31
    3. 市场均衡结果分析 ………………………… 33
（三）双寡头竞争企业间创新技术获取方式比较 ……… 36

1. 模型基本假设 ·· 36
　　2. 研发竞争及研发合作方式分析 ·· 37
　　3. 技术许可方式分析 ··· 39
　　4. 创新企业技术获取方式比较 ·· 46
　（四）本章小结 ··· 48

第三章　考虑产品异质性及创新模仿的企业成本降低型创新技术许可策略分析 ·· 49

　（一）无技术模仿下在位企业创新技术许可 ································· 49
　　1. 模型基本假设及技术许可前均衡分析 ································ 49
　　2. 创新企业技术许可策略分析 ·· 51
　（二）技术模仿存在下在位企业创新技术许可 ····························· 61
　　1. 基于专利信息泄漏的技术模仿 ·· 61
　　2. 基于专利许可信息的技术模仿 ·· 64
　（三）推迟技术采用对技术模仿的阻碍作用分析 ························· 68
　　1. 模型基本假设 ··· 68
　　2. 潜在模仿者和创新者的各自决策分析 ································ 69
　（四）本章小结 ··· 72

第四章　考虑多种产品供需结构企业质量提高型创新技术许可策略分析 ······ 74

　（一）古诺双寡头市场质量提高型创新技术许可 ······················· 74
　　1. 模型基本假设 ··· 74
　　2. 竞争企业的市场均衡推导 ·· 76
　　3. 外部许可方最优许可策略分析 ·· 78
　（二）斯塔克伯格双寡头市场质量提高型创新技术许可 ············· 82
　　1. 模型基本假设及未许可的情况 ·· 82
　　2. 固定费用许可 ··· 86
　　3. 单位提成费用许可 ··· 89
　　4. 两部制费用许可 ··· 93

（三）伯川德双寡头市场质量提高型创新技术许可 …………… 96
　　　　1. 模型基本假设及未许可情况 ……………………………… 97
　　　　2. 固定费用许可 ……………………………………………… 99
　　　　3. 单位提成许可 …………………………………………… 100
　　　　4. 两部制费用许可 ………………………………………… 102
　　（四）本章小结 ………………………………………………… 103

第五章　考虑多种产品供需结构的企业质量提高型创新技术许可策略分析 …………………………………………………………… 105

　　（一）上游原料垄断供应下的质量提高型创新技术许可 ……… 105
　　　　1. 模型基本假设 …………………………………………… 106
　　　　2. 两阶段市场均衡分析 …………………………………… 107
　　　　3. 外部创新者的最优许可策略 …………………………… 109
　　（二）线性需求结构下质量提高型创新技术许可 ……………… 116
　　　　1. 模型基本假设及未许可情况 …………………………… 117
　　　　2. 固定费用许可 …………………………………………… 120
　　　　3. 单位提成费用许可 ……………………………………… 121
　　　　4. 两部制费用许可 ………………………………………… 123
　　（三）Logit 需求下的质量提高型创新技术许可 ……………… 127
　　　　1. 基本模型假设 …………………………………………… 127
　　　　2. 价格竞争阶段均衡分析 ………………………………… 129
　　　　3. 技术许可阶段策略分析 ………………………………… 132
　　（四）本章小结 ………………………………………………… 135

第六章　考虑多种信息不对称条件的企业成本降低型创新技术许可策略分析 ………………………………………………………… 137

　　（一）创新规模信息不对称下的成本降低型创新技术许可 …… 137
　　　　1. 基本模型假设及未许可情况 …………………………… 137
　　　　2. 混同许可合约及其均衡 ………………………………… 139

3. 分离许可合约及其均衡 ································· 144
　（二）创新价值信息不对称下的成本降低型创新技术许可 ······ 146
　　　1. 基本模型假设及未许可情况 ··························· 146
　　　2. 混同许可合约及其均衡 ······························· 147
　　　3. 分离许可合约及其均衡 ······························· 153
　（三）生产成本信息不对称下的成本降低型创新技术许可 ······ 154
　　　1. 基本模型假设及未许可情况 ··························· 154
　　　2. 混同许可合约及其均衡 ······························· 156
　　　3. 分离许可合约及其均衡 ······························· 160
　（四）本章小结 ··· 165

第七章　考虑多种不确定性条件的企业创新技术许可策略分析 ······ 167
　（一）研发结果不确定下私有制企业创新技术许可 ············ 167
　　　1. 基本模型假设及未许可的情况 ························· 168
　　　2. 固定费用许可 ······································· 171
　　　3. 单位提成费用许可 ··································· 174
　　　4. 最优许可合同分析 ··································· 178
　　　5. 拓展分析——两部制费用许可 ························· 181
　（二）研发结果不确定下混合所有制企业创新技术许可 ········ 187
　　　1. 基本模型假设及未许可的情况 ························· 187
　　　2. 固定费用许可 ······································· 192
　　　3. 单位提成费用许可 ··································· 196
　　　4. 最优许可合同分析 ··································· 201
　　　5. 拓展分析——两部制费用许可 ························· 209
　（三）产品市场需求不确定条件下的新产品创新技术许可 ······ 216
　　　1. 基本模型假设 ······································· 216
　　　2. 跟随者和领导者的进入均衡 ··························· 218
　　　3. 技术许可均衡及数值分析 ····························· 221

（四）本章小结 ·· 222

参考文献 ·· 225

附　录 ·· 237
　（一）关于第七章第一节部分内容的相关证明及分析 ·············· 237
　　1. 证明中要使用的一个重要引理 ···································· 237
　　2. 私有企业两部制费用许可和单位提成费用许可比较（$\beta_0 < \beta < \beta^T$）
　　 ·· 238
　（二）关于第七章第二小节部分内容的相关证明及分析 ············ 239
　　1. 证明中要使用的一个重要引理 ···································· 239
　　2. 混合企业最优单位提成率 $r^* = 0$ 的证明 ······················· 239

第一章

技术创新与技术许可研究概述

（一）研究背景及意义

在全球一体化经济快速发展的今天，科技进步日新月异。人类社会虽然已经从传统上的以土地、资本和劳动力等为主要生产要素的工业经济时代走向以知识和技术为核心生产要素的知识经济时代，但技术进步仍然是推动经济发展和调整产业结构的根本性动力，对于社会发展有至关重要的作用。技术创新作为技术进步的主要标志，是推动一个国家和民族不断向前发展的基础，也是推动社会进步的重要因素，涉及社会的各个领域。

关于以"创新"为核心的经济发展理论，最早出现在1912年，是由约瑟夫·熊彼特（Joseph·A·Schumpeter）在《经济发展理论》（The Theory of Economic Development）一文中所提出[1]。它认为经济发展的过程就是技术创新的过程，且技术创新应包括采用新产品、新方法、开辟新市场、发现新的原材料供应源和实现工业上的新组织五个方面，也就是要通过对新的生产要素进行重新组合来实现技术创新。自从这一理论提出后，技术创新对于世界经济的增长产生了巨大的影响。这其中，最具代表性的例子就是战后日本的迅速崛起和发展，向整个世界展示了"技术创新"的强大力量。日本技术经济学会（TATES）在20世纪80年代初所进行的一份调查中发现，日本在43个主要技术领域已经达到了世界先进水平。美国商务部在随后进行的调查中同样表明，在已经产业化的主要技术方面，日本比美国优越的技术超过65%，比欧洲优越的技术超过

80%。21世纪以来，技术创新在经济增长中的贡献率至少在50%以上，尤其是在欧美发达国家更为明显，如：德国占79%，法国占78%，英国占70%，美国占65%等。

技术创新不仅是一个国家科技实力的体现和推动经济发展的重要因素，同时也是提升现代化企业核心竞争力的关键。Pahalad和Hamel（1990）在论述企业核心竞争力时明确指出，能够形成持续的比较优势是企业发展的关键，而要形成持续的比较优势就必须要进行技术创新[2]。正因为如此，许多发达国家和新兴工业化国家都把提高和增强企业技术创新能力作为其提升企业和国家竞争力的重要措施和有效手段。当前，我国已经进入"十三五"发展期，在新能源汽车、节能环保、信息技术、高端装备制造、新材料等领域的相关政策扶持和行业发展目标也集中体现了技术创新的重要性。所以，提高企业技术创新能力仍是未来中国产业发展的重中之重。

除了自主技术创新外，企业从事更多的是创新后在企业间进行技术转移方面的相关活动。在此背景下，企业对于新技术转移方式的创造、占有和运用，就显得尤为重要。技术许可，作为企业进行新技术扩散的主要方式，是指在许可方不转让其技术所有权的前提下，按照相关的法律法规，自愿与被许可方达成技术转让并签订合同后，被许可方允许在合同规定的条件和范围内使用其技术的一种活动。通过技术许可，一方面可以使研发实力较弱、资金基础较差的被许可方获取新技术，缩短与许可方的技术差距、提高其市场竞争力，另一方面也可以使许可方将其作为商业化战略的重要组成部分，提高自身收益，实现技术价值，以及增强其创新激励。据世界知识产权组织（WIPO）统计资料分析可知，1965年各国之间通过以专利为主的技术许可证贸易方式的成交额约20亿美元，1975年贸易额达到110亿元。到1995年，技术许可贸易额进一步增长至2500亿美元，大大超过了一般商品贸易的增长速度。以美国为例，尽管它的有形产品进出口贸易连年出现赤字，但以专利技术为代表的技术服务进出口贸易则出现连年增长的态势。比如，IBM公司在21世纪之初通过技术许可所获得的收入就达到了13亿美元，占整个税前利润的10%。随着时间的推移，其许可收入仍在快速地增长。在半导体行业中，Texas Instruments公司每年通过技术许可所获得收入就超过了4000万美元。另外，据联合国相关统计，目前世界知识产权贸易中关于技术许可贸易在几千亿美元以上。

在我国，自从1985年《专利法》颁布以来，受到相关政策和法规的大力支持，技术创新和技术许可事业也得到了快速发展。当前，在积极响应党中央关于"转方式、调结构"的重大举措和认真贯彻落实"国家技术转移促进行动"和"科技服务体系火炬创新工程"的背景下，技术市场交易一直处于十分活跃的状态。在技术交易规模上，截至2017年底，全国共签订技术合同367586项，成交金额为13424.22亿元，同比增长14.71%和17.68%。在技术交易中，所涉及的市场主体包括企业、大专院校、科研院所以及经贸组织等多种类型。交易主体的复杂性增加了技术交易的不确定性，使得不利于技术交易发展的负面现象依旧频繁发生。而这，最主要体现在科技成果转化率方面。在我国每年所产生的大量重大科技成果和专利中，能够转化为工业产品的不到5%。而科技成果向现实生产力转化比例也仅为10%—15%，远低于欧美等发达国家的45%和60%—80%。技术创新成果不能得到很好的利用，这不仅会使我国在经济转型和产业结构优化升级的过程中面临更多的挑战，还会降低企业对于技术创新的积极性和主动性。而这，显然不利于"建设创新型国家"战略的实施，同时也会给国家的可持续发展带来不利影响。

所以，从全社会的角度来看，加大对技术创新及技术许可相关理论和方法的研究力度，是提高国家和企业自主创新能力的必然要求。这有助于提升我国的综合国力，从而加快创新型国家的建设步伐。另外，从企业的角度来看，系统地研究企业在技术创新与技术许可过程中的策略选择行为，不仅体现了技术创新与技术许可的商业化统一，同时也会进一步丰富和完善技术创新理论，从而为创新企业在技术创新、技术许可以及加强对技术知识管理方面提供理论指导和决策支持。

（二）国内外研究现状

对于技术创新与技术许可方面的国内外相关研究，以下将从七个主要方面分别进行论述。

(1) 关于外部创新者的许可策略研究

关于技术创新和技术许可的研究最早可追溯到 Arrow (1962)。他首先研究了成本降低型技术创新在垄断结构和竞争结构下的利润问题,并指出了技术许可在其中所起到的决定性作用。具体来说,相对于垄断市场,外部创新者更偏好于在竞争市场中进行单位提成费用许可[3]。在此之后,许多学者都对于技术创新和技术许可的相关问题进行了研究,因而出现了大量的理论文献。Kamien 和 Tauman (1983,1986) 首次运用非合作博弈理论对外部创新者的技术许可问题进行了研究。指出,在同质多寡头古诺竞争模型下,固定费用许可会受到数额和许可数量的影响,而单位提成费用许可却不受上述因素的影响。所以,对许可方而言,固定费用许可要优于单位提成费用许可[4-5]。而后,Katz 和 Shapio (1985,1986) 以外部创新者的角度对完全竞争市场和垄断市场下的技术许可拍卖进行了比较,并给出最优的技术许可拍卖策略[6-7]。Kamien 等 (1992) 则将以往研究中的线性需求函数假定拓展到了更加一般化的函数形式,并对拍卖许可、固定费用许可和单位提成费用许可进行比较,得出最优技术许可的确定要取决于技术创新规模、被许可企业的数量以及市场需求弹性[8]。Kanmien 和 Tauman (2002) 则在同质产品竞争模型下,将外部创新者和内部创新者分别进行技术创新的两种情况进行比较,得出拍卖许可要由于固定费用许可和单位产量提成费用许可,且许可策略不受到许可数量和竞争企业数量的影响[9]。Poddar 和 Sinha (2002) 则在垄断市场下考虑外部创新者的最优许可问题。在假定被许可方关于市场需求方面存在私有信息的条件下,得出最优许可合同是能够区分市场中被许方类型的分离许可合同。而且,对于低市场需求类型的被许可方采取纯产量提成费用许可或两部制费用许可,而对于高市场需求类型的被许可方则采用固定费用许可[10]。Sen (2005a) 考虑了外部创新者对于一个具有 n 个企业的古诺同质多寡头垄断市场进行许可的决策问题,并指出当外部创新者进行显著创新且能发放多张许可证时,存在许可证发放临界最优值。而且,当发放许可证的数量达到最优值时,产量提成许可要优于固定费用许可和拍卖许可。与此同时,许可证张数的整数性质是决定上述结果成立的关键因素[11]。Giebe 和 Wolfstertter(2006)仍然分析了外部创新者关于成本降低的技术创新在古诺多寡头垄断市场的许可问题。但是,其强调了许可证发放的整数性质,并给出一种新的许可方式:拍卖一张许可证的同时可与竞拍失败企业签订单位提成许可合同。研究结果表明,与单纯拍卖和单位提成许可相比,此种许可机制可以减少排他合同(拍卖)所带来的利润损失[12]。Lin 和 Kulatilaka(2006)在有网络效应存在的条件下,讨论了固定费用许可、单位提成费用许可和两部制费用许可的最优问题[13]。Li 和 Geng(2008)在引入耐用品垄断模型后重新考虑外部创新者最优许可问题,指出外部创新者的最优许可合同要取决于创新特性。当创新是成本降低或产品垂直创新,单位提成费用许可或两部制费用许可最优。而当创新是产品水平创新(生产新产品),那么固定费用许可最优[14]。Mukherjee(2010)指出如果劳动力市场是工会制的,那么在古诺竞争下,寡头垄断的外部创新者使用单位提成费用许可要比使用固定费用许可和技术拍卖许可产生更高的利润回报,而这与工会一体化结构无关[15]。

(2)关于内部创新者的许可策略研究

虽然技术许可可以增加在位企业的总体收入,但是由于在位创新企业在许可后同样要参与市场竞争,那么如何在保证自身有一定许可收入的同时,又能限制被许可企业在市场中的竞争力,这种更加贴近现实的关于内部创新者在创新后最优许可策略选择问题的研究也更为复杂。Rockett(1990a,1990b)首先对这种内部创新的最有许可方式进行了研究,并得出最优许可方式会因模仿成本的逐渐增加而从固定费用许可转化成单位提成费用许可[16-17]。Wang(1998)首次考虑了同质双寡头古诺竞争模型下的内部创新者最优许可问题,并指出在单位提成费用许可下,单位提成率的存在会给被许可企业的边际成本带来扭曲效应,从而使许可企业获得成本优势并增加市场份额,而固定费用许可却没有这种作用。所以,单位提成费用许可要优于固定费用许可[18]。之后,Wang 和 Yang(1999)和 Wang(2002)分别将内部创新者的技术许可问题扩展到了异质产品竞争的情况。前者考虑了异质双寡头伯川德竞争模型下的最优许可问题,并得出在显著创新和非显著创新两种情形下,单位提成费用许可能都会要优于固定费用许可,这是对 Muto(1993)在同一模型下得到的只有在非显著创新下单位提成费用许可是最优的直接拓展[19-20]。而后者,则在异质古诺模型下比较了固定费用许可和单位提成费用许可两种方式,并指出从创新企业的角度来看,当产品的差异度足够小时,单位提成费用许可要优于固定费用许可。但是从消费者的角度来看,固定费用许可则更受青睐[21]。Filippini(2002,2005)则发现,在斯塔克伯格竞争模式下,内部创新者的最优许可策略为单位提成费用许可,且最优单位提成率要高于被许可企业的成本降低程度。这显然不同于与古诺竞争下最优单位提成率不高于被许可企业成本降低程度的结论[22-23]。Kabiraj(2005)在斯塔克伯格模型下讨论了领导者和追随者的最优许可策略的问题。它指出,如果创新是非显著创新,那么从许可方的角度来看,单位提成费用许可要优于固定费用许可。但如果创新是显著创新,那么技术许可则不会发生[24]。Can 和 Yves(2006)考虑内部创新者在拥有能够生产新产品的创新技术时的最优许可策略问题,并指出如果许可方生产新产品,那么其就可以获得垄断利润。但是,最优合同形式是固定费用许可或单位提成许可则要以被许可方的产量为标准[25]。Matsumura 和 Matsushima(2008)指出内部创新者对在位竞争者采用产量提成许可策略可以使许可方和受许可方更好的差异化定位,从而有利于降低价格竞争[26]。Li 和 Yanagawa(2011)在异质斯塔克伯格模型下分析了固定费用许可和单位提成费用许可之间的最优选择问题,同样也间接地讨论了两部制费用许可[27]。Kishimoto 和 Muto(2012)研究了许可双方带有议价能力的创新技术许可决策问题并求解其纳什议价均衡解。研究结果表明,在古诺双寡头竞争市场,当创新为非显著创新时,相对于固定费用许可,单位提成费用许可对许可双方更有利。另外,虽然从消费者剩余的角度来看,存在固定费用许可最优的情况,但是从整个社会的角度分析,单位提成费用许可一直最优[28]。Ghosh 和 Saha(2015)研究了两个具有不同生产成本的企业在第三国进行价格竞争时,技术转移以许可形式发生的可能性。其研就结果表明,当技术许可可行时,最优许可策略是不同于技术许可被忽略时在标准战略性贸易政策中所制定的技术许可策略[29]。

(3) 关于提高技术质量的许可方面的研究

不管是外部创新者还是内部创新者,在设计最优许可合同时,还会考虑到所许可技术的质量问题。目前,在这方面的研究有 Kamien 等 (1988),Kabiraj 和 Marjit (1992,1993),Kabiraj (1993),Saggi (1996,1999) 以及 Mukherjee 和 Balasubramanian (2001) 等。Kamien (1988) 研究了在位创新企业对于新产品的技术许可策略问题,也就是质量提高型技术许可策略的确定[30]。Kabiraj 和 Marjit (1992,1993) 则以许可双方为不同国家的企业为假设来进行扩展研究,并得出被许可企业所在市场往往会受到其所在国政府的保护,因而许可双方不会在被许可企业所属的市场进行竞争,但技术许可却会鼓励许可企业去侵占被许可方企业所属国家的产品市场[31-32]。通过扩展 Kabiraj 和 Marjit 的研究,Saggi (1996) 指出当东道国法律较为不健全时,对于质量提高型技术而言,企业使用对外直接投资比使用技术许可的可能性更大[33]。Glass 和 Saggi (1999) 在技术溢出存在的情况下分析了对外直接投资和技术许可的最优选择,其指出对外直接投资不仅帮助企业建立技术和产品质量优势,同时研发溢出的存在降低了竞争企业进行自主研发的可能性,进而使对外直接投资较技术许可更优优势[34]。以上文献都是在同质产品竞争背景下展开的研究,而 Mukherjee 和 Balasubramanian (2001) 在水平产品差异的假定下,研究了存在模仿和不存在模仿两种情况中水平产品差异对所许可技术质量影响的问题[35]。Li 和 Song (2009) 在一个同时拥有新旧技术的高质量企业和低质量企业间的纵向异质双寡头古诺模型中考虑技术许可问题,并指出高质量企业对新技术许可要优于旧技术[36]。Li 和 Wang (2010) 认为创新规模对质量改善性工艺技术的许可策略有显著的影响,当创新规模较小时,产量提成费用许可优于固定费用许可。相反,则固定费许可更优[37]。Filippini 和 Vergari (2012) 分别在异质古诺和伯川德双寡头竞争模型下讨论质量提高型创新技术的许可策略选择问题[38]。

(4) 关于技术许可与社会福利方面的研究

Singh 和 Vives (1984) 最早在异质双寡头市场上对古诺竞争和伯川德竞争

的社会福利进行了比较,并指出相对于古诺竞争,伯川德竞争更加激烈。因而,伯川德竞争的社会福利更高[39]。Hackner(2000)将Singh和Vives(1984)的模型拓展到多寡头竞争的市场结构,并证明了当市场上企业数量众多时,Singh和Vives(1984)的结论并不具有鲁棒性。而且,当竞争企业的产品互补时,在古诺竞争下的社会福利比伯川德竞争下的要高[40]。Erutku和Richelle(2000)认为当许可方不参与市场竞争时,被许可企业有可能通过提高产品价格而使社会福利受损[41]。Faulí-Oller和Sandonís(2002)考虑了古诺和伯川德两种竞争模式下技术许可对于社会福利的影响[42]。Poddar和Sinha(2004)对最优技术许可策略研究后,得出在有许可存在的情况下,不管创新规模和创新者特征,其社会福利总是增加的[43]。Mukherjee(2005)证明在古诺竞争下的技术许可策略能够改变企业进入对社会福利的影响,并指出进行单位提成费用许可的企业进入总是有助于社会福利的提高。与不许可相比,进行固定费用许可的企业进入反而会导致社会福利减少[44]。Mukherjee和Mukherjee(2005a)在古诺竞争下讨论了有技术许可存在时企业进入市场的社会福利效应[45]。Mukherjee和Mukherjee(2005b)同样考虑了在有技术许可的条件下外国企业进入市场对于本国的社会福利影响[46]。Liao和Sen(2005)通过分析在固定费用和单位提成费用许可中是否可以使用补贴政策,发现与不允许涉及补贴的许可制度相比,存在某一鲁棒区域使得基于补贴的许可制度会得到更高的社会福利[47]。Zanchettin(2006)在允许成本和需求函数(产量、质量)存在不对称的条件下拓展了Singh和Vives(1984)模型,并讨论了古诺和伯川德竞争之间的利润比较[48]。Stamatopoulos和Tauman(2008)在Logit需求函数形式下,对于质量改进性创新技术的许可证发放数量问题进行了研究,认为社会福利不受创新规模的影响[49]。Mukherjee(2010)指出如果成本不对称的企业之间进行技术许可,那么古诺竞争下的社会福利要比伯川德竞争下的要高[50]。Colombo(2010)则对Faulí-Oller和Sandonís(2002)的结论进行了修正[51]。

(5)关于创新激励方面的研究

考虑到创新具有一定的成功率,其主要取决于研发基础(研发经验)和研发投入。研发基础越高或研发投入越大，则创新成功的可能性越大。对于研发创新（R&D）以及合作创新方面，D'Aspremont 和 Jacquemin（1988）首先提出两阶段双寡头合作的 A-J 博弈模型[52]。Dasgupta 和 Stiglitz（1980），Lee 和 Wilde（1980），Gilbert 和 Newbery（1982）以及 Reinganum（1982，1984）分别对此方面进行了研究[53-57]。企业在研发的过程中会考虑到策略性方面的内容，Fudenberg 等（1983），Harris 和 Vickers（1985a，1985b），Tirole（1988），Fishman 和 Rob（1999），Lu 和 Wang（2003）对此进行了研究，指出进行研发的企业会根据其在研发中的相对位置，如在生产成本降低的创新中，企业间的成本差异决定了其竞争地位，来不断调整研发投入，以求获取最有利的竞争地位[58-63]。Katz 和 Shapiro（1987）讨论了技术许可策略对技术模仿企业研发动机的影响[64]。Marjit 和 Shi（1995）讨论了双寡头竞争框架下的非合作 R&D、合作 R&D 和委任 R&D 三者之间的选择问题[65]。Grishagin 等（2001）讨论了竞争企业间不知其相对位置的 R&D 研发问题[66]。Lin 和 Saggi（2002）分析了过程创新和产品创新之间的关系，并比较了产量竞争和价格竞争下各自的创新激励[67]。Mukherjee 和 Marjit（2004）则研究了技术许可在制定研发策略中的作用[68]。Mukherjee 和 Pennings（2006）指出国外现任企业已通过其技术许可给一个潜在国内或国外的竞争者来创造竞争激励，并且国外现任企业是否许可给国内或国外参与者取决于技术进入该国和该国政府政策选择的成本[69]。Mukherjee（2008）在一个带有内生创新企业数量模型中考虑 R&D 与技术保护之间的关系问题，并指出无论是专利保护还是增加研发投资都要取决于市场需求功能和企业研发成本[70]。Pires（2009）通过考虑在研发创新方面的承诺能力不对称来分析企业的不同竞争力，从而来说明与研发无承诺能力的企业相比，先研发且实力高的优势企业更具有竞争力[71]。Fershtman 和 Markovich（2010）用一个两企业非对称多级研发模型来说明专利、模仿和许可安排对于创新速度、公司价值和社会福利的影响[72]。Mukherjee 和 Mukherjee（2013）通过考虑一个带有议价能力的一对多寡头垄断模型，指出创新投入随着创新战略利润的下降而下降。但是，在两部制费用许可下可以增加创新投入。此时，许可不会引起社会福利的下降[73]。

(6) 关于信息不完全下的技术许可方面的研究

在现实生活中，对于不同企业、消费者以及经济主体，信息不对称的情况非常普遍。一些人（经济人）掌握信息多，一些人掌握信息少，且每个人都会追求自身利益的最大化。此时，掌握信息多的人自然会利用自己的信息优势来选择有利于自己但可能有损于他人（信息少的人）的行为决策。所以，为了减少信息不对称所导致的市场无效率现象的频繁出现，众多学者对于不完全信息条件下的技术许可进行了大量研究。在创新者对其创新类型拥有私人信息的情形下，Gallini 和 Wright（1990）研究了外部创新者的最优许可策略选择问题，并指出当创新者的创新程度较高时，产量提成费用许可为最优许可策略；当创新者的创新程度较低时，固定费许可为最优许可策略[74]。Beggs（1992）的研究结果表明，当被许可企业对技术实际应用价值拥有私人信息时，产量提成费用许可要优于固定费许可[75]。Choi（2001）从许可方和被许可方发生道德风险的视角，研究了外部创新者的技术许可策略。其研究结果表明，产量提成费用许可，或者包含产量提成费用的其他许可方式，能够有效地防范双方道德风险问题的发生[76]。Macho-Stadler 等（1996）和 Schmitz（2002）等则从防范逆向选择的角度进行了研究。其研究结果表明，产量提成费用许可能够有效防范由逆向选择所带来的风险[77-78]。Sen（2005b）研究了不完全信息下外部创新者对在位垄断者的最优许可策略[79]。Crama 等（2008）指出由于许可方和被许可方对创新的估值不同，以及许可方对潜在被许可方研发努力地控制有限，所以最优技术许可策略应为预付固定费、分期支付加上产量提成费用的三部制许可策略。这种许可策略能够有效地避免因不完全信息所带来的逆向选择和道德风险问题[80]。

(7) 国内方面关于技术许可的研究

相对于国外的研究，国内对于技术许可方面的研究还很有限。于革非（1999）从市场客体、市场主体、微观机制、宏观管理、部门技术市场和对外技术贸易等不同角度展开对中国技术市场问题的研究[81]。霍沛军和杨娥（2000）

针对一个在位企业和两个潜在进入企业，研究成本不对称时各个企业的进入或技术许可策略[82]。霍沛军等（2000）研究了在位创新者对两个潜在进入者通过开发劣于其现有技术水平的替代性技术进入市场时的最优许可策略[83]。霍沛军和宣国良（2001）研究一个在位企业面对两个潜在进入者时的最优事后许可策略[84]。方世建等（2001，2003）分析了我国技术交易中逆向选择的生成机理，认为在一定条件下，技术中介的介入可以提高技术市场的交易效率，促进技术成果转化[85-86]。岳贤平与顾海英（2005）对国外企业技术许可行为及其机理进行了研究，并总结了国外实践应用中的五种技术许可模式，即开放式、合作共享型、专业性、进攻型与防御型模式[87]。钟德强等（2007）针对异质产品古诺寡头竞争市场，分析两家技术创新者将可替代的成本降低创新专利技术许可给有低劣技术在位企业时的许可策略问题。其研究表明，在固定费用许可下，新技术拥有企业会选择许可其非激变创新技术，且最优技术许可数随着低劣技术在位企业数量和产品差异性程度的增大而增加[88]。钟德强等（2008a）建立一个带有 R&D 溢出的四阶段 R&D 竞赛模型，分析在单位提成费用许可策略下企业 R&D 溢出以及在许可收益上的讨价还价能力对政府 R&D 政策的影响[89]。郭红珍和郭瑞英（2007）基于差异古诺双寡头垄断模型，研究在两部制费用许可方式下的创新企业许可总收益与创新规模、产品替代率之间的关系，进而将其与单位提成费用许可、固定费用许可方式进行比较，来确定创新企业的最优许可策略[90]。刘兴和顾海英（2008）根据现实中多种技术许可方式以及选择何种最优方式所要综合考虑的众多因素，将许可方的创新技术分为优质创新、普通创新、中等创新三种类型，构建了理论模型后分析了不同创新类型下的最优技术许可对象选择问题，并通过一些参数化的例子加以说明[91]。

从内部创新者的角度来看，张元鹏（2005）研究了由内部创新者组成的研发同盟在研发成功后如何对其竞争对手实施技术许可的问题。结果表明，当研发同盟实施非显著性创新时，产量提成费用许可为最优技术许可策略[92]。袁立科和张宗益（2008）从管理激励和企业治理机制的角度研究了外部创新者的最优许可策略[93]。类似的文献（如钟德强等，2008b；周绍东，2008；冯振中和吴斌，2008；赵丹和王宗军，2012）还研究了政府政策对企业技术创新和技术许可的激励问题[94-97]。另外，在其他方面，李娟博等（2009）在生产成本信息不对称条件下，通过建立异质伯川德竞争模型，分析了创新企业的最佳许可策略[98]。闫庆友等（2010）基于斯塔克伯格双寡头竞争模型，分析比较了质量提高型创新技术拥有企业的技术许可和企业兼并策略[99]。赵丹和王宗军（2010）研究了产品异质性和讨价还价能力等对在位创新企业最优许可策略的影响[100]。闫庆友等（2011）通过建立高、低质量产品生产企业间质量提高型技术许可模型，讨论了质量差异性条件下古诺双寡头垄断市场中的最优许可方式及社会福利[101]。闫庆友和朱丽丽（2011）构建了拥有质量提高型技术的外部创新者与古诺双寡头垄断产品生产企业间的技术许可博弈模型，并从外部创新者收益最大化的角度分析了创新技术的最佳许可策略[102]。赵丹等（2012）研究了产品异质性和成本差异等对最优许可策略的影响[103]。其他一些研究，如储雪林和陈晓剑（1994），谭红平和石建民（1997），穆荣平（1997），李蜀北（2000），以及朱桂龙和李卫民（2004）均侧重于分析跨国公司对我国技术转移的原因、价格影响因素、特点及利弊等[104-108]。关于带有网络属性的技术许可问题，潘小军等（2008）在存在网络外部性的市场中对内部创新者的技术许可问题进行了研究[109]。王怀祖等（2011）在综合考虑网络外部性与专利创新程度的条件下，对创新者不许可策略、固定许可策略与变动许可策略进行了分析[110]。

（三）相关理论综述

1. 技术创新相关理论

（1）技术创新的定义

通常来讲，技术创新是指一个新产品或工艺由设想到实际应用到终端市场的全过程，其大致可分成发明（invention）和创新（innovation）、扩散（ditfusion）和商业化（commercialization）三个阶段。按照创新的对象不同，可将技术创新分成产品创新和工艺创新。所谓的产品创新（product innovation），是指能够生产出新产品的技术创新活动，也称为新品研发。在本书中，其主要是指企业的产品质量提高。而工艺创新（process innovation），则是指通过创造新的或者改造现有的生产方法，从而提高现有产品生产率或降低生产成本的技术创新活动。但是，在产品创新和工艺创新这两者之间并不存在严格的区分界限，一个从事产品创新的企业同时也会相应地进行工艺创新。无论是产品创新还是工艺创新，其最终目的都是进行相关产品的生产。根据相关文献假设，对于工艺创新而言，按照创新规模的大小（即产品生产成本的下降幅度）可将其分成显著创新（drastic innovation）和非显著创新（non-drastic innovation）两类。对于显著创新，是指以创新后的边际成本为基础而得到的产品价格低于创新前竞争对手的边际成本，从而使其退出竞争市场，那么此创新即为显著创新。反之，则为非显著创新。

这里，需要说明的是，在本书后文研究中所提及的技术创新主要是指企业在技术创新整个过程中的第一阶段，也就是企业进行研发创新的阶段（即 R&D 阶段）。这样假定，主要是为了将其与企业可能有的技术许可阶段进行区别并且形成对比，从而便于在后文更好地分析和说明企业在不同阶段所采取的不同策略。

（2）技术创新的影响因素

①技术创新的不确定性。

按照经济内生性理论，推动经济增长的主要内生因素为资本积累和技术进步。这其中，技术进步是通过技术研发和创新（R&D）来实现的。在经济快速发展的时代，产品生命周期在日益缩短，新技术的扩散效应在日益增大，这使得技术研发创新逐渐成为企业提高竞争力和竞争优势的核心内容。这不仅是企业的自身发展需要，也是企业在激烈的市场竞争中处于不败之地的必然要求。然而，在创新企业不断地将人力、物力和财力等资源投入技术研发创新活动中时，必须要注意到，技术研发创新也具有一定的不确定性。其具体体现在以下几个方面：

首先，是技术自身的不确定性。这主要是指企业在进行某种技术研发创新时，由于对于所处的技术环境缺乏了解，而致使创新企业不易掌握新技术研发所需的各方面的专业信息。对于技术不确定性的考虑主要是判断能否研制出满足产品生产需求与工艺流程，以及批量生产时的工具设计方面的问题。

其次，是市场的不确定性。这主要是指不易掌握产品市场需求的基本特征，以及如何将这些市场特征融入技术创新当中。这些市场需求，具体来说，包括不了解市场消费者是谁，他们的需求为何，以及如何让消费者了解新技术等关键信息。

再次，是合作企业行为的不确定性。这主要是指由于信息不对称所导致的逆向选择和道德风险等问题频繁出现，致使在企业无法确定各个合作伙伴是否从利润最大化的角度来制定企业策略，以及对其行为无法预测等。

关于技术研发创新的不确定性，除上述的三个重要体现之外，还包括竞争对手的不确定性、资金来源的不确定性以及政策的不确定性等方面。可以看出，技术创新的不确定性存在于企业活动中的各个方面。另外，企业在从事技术研发创新时往往需要巨大的资金量且投入具有不可逆性，这使得研发创新的沉没成本变得非常高。所以，企业往往要承受较高的研发创新风险。这就要求创新企业在做技术研发创新项目时，将项目成功率以及企业价值最大化作为其首要考虑的关键因素。

②企业的技术吸收能力

由于技术研发创新具有公共产品的属性，所以企业不仅会将自己的研发创新知识溢出到其他企业，而且也会从其他企业获取与自己相匹配的研发创新知识。因此，企业获取知识、消化知识、利用知识以及应用外部知识的能力就显得尤为重要。根据已有文献的相关论述，企业的技术吸收能力是建立在组织学习的基础上，是企业利用现有知识来认识、评价外部新知识的价值，然后消化并将这些知识应用到实际中的能力。

企业进行技术创新的本质就是企业对知识产生与应用以及实现其价值的一个过程。在这个过程中，企业要结合个人知识和社会知识，然后与自身的存量知识相互作用并发生转化，从而再产生新的企业知识。所以，外部技术溢出效应的吸收是企业不可缺少的重要知识来源。这是因为，一方面，外部技术溢出效应是企业（或组织）增加技术知识而进入下一个知识循环的先驱动力；另一方面，外部技术溢出通过嵌入到企业生产、经营和管理过程中，使得企业自身的技术、管理和制度得到更新并随之物化到具体的产品和服务中，从而实现其潜在价值。企业吸收外部溢出、拓展技术知识的最终目的是要形成企业的自主创新能力和核心竞争力，而隐藏在自主创新能力和核心竞争力背后的就是企业知识。由此看来，吸收能力对于增强企业自主创新能力起着非常重要的作用。所以，有很强创新能力的企业要具有很强的技术吸收能力。

（3）企业间的研发合作

随着竞争环境的日益复杂，企业对于外部资源的依赖性变得越来越强，从而使企业与其他主体展开一定的合作已成为必然趋势。在研发创新方面，根据已有文献的相关论述，竞争企业间的合作可定义为：生产相同或相似的产品（或服务）的企业，以差异化、互补性和相关性为基础，在研发创新过程中共同分担研发成本、共同面对可能遇到的研发风险，到最后共享研发创新成果的一个过程。这里，企业间进行研发合作其内在动力是竞争企业间存在共同的利益，而外在动力是市场中的消费者需求。具体来说，该定义包含以下四个内容：

①竞争企业间的研发合作一般是实力较为接近且各自具有优势的竞争企业间在相关领域的合作。这种合作强调的是企业间资源的高度互补性，那么不具备资源优势的竞争企业不可能成为合作伙伴。

②竞争企业间的研发合作是一种介于一体化和市场交易的企业间关系的一种中间状态。它是以差异化、互补性和相关性为基础，以契约为保障，从而结成的一种平等合作关系。

③竞争企业间的研发合作既不同于企业间的日常合作，也不同于竞争企业间结成的竞争性战略联盟。竞争企业间的研发合作是出于战略高度的考虑，对于企业生存和发展有决定作用。同时，这种合作可能是短期的，也可能是长期的。

④竞争企业间的研发合作是任务导向型合作。针对某项可预期的新工艺、新产品或新服务，无法单独完成活动时，竞争企业会采取合作的方式进行。当

合作的效果较差时,竞争企业间的合作会终止;当合作效果较好时,该合作的终止可能意味着下一期合作的开始。

在本书中,企业间进行的研发合作主要是指企业间的卡特尔（car）和合资企业（rjv）两种合作研发方式。对于卡特尔方式,是指参与研发合作的企业仅仅参与协调研发创新活动,但只在自己的研发机构中进行研发创新活动,企业间虽然形成联合研发组织,但并不共享研发成果;对于合资企业方式,是指参与研发合作的企业之间完全实现技术或者知识共享,研发活动完全公开。企业各自决定研发投入水平。也就是说,卡特尔方式是在合作阶段联合,仅进行协调研发活动但不分享研发成果。而合资企业方式是在合作阶段联合,不仅协调企业间的联合研发互动,而且还分享研发成果。所以,合资企业方式是完全意义上的合作创新。

2. 技术许可相关理论

（1）技术许可定义

技术许可（technology licensing）,又可被称为技术特许或技术授权,是指创新者通过将技术专利权授权而赚取租金获得利润的一种方式。它实质上是关于创新技术相关权能（如所有权、使用权、产品销售权、专利申请权等）的契约或合同。技术许可实质是技术使用权的转让,而技术权的所有人并不发生改变。技术许可的主体是技术提供者和采用者,他们可以是个人、研究开发机构、企业等个人或组织。按照技术许可主体地位的不同,也就是其否参与市场竞争,可以将技术许可方分成两大类。

第一类是作为产品市场生产者和市场竞争者的在位创新企业,又称之为内部创新者（inside innovator）。一般来说,自主研发技术用于产品生产的公司和企业均属于内部创新者。第二类是独立于产品市场的研发机构,如专业研究机构、技术公司、实验室等。它们通常不直接进入产品市场,不参与产品生产和市场竞争,又被称为外部创新者（outside innovator）。它们主要通过技术的生产和传播获取收益并以推动生产力的发展。在我国,相关的外部研究机构主要包括专业院所和高校的重点实验室、技术工程研究中心以及依托高校的国家技术转移中心等。

(2) 技术许可的主要方式

通常来讲，按照向被许可方收费方式的不同，企业进行专利技术许可的主要方式有固定费用许可、单位提成费用许可以及两部制费用许可三种。具体来说：

①固定费用许可方式，英文为"fixed-fee licensing"，即与使用专利技术生产的产品数量无关，只收取固定数额的新技术使用费的一种技术转让方式，可由被许可方一次付清或分若干次付清。在此，固定费用许可又分为许可数量不受限制的固定费用许可、一级价格密封投标拍卖许可和许可数量受限制的固定费用许可三种形式。由于在许可合同的实施过程中，让许可方监督被许可方的产出以获取单位提成许可费的方式成本太昂贵或者根本不现实，特别是在许可双方并非竞争对手的情况下更是如此。这样，过高技术转移成本限制了创新者通过提成许可来获得相关收益能力。另外，由于信息不对称等问题，在不可能完全获取单位提成许可费用时，许可方将更多地使用固定许可费用合同。但是，固定费用许可合同的使用也会为许可方带来不利的影响。由于许可方不能完全控制被许可方的边际成本，那么随着技术许可所带来的先进技术的不断扩散，就可能无形中提高了被许可方的市场竞争能力。

②单位提成费用许可方式，英文为"royalty licensing"，即按使用专利技术所创造的产品数量、净销售额或利润的多少，按照一定比率来收取提成费用的技术转让方式。一般来说，在企业通过单位提成费将技术许可给另一竞争企业的情况下，许可企业可以通过单位提成率的设定来控制竞争对手的边际成本，并进而可以操纵对手的市场行为。所以，当今大部分发达国家的公司和企业普遍利用这种技术许可合同形式。这样，不仅可以获得巨额技术许可收入，而且还可以限制被许可方的竞争能力从而巩固和扩大了自己的竞争优势。

③两部制费用许可方式，英文为"two-part tariff licensing"，即固定费用与单位提成费用相结合的方式。两部制费用可以被设计成为实现垄断产量的工具。在同质产品的市场竞争中，共谋就是通过设定一个高的单位提成率和一个负的

固定费用（入门费）来实现的。这时，许可方可以通过贿赂被许可方来促其退出市场竞争。但是，根据反垄断法的规定，这样一种单方面以减少被许可方产量为目标的行为是不合法的。所以有关两部制费用许可的合理限制条件为：固定费用必须为正，且单位提成率不能超过使用新技术后所带来的成本降低程度。所以，一般研究同质产品的技术许可文献中，都只考虑固定费用或者单位提成费用，而两部制费用则被作为次优选择。但是，在市场实践中，由于产品差异性、技术模仿以及信息不对称等因素的存在，两部制费用许可合同的应用却非常普遍。

（3）技术许可过程中存在的信息不对称

技术市场参与主体是具有有限理性的人，他们不可能准确地把握由于各种不确定性高新技术在未来的使用和对未来影响的全部信息。由于人们所生活的环境及未来时间是不确定的，而人们只具有有限理性，不可能掌握未来所有的信息。这样，在技术许可交易的过程中就会导致交易双方所掌握的与交易行为相关的信息在量上的不等。在企业间专利技术交易中无论许可方还是被许可方均会面临各方面信息不对称问题。

信息不对称性是指技术交易过程中，技术合约当事人一方拥有另一方不知道或无法验证的信息和知识。按照不对称性发生的时间，可以划分为事前信息不对称和事后信息不对称。事前（ex-ante）不对称是指在技术许可发生前，技术交易双方对于所交易技术存在非对称信息，也就是技术许可方会隐藏部分技术信息。例如，许可方对于专利技术质量拥有绝对信息优势，在签订合同时就容易隐瞒一些只有在实际操作中才能发现的细节，而在签订合同之后，又有可能不提供足够的技术支持与技术维护等服务。事前信息不对称通常会引起许可方与被许可方之间的逆向选择等问题。而事后（ex-post）不对称是指技术许可发生后，技术交易双方对于所交易技术存在非对称信息，也就是被许可方对于新技术应用会隐藏部分信息。例如，许可方对于被许可方在获得许可后利用新技术生产的产品产量或者利润并不了解。而被许可方拥有信息优势，这样在签约后可以隐瞒自己真实的产量或收益，从而导致其不按时支付技术许可费用，或者将其用于合同所禁止的领域等。事后信息不对称通常会引起被许可方的道德风险问题。

另外，按照不对称性信息的具体内容，可以划分为外生性不对称信息和内生性不对称信息。外生性不对称信息是指交易技术本身所具有的内涵、性质和特征等方面。这类不对称是由技术本身所决定的，与当事人的行为无关。通常此类信息不对称发生在技术签约之前。内生性不对称信息是指技术合约签订后由于合约当事人一方对另一方的行为无法观察、无法监督、无法验证而引起信息不对称。从某种角度来讲，外生性不对称属于事前信息不对称，而内生性不对称则属于事后信息不对称。

(4) 技术模仿的定义及其对企业行为影响

从法律的角度看，专利法中所阐述的技术模仿是指竞争者以专利技术为基础，通过仿制或迂回发明，制造、销售与专利技术内容相同或相近，并采用了原专利技术所要求保护的必要的技术内容。这种模仿行为在市场竞争中将损害创新者的利益。因此，尽管有些模仿创新从创新的角度看是一项创新。但是，从技术所有权的角度来看，如果没有对其中所采用他人的专利技术内容进行产权专利许可，这种技术模仿创新则是侵权行为。

从产权的角度看，技术模仿与技术改进也存在一定的差别。具体来说，首先是成本问题，尽管技术模仿也需要进行研发创新投资以期获得学习和技术模仿的能力，但是技术改进必须产生新的技术知识，它客观上要求企业在研发方面投入的更多。其次是法律问题，充分的技术改进可以获得新的专利技术，而充分的模仿却不能实现。最后就是需求问题，技术模仿可能产生相同或相近似技术水平的产品，但不会产生新的市场需求，因此只能占取原有技术产品的部分市场。由于其在成本上有优势，使之具有一定的价格优势，从而会更大程度地占有原创新者的市场份额。但是，技术改进则不同，它与原有技术相比，具有不同技术水平，而且产品也有一定的差别化。应用改进技术所生产的产品比原有创新产品更能提现技术进步。因此，改进产品会扩大消费市场，提高产品的质量和性能，与原有创新产品拥有不同的市场消费层次。

技术创新活动作为一种追求经济利益的活动，具有追求经济收益最大化的激励需求。但是，在没有创新产权或对创新者产权保护不力的情况下，随着现代科学技术的规模和投资强度越来越大，非法仿制者的模仿侵权行为将对创新者的收益及创新动机产生越来越大的影响。与创新者相比，尽管模仿者的技术资源和开发费用较少。但是，将创新者确定的技术和市场状态作为参照，模仿者的创新成本极低、产品的不确定性风险也较小。在这种情况下，模仿者进入市场后，会对创新者的市场份额和收益产生巨大影响，甚至有时会比创新者拥有更大的市场份额和收益，从而将率先进入市场创新者淘汰出局。这样，模仿企业就成为市场中创新技术的最大受益者。

另外，创新产品的总市场需求是一定的。在某种情况下，模仿者所获得的正收益，势必使创新者不能得到所期望的创新全部价值，因此，这种阻塞将使其减少率先创新的研发投入，将不可避免地对创新激励产生扭曲效应，而这会降低创新者的创新激励。创新者的巨额研发投入得不到应有回报，甚至不能弥补其率先从事研发创新的投入，那么，企业本身将不愿意率先从事技术创新活动，而是期望其他企业能够进行技术创新并提供"公共物品"，然后自己从无偿的技术模仿中获利。这种行为，会使企业间竞争关键的研发策略变成了企业间相互"等待"策略，而不是抢先进行技术创新。所以，随着企业模仿能力的增强，模仿时间的缩短，模仿成本的下降，通过采用规模经济、快速进入市场等手段来保护技术创新企业的这种传统方法已经受到严峻的挑战，以致使企业率先进行技术创新而带来的优势丧失殆尽。

（四）本章总结

本章首先对技术创新与技术许可的研究背景与研究意义进行了论述。然后，结合本书的研究主题，对技术创新和技术许可领域的相关文献进行梳理。最后，对于本书所涉及的基础理论进行综述，包括技术创新与技术许可的定义，技术创新的影响因素以及技术许可的主要方式等，为后续章节的研究奠定基础。

第二章

考虑不同影响因素的企业技术研发竞争及技术获取策略分析

技术一直是影响企业长期发展的关键性因素。为了在市场中获得竞争优势，企业必须制定与自身相适应的技术发展战略。在制定技术发展战略的过程中，技术的获取方式一直是企业必须首先要解决的问题。这主要是因为，技术发展战略的具体实施过程会对企业新技术获取方式产生重要的影响。在不同的技术发展战略下，企业的新技术获取方式往往会有所不同。通常来说，企业获取新技术的方式主要包括自主研发创新、直接技术引进、与高校或科研机构合作研发等。那么，企业在这些可能的新技术获取方式中该如何选择，这一直是技术创新与技术许可研究中的一个热点问题。基于此，本章首先在同质双寡头竞争市场，分析企业在进行研发竞争时不同因素对于其研发创新投入、市场均衡利润等方面的影响。然后，在异质双寡头竞争市场，分别对于技术创新企业可能采取的技术获取方式进行分析，并求解其在各个方式下的均衡结果。最后，对这些技术获取方式进行比较分析，进而得出企业的最佳技术获取方式。

（一）初始边际成本存在差异下的双寡头企业研发创新竞争

D'Aspremont 和 Jacquemin（1998）通过构建双寡头企业研发创新竞争与创新合作的两阶段博弈模型，在有技术溢出效应存在下，对双寡头竞争企业的研发竞争和研发合作问题做了开创性的分析[52]。但是，在该文献的模型中，双寡头竞争企业的边际成本、技术溢出水平以及创新效率都被设定是完全相同的。但是，这些严格的假设条件在很大程度上降低了该模型的普适性，限制了其对双寡头企业进行研发竞争时的现实指导作用。现实中,由于地理位置、管理模式、经营方式的不同,企业很难有完全相同的边际成本。所以,本小节在双寡头竞争企业边际成本存在差异的情况下,研究双寡头企业在达到市场均衡时其初始边际成本对于企业产量、企业利润以及研发创新投入的影响等问题。

1. 模型基本假设

假设两家企业(企业1和企业2)生产同质产品而构成古诺双寡头垄断竞争市场结构。此时,市场逆需求函数表示为

$$p = a - q_i - q_j, \ i,j = 1,2; i \neq j \quad (2-1)$$

其中,a 为市场规模;p 为产品市场价格;q_i 表示企业 i 产品的产量。起初,在开展研发创新活动之前,两家企业各自拥有不变的边际成本 A_i($A_i < a$)。为了便于分析,在此不妨设企业1的边际成本为 $A_1 = A$,企业2的边际成本为 $A_2 = \theta A$。这里,$\theta > 0$ 表示两家企业边际成本的差异化程度(以下简称"成本差异程度")。显然,$0 < \theta < 1$ 表示企业2的初始边际成本低于企业1的初始边际成本;$\theta > 1$ 表示企业2的初始边际成本要高于企业1的舒适边际成本;而 $\theta = 1$ 则表示两家企业的初始边际成本相同的情况。

假设两家企业同时进行研发创新活动,其各自的研发投入为 x_i,那么,研发创新可以使企业 i 的边际成本变为 $(A_i - x_i)$。相应地,企业 i 的研发投资额函数为 $vx_i^2/2$。其中,$v > 0$ 表示为企业 i 的研发效率参数,以表示整个研发投资额符合规模报酬递减规律。v 越大,意味着要获得相同研发投入所需要的研发投资额越高,反之亦然。另外,由于企业 i 研发创新后存在技术溢出,使得企业 j 的边际成本有所降低,且降低幅度 βx_i。这里,参数 $\beta \in [0, 1]$ 表示新技术溢出程度。当 $\beta = 0$ 时,表示两家企业间的存在完美技术保护,每个企业完全能独享其研发创新成果,而竞争对手不能从中获取任何成本降低;当 $\beta = 1$ 时,则表示企业间不存在技术保护,两家企业间可以完全共享研发创新成果。由此可知,企业 i 在研发创新后的真实边际成本变为 $c_i = A_i - x_i - \beta x_j$,其中有 $A_i - x_i - \beta x_j > 0$。

2. 市场均衡求解

由于两家企业在研发创新投入决策阶段和最终市场竞争产量决策阶段均没

有合作，那么，企业1和企业2在这两个阶段分别选择最佳的研发投入水平和产量水平来最大化自身利润。那么，以下将通过逆向归纳法来求解两家企业在各个阶段的博弈均衡。

首先，在产量决策阶段，两家企业的利润函数分别为

$$\pi_1 = (p - c_1)q_1 - \frac{1}{2}vx_1^2 = (a - (q_1 + q_2) - A + x_1 + \beta x_2)q_1 - \frac{1}{2}vx_1^2$$

$$\pi_1 = (p - c_2)q_2 - \frac{1}{2}vx_2^2 = (a - (q_1 + q_2) - \theta A + x_2 + \beta x_1)q_2 - \frac{1}{2}vx_2^2$$

$$(2-2)$$

此时，企业1和企业2通过同时确定各自产量来最大化企业利润，那么，求解 $\frac{\partial \pi_i}{\partial q_i} = 0$，可知两家企业的均衡产量如下

$$q_1 = \frac{1}{3}(a - (2 - \theta)A + (2 - \beta)x_1 + (2\beta - 1)x_2)$$

$$q_2 = \frac{1}{3}(a - (2\theta - 1)A + (2 - \beta)x_2 + (2\beta - 1)x_1)$$

$$(2-3)$$

代入到利润函数（2-2）式可知，应有

$$\pi_1 = \frac{1}{9}(a - (2 - \theta)A + (2 - \beta)x_1 + (2\beta - 1)x_2)^2 - \frac{1}{2}vx_1^2$$

$$\pi_2 = \frac{1}{9}(a - (2\theta - 1)A + (2 - \beta)x_2 + (2\beta - 1)x_1)^2 - \frac{1}{2}vx_2^2$$

$$(2-4)$$

然后，在研发创新阶段，企业1和企业2通过选择各自的研发投入水平来最大化其自身利润。那么，求解 $\frac{\partial \pi_i}{\partial x_i} = 0$，可知两家企业的最优研发投入如下

$$x_1^* = \frac{2(2-\beta)(a-(2-\theta)A)(9v - 2(2-\beta)^2) + 4(2-\beta)^2(2\beta-1)(a-(2\theta-1)A)}{(9v - 2(2-\beta)^2)^2 - 4(2-\beta)^2(2\beta-1)^2}$$

$$x_2^* = \frac{4(2-\beta)^2(2\beta-1)(a-(2-\theta)A) + 2(2-\beta)(a-(2\theta-1)A)(9v - 2(2-\beta)^2)}{(9v - 2(2-\beta)^2)^2 - 4(2-\beta)^2(2\beta-1)^2}$$

$$(2-5)$$

易验证,利润函数取最大值时应满足的二阶条件为 $9v - 2(2-\beta)^2 > 0$。由此可知,达到市场均衡时,整个市场的研发创新总投入为

$$x^* = x_1^* + x_2^* = \frac{2(2-\beta)(2a - (1+\theta)A)}{9v - 2(2-\beta)(1+\beta)} \quad (2-6)$$

由两家企业最优研发投入的非负性可知,有 $9v - 2(2-\beta)(1+\beta) > 0$ 成立。

然后,将 (2-5) 式分别代入到均衡产量和均衡利润中可知,有

$$q_1^* = \frac{1}{3}(a - (2-\theta)A + (2-\beta)x_1^* + (2\beta-1)x_2^*)$$
$$q_2^* = \frac{1}{3}(a - (2\theta-1)A + (2-\beta)x_2^* + (2\beta-1)x_1^*) \quad (2-7)$$

此时,市场中的均衡总产量为

$$Q^* = q_1^* + q_2^* = \frac{3v(2a - (1+\theta)A)}{9v - 2(2-\beta)(1+\beta)} \quad (2-8)$$

相应地,两家企业的市场均衡利润分别为

$$\pi_1^* = (q_1^*)^2 - \frac{1}{2}v(x_1^*)^2, \quad \pi_2^* = (q_2^*)^2 - \frac{1}{2}v(x_2^*)^2 \quad (2-9)$$

3. 市场均衡结果分析

在上面的讨论分析中,已经得到了两家企业在市场均衡状态下的各自最优研发创新投入、最优产量以及最大化利润等结果。如前文所述,企业的初始边际成本和两家企业边际成本差异程度对企业的研发创新投入决策和产量决策都有一定的影响。接下来,首先分析这两个关键因素对于均衡结果的影响。然后,再对两家企业的研发创新投入进行横向比较。

(1) 初始边际成本对均衡结果的影响

根据 (2-5) 式的结果,首先对 x_1^* 和 x_2^* 关于 A 求偏导数可知,有

<<< 第二章 考虑不同影响因素的企业技术研发竞争及技术获取策略分析

$$\frac{\partial x_1^*}{\partial A} = $$

$$-\frac{2(2-\beta)((2-\theta)(9v-2(2-\beta)^2)+2(2\theta-1)(2-\beta)(2\beta-1))}{(9v-2(2-\beta)^2)^2-4(2-\beta)^2(2\beta-1)^2}$$

$$\frac{\partial x_2^*}{\partial A} = $$

$$-\frac{2(2-\beta)((2\theta-1)(9v-2(2-\beta)^2)+2(2-\theta)(2-\beta)(2\beta-1))}{(9v-2(2-\beta)^2)^2-4(2-\beta)^2(2\beta-1)^2}$$

$$(2-10)$$

显然,上式中 $\frac{\partial x_1^*}{\partial A}$ 和 $\frac{\partial x_2^*}{\partial A}$ 的符号会受到模型中各个参数取值的影响。那么,由此可知,达到市场均衡状态下,企业 i 的研发创新投入水平随边际成本 A 变化而发生变化的规律由 $\frac{\partial x_1^*}{\partial A}$ 和 $\frac{\partial x_2^*}{\partial A}$ 的正负号所决定。当 $\frac{\partial x_i^*}{\partial A}$ 大于零时,说明企业 i 的均衡研发创新投入水平随边际成本 A 的增大而增加;当 $\frac{\partial x_i^*}{\partial A}$ 小于零时,说明企业 i 的均衡研发创新投入水平随边际成本 A 的增大而减少;当 $\frac{\partial x_i^*}{\partial A}$ 等于零时,说明企业 i 的均衡研发创新投入水平不会因边际成本 A 的变化而受到影响。

现在,根据 (2-6) 式的结果,对均衡状态下的两家企业的研发创新总投入 x^* 关于 A 求偏导数可知,有

$$\frac{\partial x^*}{\partial A} = -\frac{2(2-\beta)(1+\theta)}{9v-2(2-\beta)(1+\beta)} \qquad (2-11)$$

显然,对于任意的 $\beta \in [0,1]$,$\theta > 0$ 以及 $9v-2(2-\beta)(1+\beta) > 0$ 可知,有 $\frac{\partial x^*}{\partial A} < 0$。这说明,在市场均衡状态下,两家企业的研发创新总投入随着边际成本 A 的增加而减少。

接下来,根据 (2-7) 式的结果,对 q_1^* 和 q_2^* 关于 A 求偏导数可知,有

$$\frac{\partial q_1^*}{\partial A} = -\frac{((9v-2(2-\beta)^2)^2-4(2-\beta)^2(2\beta-1)^2)(2-\theta)}{3((9v-2(2-\beta)^2)^2-4(2-\beta)^2(2\beta-1)^2)}$$

$$-\frac{2(2-\beta)((5-4\beta-4\theta+5\beta\theta)(9v-2(2-\beta)^2)+2(5\theta-4-4\beta\theta+5\beta)(2-\beta)(2\beta-1))}{3((9v-2(2-\beta)^2)^2-4(2-\beta)^2(2\beta-1)^2)}$$

$$\frac{\partial q_2^*}{\partial A} = -\frac{((9v-2(2-\beta)^2)^2-4(2-\beta)^2(2\beta-1)^2)(2-\theta)}{3((9v-2(2-\beta)^2)^2-4(2-\beta)^2(2\beta-1)^2)}$$

$$-\frac{2(2-\beta)((5\theta-4-4\beta\theta+5\beta)(9v-2(2-\beta)^2)+2(5-4\beta-4\theta+5\beta\theta)(2-\beta)(2\beta-1))}{3((9v-2(2-\beta)^2)^2-4(2-\beta)^2(2\beta-1)^2)}$$

(2-12)

显然，上式中 $\frac{\partial q_1^*}{\partial A}$ 和 $\frac{\partial q_2^*}{\partial A}$ 的符号同样会受到模型中各个参数取值的影响。那么，由此可知，达到市场均衡状态下，企业 i 的研发创新投入水平随边际成本 A 变化而发生变化的规律由 $\frac{\partial q_1^*}{\partial A}$ 和 $\frac{\partial q_2^*}{\partial A}$ 的正负号所决定。当 $\frac{\partial q_i^*}{\partial A}$ 大于零时，说明企业 i 的均衡研发创新投入水平随边际成本 A 的增大而增加；当 $\frac{\partial q_i^*}{\partial A}$ 小于零时，说明企业 i 的均衡研发创新投入水平随边际成本 A 的增大而减少；当 $\frac{\partial q_i^*}{\partial A}$ 等于零时，说明企业 i 的均衡研发创新投入水平不会因边际成本 A 的变化而受到影响。

现在，根据（2-8）式的结果，对均衡状态下的两家企业的研发创新总投入 Q^* 关于 A 求偏导数可知，

$$\frac{\partial Q^*}{\partial A} = -\frac{(1+\theta)}{9v-2(2-\beta)(1+\beta)} \quad (2-13)$$

同样，对于任意的 $\beta \in [0,1]$，$\theta > 0$ 以及 $9v-2(2-\beta)(1+\beta) > 0$ 可知，有 $\frac{\partial Q^*}{\partial A} < 0$。这说明，在市场均衡状态下，产品的市场总量随着边际成本 A 的增加而减少。

综上所述，有如下命题。

命题2.1 如果初始边际成本不同的两家双寡头企业进行研发创新竞争，那么，在市场均衡状态下，两家企业的研发创新总投入以及产品的市场总量随着

初始边际成本的增加而减少。

（2）初始成本差异程度对均衡结果的影响

根据（2-5）式的结果，首先对 x_1^* 和 x_2^* 关于 θ 求偏导数可知，有

$$\frac{\partial x_1^*}{\partial \theta} = \frac{2(2-\beta)(9v-12\beta+6\beta^2)A}{(9v-2(2-\beta)^2)^2 - 4(2-\beta)^2(2\beta-1)^2}$$

$$\frac{\partial x_2^*}{\partial \theta} = \frac{2(2-\beta)(3v-2+\beta)A}{(9v-2(2-\beta)^2)^2 - 4(2-\beta)^2(2\beta-1)^2} \quad (2-14)$$

显然，上式中 $\frac{\partial x_1^*}{\partial \theta}$ 和 $\frac{\partial x_2^*}{\partial \theta}$ 的符号会受到模型中各个参数取值的影响。那么，由此可知，达到市场均衡状态下，企业 i 的研发创新投入水平随边际成本 A 变化而发生变化的规律由 $\frac{\partial x_1^*}{\partial \theta}$ 和 $\frac{\partial x_2^*}{\partial \theta}$ 的正负号所决定。具体来说，对于企业 1 而言，当 $9v-12\beta+6\beta^2>0$ 时，说明企业 1 的均衡研发创新投入水平随初始边际成本差异程度 θ 的增大而增加；当 $9v-12\beta+6\beta^2<0$ 时，说明企业 1 的均衡研发创新投入水平随初始边际成本差异程度 θ 的增大而减少；当 $9v-12\beta+6\beta^2=0$ 时，说明企业 1 的均衡研发创新投入水平不会因初始边际成本差异程度 θ 的变化而受到影响。

对于企业 2 而言，当 $3v-2+\beta>0$ 时，说明企业 2 的均衡研发创新投入水平随初始边际成本差异程度 θ 的增大而增加；当 $3v-2+\beta<0$ 时，说明企业 2 的均衡研发创新投入水平随初始边际成本差异程度 θ 的增大而减少；当 $3v-2+\beta=0$ 时，说明企业 2 的均衡研发创新投入水平不会因初始边际成本差异程度 θ 的变化而受到影响。

现在，根据（2-6）式的结果，对均衡状态下的两家企业的研发创新总投入 x^* 关于 θ 求偏导数可知，

$$\frac{\partial x^*}{\partial \theta} = -\frac{2(2-\beta)A}{9v-2(2-\beta)(1+\beta)} \quad (2-15)$$

显然，对于任意的 $\beta \in [0, 1]$，$\theta>0$ 以及 $9v-2(2-\beta)(1+\beta)>0$ 可知，有 $\frac{\partial x^*}{\partial \theta}<0$。这说明，在市场均衡状态下，两家企业的研发创新总投入随其

初始边际成本差异程度 θ 的增加而减少。这主要是因为，初始边际成本差异度的增加意味着企业 2 的初始边际成本在不断地增加，从整体的角度来看，意味着两家企业的初始边际成本在不断增加，因而在研发创新投入方面，总体上呈下降趋势。

接下来，根据（2-7）式的结果，对 q_1^* 和 q_2^* 关于 θ 求偏导数可知，有

$$\frac{\partial q_1^*}{\partial \theta} = \frac{((9v - 2(2-\beta)^2)^2 - 4(2-\beta)^2(2\beta-1)^2)A}{3((9v - 2(2-\beta)^2)^2 - 4(2-\beta)^2(2\beta-1)^2)}$$

$$+ \frac{2(2-\beta)((4-5\beta)(9v - 2(2-\beta)^2) + 2(4\beta-5)(2-\beta)(2\beta-1))A}{3((9v - 2(2-\beta)^2)^2 - 4(2-\beta)^2(2\beta-1)^2)}$$

$$\frac{\partial q_2^*}{\partial \theta} = \frac{((9v - 2(2-\beta)^2)^2 - 4(2-\beta)^2(2\beta-1)^2)A}{3((9v - 2(2-\beta)^2)^2 - 4(2-\beta)^2(2\beta-1)^2)}$$

$$+ \frac{2(2-\beta)((4\beta-5)(9v - 2(2-\beta)^2) + 2(4-5\beta)(2-\beta)(2\beta-1))A}{3((9v - 2(2-\beta)^2)^2 - 4(2-\beta)^2(2\beta-1)^2)}$$

$$(2-16)$$

显然，上式中 $\frac{\partial q_1^*}{\partial \theta}$ 和 $\frac{\partial q_2^*}{\partial \theta}$ 的符号同样会受到模型中各个参数取值的影响。那么，由此可知，达到市场均衡状态下，企业 i 的研发创新投入水平随边际成本 A 变化而发生变化的规律由 $\frac{\partial q_1^*}{\partial \theta}$ 和 $\frac{\partial q_2^*}{\partial \theta}$ 的正负号所决定。当 $\frac{\partial q_i^*}{\partial \theta}$ 大于零时，说明企业 i 的均衡研发创新投入水平随初始边际成本差异程度 θ 的增大而增加；当 $\frac{\partial q_i^*}{\partial \theta}$ 小于零时，说明企业 i 的均衡研发创新投入水平随初始边际成本差异程度 θ 的增大而减少；当 $\frac{\partial q_i^*}{\partial \theta}$ 等于零时，说明企业 i 的均衡研发创新投入水平不会因初始边际成本差异程度 θ 的变化而受到影响。

现在，根据（2-8）式的结果，对均衡状态下的两家企业的研发创新总投入 Q^* 关于 θ 求偏导数可知，

$$\frac{\partial Q^*}{\partial \theta} = -\frac{3vA}{9v - 2(2-\beta)(1+\beta)} \qquad (2-17)$$

同样，对于任意的 $\beta \in [0,1]$，$\theta>0$ 以及 $9v-2(2-\beta)(1+\beta)>0$ 可知，有 $\frac{\partial Q^*}{\partial A}<0$。这说明，在市场均衡状态下，产品的市场总量随着初始边际成本差异程度 θ 的增加而减少。

综上所述，有如下命题。

命题 2.2　如果初始边际成本不同的两家双寡头企业进行研发创新竞争，那么，在市场均衡状态下，两家企业的研发创新总投入以及产品的市场总量随着两家企业初始边际成本差异程度的增加而减少。

(3) 双寡头企业研发创新投入比较

在 A-J 模型中，由于假设双寡头竞争企业的边际成本是相同的，因而所得到的市场均衡结果具有一定的对称性。但是，在本小节中，由于假设两家企业之间的初始边际成本不同，所以有必要考察两家企业在均衡状态下最优研发创新投入之间的差异情况。那么，由 (2-5) 式可知，

$$\Delta x^* = x_1^* - x_2^* = \frac{2(2-\beta)(\theta-1)A}{3v-2(2-\beta)(1-\beta)} \qquad (2-18)$$

显然，对于任意的 $\beta \in [0,1]$，$\theta>0$ 以及研发创新投入的非负性可知，当 $0<\theta<1$ 时，有 $\Delta x^*<0$；当 $\theta>1$ 时，有 $\Delta x^*>0$；而当 $\theta=1$ 时，有 $\Delta x^*=0$。那么，综合上述三种情况可知，具有成本优势的企业具有更高的研发创新投入水平，也就是企业具有更大的研发创新投入倾向。而且，双寡头竞争企业间的成本差异越大，市场均衡状态下的双寡头竞争企业间研发创新投入水平的差异就越大。

综上所述，有如下命题。

命题 2.3　如果具有不同初始边际成本的两家双寡头企业进行研发创新竞争，那么，在市场均衡状态下，具有成本优势越的企业会在研发创新方面投入更多，也就是其具有更大的研发创新投入倾向。

(二) 有技术吸收能力存在下的双寡头企业研发创新竞争

由于研发创新具有一定的公共产品属性，所以，一方面，企业通过研发创

新所得到的新技术会因技术溢出而自发地转移到其他企业。另一方面,通过技术溢出效应,企业也可以从其他企业获取与自身研发创新相匹配的技术创新能力。那么,企业获取、消化吸收以及应用与自身技术相关的外部知识的能力就显得尤为重要。企业这种获取技术相关的外部知识的能力就是企业的吸收能力。所以,在本小节,在双寡头竞争企业存在技术吸收能力的情况下,分析双寡头企业在达到市场均衡时其技术吸收能力对于企业产量、企业利润以及研发创新投入的影响等问题。

1. 模型基本假设

假设两家企业(企业1和企业2)生产同质产品而构成古诺双寡头垄断竞争市场结构。此时,市场逆需求函数表示为

$$p = a - q_i - q_j, i,j = 1,2; i \neq j \qquad (2-19)$$

其中,a为市场规模;p为产品市场价格;q_i表示企业i产品的产量。

起初,在进行研发创新活动之前,两家企业拥有相同且不变的边际成本A($A<a$)。假设两家企业同时进行研发创新活动,其各自的研发创新投入为x_i。那么,研发创新可以使企业i的边际成本变为$(A-x_i)$。相应地,企业i的研发投资额函数为$vx_i^2/2$。其中,$v>0$表示为企业i的研发效率参数,以表示整个研发投资额符合规模报酬递减规律。v越大,意味着要获得相同研发投入所需要的研发投资额越高,反之亦然。另外,由于企业j研发创新后存在技术溢出,使得企业i的边际成本有所降低,且降低幅度βx_j。这里,参数$\beta \in [0,1]$表示新技术溢出程度。当$\beta=0$时,表示两家企业间的存在完美技术保护,即每个企业能完全独享其成本降低研发成果,而竞争对手不能从中获取任何成本降低技术;当$\beta=1$时,则表示企业间不存在任何技术保护,即两家企业间可以完全共享成本降低研发成果。

但是,考虑到两家企业都具有一定的技术吸收能力,所以企业对于竞争对手的研发创新成果会有一个吸收转化的过程,而不是立即使用。这里,企业的技术吸收能力主要取决于企业自身技术能力的积累、企业技术路径的选择以及企业研发人员的研发水平等多方面因素。在此,不妨设企业i的技术吸收能力为

k_i（$0<k_i<1$），那么，对于由于技术溢出而得到的对方的研发创新成果，企业 i 的吸收水平为 $k_i\beta x_j$。因此，企业 i 在两家企业进行研发创新后的实际成本下降水平为 $(x_i+k_i\beta x_j)$。显然，企业 i 的有效研发创新水平一部分来自企业自己的研发创新投入，而另一部分来自对手企业 j 的研发投入。当企业 i 的技术吸收能力为零时（即 $k_i=0$），那么，即使因存在完全技术溢出（即 $\beta=1$）而获得全部技术，企业 i 也无法使用。同样，当技术溢出水平为零时（即 $\beta=0$），那么，即使企业 i 有完全的技术吸收能力，它也获取不到任何对其有用的创新技术。

考虑到企业 i 的初始边际成本为 A，那么，企业 i 在两家企业进行研发创新后的实际边际成本为 $c_i=A-x_i-k_i\beta x_j$。其中，有 $x_i+k_i\beta x_j<A<a$ 成立。这说明，企业 i 的实际研发投入要小于其初始边际成本，而企业 i 的初始边际成本又小于市场规模。

2. 市场均衡求解

由于两家企业在研发创新投入决策阶段和最终市场竞争产量决策阶段均没有合作，那么，企业 1 和企业 2 在这两个阶段分别选择最佳的研发投入水平和产量水平来最大化自身利润。那么，以下将通过逆向归纳法来求解两家企业在各个阶段的博弈均衡。

首先，在产量决策阶段，两家企业的利润函数分别为

$$\pi_1=(p-c_1)q_1-\frac{1}{2}vx_1^2=(a-(q_1+q_2)-A+x_1+k_1\beta x_2)q_1-\frac{1}{2}vx_1^2$$

$$\pi_1=(p-c_2)q_2-\frac{1}{2}vx_2^2=(a-(q_1+q_2)-A+x_2+k_2\beta x_1)q_2-\frac{1}{2}vx_2^2$$

$$(2-20)$$

此时，企业 1 和企业 2 通过同时确定各自产量来最大化企业利润，那么，求解 $\frac{\partial \pi_i}{\partial q_i}=0$，可知两家企业的均衡产量如下：

$$q_1=\frac{1}{3}(a-A+(2-k_2\beta)x_1+(2k_1\beta-1)x_2)$$

$$q_2=\frac{1}{3}(a-A+(2-k_1\beta)x_2+(2k_2\beta-1)x_1)$$

$$(2-21)$$

代入到利润函数（2-20）式中可知，有

$$\pi_1 = \frac{1}{9}(a - A + (2 - k_2\beta)x_1 + (2k_1\beta - 1)x_2)^2 - \frac{1}{2}vx_1^2$$
$$\pi_2 = \frac{1}{9}(a - A + (2 - k_1\beta)x_2 + (2k_2\beta - 1)x_1)^2 - \frac{1}{2}vx_2^2$$
(2-22)

然后，在研发创新阶段，企业 1 和企业 2 通过选择各自的研发投入水平来最大化其自身利润。那么，求解 $\frac{\partial \pi_i}{\partial x_i} = 0$，可知两家企业的最优研发创新投入如下：

$$x_1^* = \frac{2(a-A)(2-k_2\beta)(2k_1^2\beta^2 - 6k_1\beta - 3v + 4)}{\begin{pmatrix} 2\beta^2(2k_2^2\beta^2 - 4k_2\beta + 3v)k_1^2 - 4\beta(2k_2^2\beta^2 - 3k_2\beta + 6v - 2)k_1 \\ + 2k_2\beta(3k_2\beta v - 12v + 4) - (4-9v)(4-3v) \end{pmatrix}}$$

$$x_2^* = \frac{2(a-A)(2-k_1\beta)(2k_2^2\beta^2 - 6k_2\beta - 3v + 4)}{\begin{pmatrix} 2\beta^2(2k_2^2\beta^2 - 4k_2\beta + 3v)k_1^2 - 4\beta(2k_2^2\beta^2 - 3k_2\beta + 6v - 2)k_1 \\ + 2k_2\beta(3k_2\beta v - 12v + 4) - (4-9v)(4-3v) \end{pmatrix}}$$

(2-23)

此时，利润函数取最大值时应满足的二阶条件为

$$\frac{\partial^2 \pi_1}{\partial x_1^2} = \frac{2}{9}(2 - k_2\beta) - v < 0$$
$$\frac{\partial^2 \pi_2}{\partial x_2^2} = \frac{2}{9}(2 - k_1\beta) - v < 0$$
(2-24)

为了方便求解和后续讨论，这里只考虑两家企业技术吸收能力相同的情况，即 $k_1 = k_2 = k$。那么，将其代入（2-23）和（2-24）式中可知，

$$x_1^* = x_2^* = \frac{2(2-k\beta)(a-A)}{9v - 2(2-k\beta)(1+k\beta)} \quad (2-25)$$

以及

$$\frac{\partial^2 \pi_1}{\partial x_1^2} = \frac{\partial^2 \pi_2}{\partial x_2^2} = \frac{2}{9}(2-k\beta) - v < 0 \quad (2-26)$$

由于技术溢出程度 β 的取值范围是 $[0,1]$，并且技术吸收能力 k 的取值范围为 $[0,1]$，那么求解（2-26）式可知，有 $v > \frac{8}{9}$。为保证两家企业最优研发创新投入始终存在，在接下来的分析过程中，假设该条件一直成立。

那么，在市场均衡状态下，整个市场的研发创新总投入为

$$x^* = x_1^* + x_2^* = \frac{4(2-k\beta)(a-A)}{9v - 2(2-k\beta)(1+k\beta)} \tag{2-27}$$

由两家企业的最优研发投入的非负性可知，有 $9v - 2(2-\beta)(1+\beta) > 0$ 成立。然后，将（2-27）式分别代入到均衡产量和均衡利润中可知，有

$$q_1^* = q_2^* = \frac{a - A + (2-k\beta)x_1^* + (2k\beta - 1)x_2^*}{3}$$

$$= \frac{a-A}{3}\left(1 + \frac{(1+k\beta)(2-k\beta)}{9v - 2(2-k\beta)(1+k\beta)}\right) \tag{2-28}$$

此时，市场中的均衡总产量为

$$Q^* = q_1^* + q_2^* = \frac{a-A}{3}\left(2 + \frac{2(1+k\beta)(2-k\beta)}{9v - 2(2-k\beta)(1+k\beta)}\right) \tag{2-29}$$

相应地，两家企业的市场均衡利润分别为

$$\pi_1^* = \pi_2^* = (q_1^*)^2 - \frac{1}{2}v(x_1^*)^2 = (q_2^*)^2 - \frac{1}{2}v(x_2^*)^2$$

$$= \frac{(a-A)^2 v(9v - 2(2-k\beta)^2)}{(9v - 2(2-k\beta)(1+k\beta))^2} \tag{2-30}$$

3. 市场均衡结果分析

在上面的讨论分析中，已经得到了两家企业在市场均衡状态下的各自最优研发创新投入、最优产量以及最大化利润等结果。如前文所述，企业的新技术吸收能力对企业研发创新投入决策和产量决策都有着一定的影响。所以，接下来将具体分析技术吸收能力这个关键因素对于均衡结果的影响。

首先，根据（2-25）式的结果，首先对 x_1^* 和 x_2^* 关于 k 求偏导数可知，有

$$\frac{\partial x_1^*}{\partial k} = \frac{\partial x_2^*}{\partial k} = \frac{2\beta(a-A)(2(2-k\beta)^2 - 9v)}{(9v - 2(2-k\beta)(1+k\beta))^2} \tag{2-31}$$

由研发创新投入的非负性可知，有 $9v-2(2-k\beta)(1+k\beta)>0$ 成立。另外，由于 $(a-A)>0$，$0<\beta<1$ 以及 $\frac{\partial^2 \pi_1}{\partial x_1^2}=\frac{\partial^2 \pi_2}{\partial x_2^2}=\frac{2}{9}(2-k\beta)-v<0$ 可知，有 $\frac{\partial x_i^*}{\partial k}<0$ 成立。这说明，x_i^* 随着 k 的增加而减少。为此，有如下命题。

命题 2.4 如果有技术吸收能力存在的两家双寡头企业进行研发创新竞争，那么，在市场均衡状态下，两家企业的研发创新投入随着企业各自技术吸收能力的增加而呈现递减趋势。

由命题 2.4 可知，当两家企业进行研发创新竞争时，随着企业吸收能力的增加，两家企业各自的研发创新投入水平会越来越小。这说明，企业的研发创新投入与自身的新技术吸收能力有很大的相关性。也就是说，随着企业自身吸收能力的提高，其从外部获取新技术的能力在不断增强。此时，企业很容易从外部获取相关的研发创新技术，而这会促使企业减少在自身研发创新上的投入。

同理，可知有 $\frac{\partial x^*}{\partial k}<0$。这说明，当有技术吸收能力存在的两家双寡头企业进行研发创新竞争时，整个市场的研发创新总投入也是随着两家企业自身的技术吸收能力的增加而减少。

接下来，根据（2-30）式的结果，对 π_1^* 和 π_2^* 关于 k 求偏导数可知，有

$$\frac{\partial \pi_1^*}{\partial k}=\frac{\partial \pi_2^*}{\partial k}=\frac{4\beta v(a-A)^2(27v(1-k\beta)-2(2-k\beta)^3)}{(9v-2(2-k\beta)(1+k\beta))^3} \quad (2-32)$$

那么，可有如下定理。

定理 2.1 对于（2-29）式中的 $\frac{\partial \pi_i^*}{\partial k}$，存在 $k_0\in(0,1)$，使得 $\frac{\partial \pi_i^*}{\partial k}=0$ 成立。

证明：由 $\frac{\partial \pi_i^*}{\partial k}$ 的具体形式可知，$\frac{\partial \pi_i^*}{\partial k}$ 的符号主要取决于多项式 $27v(1-k\beta)-2(2-k\beta)^3$ 的符号。因此，构造函数 $F(k,\beta,v)=27v(1-k\beta)-2(2-k\beta)^3$。易验证，$F(k,\beta,v)$ 是关于 k 和 β 的连续函数。那么，接下来将根据固定区间的根存在性定理来进行证明。

首先，注意到 $F(0, \beta, v) = F(k=0) = 27v - 16 > 0$。另外，易验证，当 $v > \frac{8}{9}$ 时，有 $\frac{\partial F(1, \beta, v)}{\partial \beta} < 0$。这说明，$F(1, \beta, v)$ 在区间 $(0, 1)$ 上是关于 β 的递减函数。由于 $F(1, 0, v) = F(\beta = 0) = 27v - 16 > 0$，那么可知，一定存在某个 $\beta_0 \in (0, 1)$，使得 $F(1, \beta_0, v) = F(\beta = \beta_0) = 0$。这意味着，当 $\beta \in (\beta_0, 1)$ 时，有 $F(1, \beta, v) < 0$。此时，根据连续函数根的存在性定理可知，存在 $k_0 \in (0, 1)$，使得 $F(k_0, \beta, v) = 0$。进而，有 $\frac{\partial \pi_i^*}{\partial k} = 0$ 成立。

证明完毕。

另外，易验证，两家企业的利润函数对于新技术吸收能力的二阶导数小于零，即

$$\frac{\partial^2 \pi_1^*}{\partial k^2} = \frac{\partial^2 \pi_2^*}{\partial k^2} = -\frac{12v\beta^2(a-A)^2 \begin{pmatrix} 81v^2 - 162v + 216vk\beta + 64 - 128k\beta \\ + 96k^2\beta^2 - 32k^3\beta^3 + 4k^4\beta^4 - 108vk^2\beta^2 \end{pmatrix}}{(9v - 2(2-k\beta)(1+k\beta))^4} < 0 \quad (2-33)$$

综上所述，可有如下命题。

命题 2.5 如果有技术吸收能力存在的两家双寡头企业进行研发创新竞争，那么，在市场均衡状态下，两家企业各自的最优技术吸收能力与技术溢出程度和研发创新效率有关。也就是说，在技术溢出水平 β 和研发创新效率 v 给定的情况下，存在使得两家企业各自利润最大化的新技术吸收能力的最优值 k_0。

根据命题 2.5 可知，在给各个参数取特值的情况下，求解新技术吸收能力的最优值。如果假定 $\beta = 1$，$v = \frac{8}{9}$，可知两家企业的新技术吸收能力的最优值 k 满足方程 $\frac{\partial \pi_1^*}{\partial k} = \frac{\partial \pi_2^*}{\partial k} = \frac{32(a-A)^2(24(1-k) - 2(2-k)^3)}{9(8 - 2(2-k)(1+k))^3} = 0$。求解可知，有 $k = 0.88$。

(三) 双寡头竞争企业间创新技术获取方式比较

前面两小节分别在初始边际成存在差异以及有技术吸收能力的条件下，分析了双寡头企业在进行研发竞争时上述两个因素对于研发创新投入等市场均衡结果的影响。然而，在实际的经营过程中，除了进行研发竞争外，企业间往往还会通过合作研发、技术许可等方式来获取创新技术。所以，在本小节，首先在异质双寡头竞争市场来分析企业间获取创新技术的多种方式。然后，再对这些技术获取方式进行比较而得出企业的最佳技术获取方式，以期为企业新技术获取实践提供一定的理论参考。

1. 模型基本假设

假设两家企业（企业1和企业2）生产异质产品而构成古诺双寡头垄断竞争市场结构。此时，市场逆需求函数表示为

$$p_i = a - q_i - \theta q_j, \quad i,j = 1,2; \; i \neq j \tag{2-34}$$

其中，a 表示市场规模；p_i 和 q_i 分别表示企业 i 的产品价格和产量；θ 为产品的替代程度，且 $0 \leq \theta \leq 1$。两种商品的替代程度越接近，则替代系数 θ 越接近于1。

在成本降低型创新技术出现前，假设两家企业所生产的产品的单位边际成本均为 c，且 $0 < c < a$。两家企业通过技术研发创新而使其各自的产品边际成本降低，令 ε_i（$\varepsilon_i < c$）为企业 i 边际成本的降低幅度，或称为创新规模。那么，在研发创新后，企业 i 边际生产成本变为 $c_i = c - \varepsilon_i$。由此可知，两家企业的利润函数分别为

$$\begin{cases} \pi_1 = (a - q_1 - \theta q_2 - c + \varepsilon_1) q_1 \\ \pi_2 = (a - q_2 - \theta q_1 - c + \varepsilon_2) q_2 \end{cases} \tag{2-35}$$

由 $q_i^* = \arg\max \pi_i(q_i, q_j^*)$，得企业1和企业2的产量反应函数，即

$$\begin{cases} q_1 = \dfrac{a - c + \varepsilon_1 - \theta q_2}{2} \\ q_2 = \dfrac{a - c + \varepsilon_2 - \theta q_1}{2} \end{cases} \tag{2-36}$$

联立求解以上反应函数,可得两家企业的均衡产量与均衡利润为

$$\begin{cases} q_1 = \dfrac{(2-\theta)(a-c)+2\varepsilon_1-\theta\varepsilon_2}{4-\theta^2}, q_2 = \dfrac{(2-\theta)(a-c)+2\varepsilon_2-\theta\varepsilon_1}{4-\theta^2} \\ \pi_1 = \left(\dfrac{(2-\theta)(a-c)+2\varepsilon_1-\theta\varepsilon_2}{4-\theta^2}\right)^2, \pi_2 = \left(\dfrac{(2-\theta)(a-c)+2\varepsilon_2-\theta\varepsilon_1}{4-\theta^2}\right)^2 \end{cases}$$

(2-37)

通常情况下,在研发创新的过程中需要创新企业投入大量的资源。所以,研发创新所带来的产品边际成本降低会遵循规模报酬递减规律。根据 Qiu (1997) 的相关研究[111],在此假定企业进行研发创新的成本函数为 $y=\varepsilon^2/2$。那么,在没有技术许可发生的情况下,企业 i 的总利润函数应为产出阶段所获得的利润减去研发创新阶段的研发成本,即

$$\Pi_i = (p_i - c_i)q_i - y_i = (a - q_i - \theta q_j - (c - \varepsilon_i)) \cdot q_i - \dfrac{1}{2}\varepsilon_i^2 \quad (2-38)$$

在研发竞争方式下,求解(2-35)式的一阶条件,可知企业 i 的最优创新规模和均衡利润分别为

$$\varepsilon_i^{com} = \dfrac{4(a-c)}{\theta^3+2\theta^2-4\theta-4}, \Pi_i^{com} = \dfrac{(\theta^4-8\theta^2+8)(a-c)^2}{(\theta^3+2\theta^2-4\theta-4)^2} \quad (2-39)$$

2. 研发竞争及研发合作方式分析

在合作创新方式下,为了获取创新技术,两家企业通过成立合作研发组织并各自投入研发资源来进行创新技术研发。据此,所构建的企业两阶段博弈模型如下:第一阶段为研发创新阶段,两家企业的预期研发创新投入对第二阶段其各自的利润会有影响。所以,两家企业应合理地选择研发创新投入水平 y_1 和 y_2,从而来降低产品的边际成本;第二阶段为产出阶段,在上一阶段所确定的研发创新投入下,两家企业通过选择各自的产量 q_1 和 q_2 而在市场中进行古诺竞争。接下来,将运用逆向归纳法来对此博弈过程进行均衡求解,并分析企业的最优技术研发策略。

根据两家企业在研发创新阶段和产出阶段的合作程度,企业可以选择卡特

尔（car）和合资企业（rjv）两种合作研发方式。具体来说，当选择卡特尔方式时，在研发创新阶段，企业1和企业2通过协调相互之间的研发创新投入水平，以期使其共同利润最大化。而在产出阶段，两企业之间并不会共享研发创新成果；当选择合资企业方式时，两家企业不仅在研发创新阶段相互协调各自的研发创新投入水平，而且还在产出阶段共享其研发创新成果，以期使其共同利润最大化。

在卡特尔方式下，两家企业博弈模型的均衡条件由以下两式来确定，即

$$\begin{cases} \max_{\varepsilon_1}(\Pi_1 + \Pi_2) \\ \max_{\varepsilon_2}(\Pi_1 + \Pi_2) \end{cases} \quad (2-40)$$

求解一阶条件，可知企业 i 的最优创新规模和均衡利润分别为

$$\varepsilon_i^{car} = \frac{2(a-c)}{(2+\theta)^2 - 2}, \quad \Pi_i^{car} = \frac{(a-c)^2}{(2+\theta)^2 - 2} \quad (2-41)$$

在合资企业方式下，研究成果的共享表明两家企业在产品市场的成本均为 $(c - \varepsilon_1 - \varepsilon_2)$。此时，在第二阶段，相应的均衡产量变为

$$q_1 = q_2 = \frac{a - c + \varepsilon_1 + \varepsilon_2}{2 + \theta} \quad (2-42)$$

那么，在第一阶段，两家企业博弈模型的均衡条件由以下两式来确定，即

$$\begin{cases} \max_{\varepsilon_1}(\Pi_1 + \Pi_2) \\ \max_{\varepsilon_2}(\Pi_1 + \Pi_2) \end{cases} \quad (2-43)$$

求解一阶条件，可知企业 i 的最优创新规模和均衡利润为

$$\varepsilon_i^{rjv} = \frac{4(a-c)}{(2+\theta)^2 - 8}, \quad \Pi_i^{rjv} = \frac{(a-c)^2}{(2+\theta)^2 - 8} \quad (2-44)$$

此时，均衡解存在的条件是 $(2+\theta)^2 - 8 > 0$，即 $\theta > 0.8284$。

接下来，比较研发竞争与合作创新的均衡结果，来确定两家企业是否愿意进行合作创新及最优的合作创新策略。

首先，比较不同研发策略下的最优创新规模。计算可得，对于 $\theta \in (0.8284, 1]$，有 $\varepsilon^{rjv} > \varepsilon^{com}$，$\varepsilon^{rjv} > \varepsilon^{car}$。这说明，在研发创新的合资企业方式下，

两家企业的创新规模最大,从而使得两家企业的有效成本降低为$2\varepsilon^{jv}$。而在研发竞争及卡特尔情况下,有效成本的降低仍为ε^{com}和ε^{car}。因此,研发创新的合资企业方式能够有效地推动成本降低;而对于$\theta \in [0, 0.8284]$,在研发创新的合资企业方式下,两家企业不存在均衡状态。但是,有$\varepsilon^{com} > \varepsilon^{car}$。这说明,研发竞争比卡特尔方式更能有效地推动成本降低。

其次,比较不同研发策略下的企业利润。计算可得,对于$\theta \in (0.8284, 1]$,有$\Pi^{jv} > \Pi^{com}$,$\Pi^{jv} > \Pi^{car}$。这说明,在研发创新的合资企业方式下,两家企业可以实现利润最大化;而对于$\theta \in [0, 0.8284]$,在研发创新的合资企业方式下,两家企业不存在均衡状态。但是,有$\Pi^{car} > \Pi^{com}$。这说明,研发竞争给创新企业所带来最大化利润比卡特尔模式下要高。

综上所述,有如下命题。

命题 2.6 如果双寡头竞争企业在进行研发创新时可以在研发竞争、卡特尔模式、合资企业模式中自由选择,那么,企业的最优研发创新方式依赖于两家企业产品差异性的大小。具体来说,当产品的差异性较小时($\theta \in [0, 0.8284]$),卡特尔方式最优;当产品的差异性较大时($\theta \in (0.8284, 1]$),合资企业方式最优。

由命题2.6可知,如果进行研发创新的双寡头企业能够进行研发合作,不管是卡特尔方式还是合资企业方式,其都要优于两家企业的研发竞争方式。这主要是因为,在研发竞争方式下,两家企业不能够在一定程度上共享其研发创新成果,因而不能实现其边际成本下降以及自身利润的最大化。

3. 技术许可方式分析

在技术许可方式下,两家企业在技术研发前就签订技术许可协议,由一方单独研发而事后将技术许可给另一方从而达到共享创新技术。这里,假定企业1通过研发获得创新技术,而企业2在企业1研发成功后通过许可获得创新技术。那么,所构建的两家企业间三阶段博弈过程如下:第一阶段为研发阶段,企业1根据预期选择最优的研发创新投入水平,以期最大化地降低其边际成本;第二阶段为技术许可阶段,企业1通过选择最优许可合同将技术转移给企业2,而企业2选择接受或拒绝许可合同；第三阶段为产出阶段，两家企业在给定研发创新投入水平及技术许可策略的情况下，通过选择各自的产量 q_1 和 q_2 而在市场中进行古诺竞争。

接下来，将运用逆向归纳法来对此博弈过程进行均衡求解，并分析企业最优技术研发创新投入和最优技术许可策略。其具体步骤如下：首先，在所定义的显著创新与非显著创新条件下，对于不同技术许可策略，求解企业的均衡产量及均衡利润。然后，根据不同技术许可策略所满足条件下，分别求得企业1的最优研发创新投入水平。最后，在不同许可策略条件以及企业1最优研发创新投入水平下，分别求得两家企业的产量和利润。以下将分成四种情况进行分析，首先考虑未许可的情况。

（1）未许可情况

在未发生技术许可的情况下，企业1通过研发获得创新技术，其单位成本降低为 $c-\varepsilon$，而企业2技术劣于企业1，其单位成本为 c。将 $\varepsilon_1=\varepsilon$ 和 $\varepsilon_2=0$ 代入（2-37）式中，可知此情形下的均衡产量与均衡利润分别为（上标"NL"代表未许可）

$$q_1^{NL} = \frac{(2-\theta)(a-c)+2\varepsilon}{4-\theta^2}, q_2^{NL} = \frac{(2-\theta)(a-c)-\theta\varepsilon}{4-\theta^2}$$

$$\pi_1^{NL} = \left[\frac{(2-\theta)(a-c)+2\varepsilon}{4-\theta^2}\right]^2, \pi_2^{NL} = \left[\frac{(2-\theta)(a-c)-\theta\varepsilon}{4-\theta^2}\right]^2$$

$$(2-45)$$

由于技术许可未发生，企业1在市场竞争时具有成本优势。通过计算可得创新规模的临界值为 $\varepsilon^* = \frac{(2-\theta)(a-c)}{\theta}$。那么，当 $\varepsilon < \varepsilon^*$ 时，企业1的技术创新属于非显著水平，两家企业都有正产量；当 $\varepsilon \geq \varepsilon^*$ 时，企业1的技术创新属于显著水平，相应的产品垄断价格会低于旧技术下的竞争价格。此时，企业1独占市场，并获得垄断产量 $q_1^{NL} = \frac{a-c+\varepsilon}{2}$，而企业2则被挤出市场。此时，企业1和企业2的利润函数分别为

$$\Pi_1^{NL} = \pi_1^{NL} - \frac{1}{2}\varepsilon^2, \Pi_2^{NL} = \pi_2^{NL} \qquad (2-46)$$

然后，求解一阶条件 $\frac{\partial \Pi_1^{NL}}{\partial \varepsilon} = 0$ 和二阶条件 $\frac{\partial^2 \Pi_1^{NL}}{\partial \varepsilon^2} < 0$ 可知，有如下结果：

①对于非显著创新（$\varepsilon < \varepsilon^*$）且 $0 < \theta < 0.8061$，企业 1 最优的创新规模为 $\varepsilon = \frac{4(2-\theta)(a-c)}{(4-\theta^2)^2 - 8}$。此时，两家企业均衡利润分别为

$$\Pi_1^{NL} = \frac{(2-\theta)^2 (a-c)^2}{((4-\theta^2)^2 - 8)^2}, \Pi_2^{NL} = \frac{(4 - 4\theta - 2\theta^2 + \theta^3)^2 (a-c)^2}{((4-\theta^2)^2 - 8)^2}$$

$$(2-47)$$

②对于显著创新（$\varepsilon > \varepsilon^*$），创新企业 1 将获得独占垄断产量，其最优创新规模为 $\varepsilon = \frac{(2-\theta)(a-c)}{\theta}$。此时，两家企业均衡利润分别为

$$\Pi_1^{NL} = \frac{((2-\theta)^2 - 2)(a-c)^2}{2\theta^2}, \Pi_2^{NL} = 0 \qquad (2-48)$$

（2）固定费用许可

在固定费用许可下，企业 1 通过收取一个固定费用 F 将研发创新技术许可给企业 2。在技术许可后，企业 2 采用创新技术进行生产，两家企业的边际成本均为 $(c-\varepsilon)$。将 $\varepsilon_1 = \varepsilon_2 = \varepsilon$ 代入式（2-37）中，得到固定费用许可下的市场均衡为（上标"F"代表固定费用许可）

$$q_1^F = q_2^F = \frac{a - c + \varepsilon}{2 + \theta}, \pi_1^F = \pi_2^F = \left(\frac{a - c + \varepsilon}{2 + \theta}\right)^2 \qquad (2-49)$$

那么，在固定费用许可下，企业 1 和企业 2 的利润函数为

$$\Pi_1^F = \pi_1^F - \frac{\varepsilon^2}{2} + F, \Pi_2^F = \pi_2^F - F \qquad (2-50)$$

企业 1 将尽可能地收取高的固定费用以获取最大化利润，而企业 2 接受技术许可的条件为其在许可后利润不低于其在许可前的利润。所以，企业 1 所能收取的固定费用最大值应满足其使得企业 2 在许可前后的利润保持不变。由（2-50）式可知，有 $\Pi_2^F = \Pi_2^{NL}$。所以，有 $F = \pi_2^F - \Pi_2^{NL}$。

将 F^* 代入（2-50）式中，得 $\Pi_1^F = \pi_1^F + \pi_2^F - \Pi_2^{NL} - \frac{1}{2}\varepsilon^2$。对该利润函数关于 ε 求解一阶条件和二阶条件，即可得到企业 1 最优创新规模以及两家企业的最优产量和利润。具体结果如下：

①对于非显著创新（$\varepsilon < \varepsilon^*$），企业 1 的最优创新规模为 $\varepsilon^F = \frac{4(a-c)}{\theta(4+\theta)}$。相应地，企业 1 和企业 2 的均衡产量和均衡利润为

$$q_1^F = q_2^F = \frac{(2+\theta)(a-c)}{\theta(4+\theta)}$$

$$\Pi_1^F = \frac{2(a-c)^2}{\theta(4+\theta)} - \frac{(4-4\theta-2\theta^2+\theta^3)^2(a-c)^2}{\left((4-\theta^2)^2-8\right)^2} \quad (2-51)$$

$$\Pi_2^F = \frac{(4-4\theta-2\theta^2+\theta^3)^2(a-c)^2}{\left((4-\theta^2)^2-8\right)^2}$$

②对于显著创新（$\varepsilon > \varepsilon^*$），企业 1 的最优创新规模为 $\varepsilon^F = \frac{(2-\theta)(a-c)}{\theta}$。相应地，企业 1 和企业 2 的均衡产量和均衡利润为

$$q_1^F = q_2^F = \frac{(3-\theta)(a-c)}{\theta}$$

$$\Pi_1^F = \frac{(14-8\theta+\theta^2)(a-c)^2}{2\theta^2}, \quad \Pi_2^F = 0 \quad (2-52)$$

（2）单位提成费用许可

在单位提成许可下，企业 1 通过一个固定的产量提成率 r 而将研发创新技术许可给企业 2。在技术许可后，企业 1 的单位成本为 $(c-\varepsilon)$，而企业 2 的单位成本变为 $(c-\varepsilon+r)$。将 $\varepsilon_1 = \varepsilon$ 和 $\varepsilon_2 = (\varepsilon - r)$ 代入（2-37）式中，得到单位提成费用许可下的市场均衡为（上标"R"代表单位提成费用许可）

$$q_1^R = \frac{(2-\theta)(a-c+\varepsilon)+\theta r}{4-\theta^2}, \quad q_2^R = \frac{(2-\theta)(a-c+\varepsilon)-2r}{4-\theta^2}$$

$$\pi_1^R = \left(\frac{(2-\theta)(a-c+\varepsilon)+\theta r}{4-\theta^2}\right)^2, \quad \pi_2^R = \left(\frac{(2-\theta)(a-c+\varepsilon)-2r}{4-\theta^2}\right)^2$$

$$(2-53)$$

此时，企业1和企业2的利润函数为

$$\Pi_1^R = \pi_1^R + rq_2^R - \frac{1}{2}\varepsilon^2, \Pi_2^R = \pi_2^R \qquad (2-54)$$

在单位提成费用许可下，企业1通过设置单位提成率 r 来获得总利润最大化。那么，对（2-54）式中企业1的利润函数关于变量 r、ε 求解一阶条件 $\frac{\partial \Pi_1^R}{\partial r}=0$ 和二阶条件 $\frac{\partial^2 \Pi_1^R}{\partial r^2}<0$ 可知，企业1的最优单位提成率为

$$r^* = \frac{(\theta^2 - 2\theta - 4)(2-\theta)(a-c+\varepsilon)}{6\theta^2 - 16} \qquad (2-55)$$

将其带入（2-54）式企业1的利润函数中，可知

$$\Pi_1^R = \frac{(2-\theta)(6-\theta)(a-c+\varepsilon)^2}{4(8-3\theta^2)} - \frac{\varepsilon^2}{2} \qquad (2-56)$$

对该利润函数求解一阶条件 $\frac{\partial \Pi_1^R}{\partial \varepsilon}=0$ 和二阶条件 $\frac{\partial^2 \Pi_1^R}{\partial \varepsilon^2}<0$ 可知，有如下结果：

①对于非显著创新（$\varepsilon<\varepsilon^*$），企业1的最优创新规模为 $\varepsilon^R = \frac{(2-\theta)(6-\theta)(a-c)}{4+8\theta-7\theta^2}$。此时，有 $r^* = \frac{(4+2\theta-\theta^2)(2-\theta)(a-c)}{(4+8\theta-7\theta^2)}$。相应地，企业1和企业2的均衡产量和均衡利润为

$$q_1^R = \frac{(4+\theta)(2-\theta)(a-c)}{(4+8\theta-7\theta^2)}, q_2^R = \frac{4(1-\theta)(a-c)}{(4+8\theta-7\theta^2)}$$

$$\Pi_1^R = \frac{(2-\theta)(6-\theta)(a-c)^2}{2(4+8\theta-7\theta^2)}, \Pi_2^R = \left(\frac{4(1-\theta)(a-c)}{(4+8\theta-7\theta^2)}\right)^2$$

$$(2-57)$$

②对于显著创新（$\varepsilon>\varepsilon^*$），企业1的最优创新规模为 $\varepsilon^R = \frac{(2-\theta)(a-c)}{\theta}$。此时，有 $r^* = \frac{(4+2\theta-\theta^2)(2-\theta)(a-c)}{\theta(8-3\theta^2)}$。相应地，企业1和企业2的均衡产量和均衡利润为

$$q_1^R = \frac{(4+\theta)(2-\theta)(a-c)}{(8-3\theta^2)}, \quad q_2^r = \frac{4(1-\theta)(a-c)}{\theta(8-3\theta^2)}$$

$$\Pi_1^R = \frac{(2-\theta)(-3\theta^3+6\theta^2+6\theta-4)(a-c)^2}{2\theta^2(8-3\theta^2)}, \quad \Pi_2^R = \left(\frac{4(1-\theta)(a-c)}{\theta(8-3\theta^2)}\right)^2$$

$$(2-58)$$

(3) 两部制费用许可

在两部制费用许可下，企业 1 通过收取固定费用 F 以及设定单位提成率 r 来影响企业 2 的生产行为，以实现许可后总利润的最大化。在技术许可后，企业 1 的单位成本为 $(c-\varepsilon)$，而企业 2 的单位成本变为 $(c-\varepsilon+r)$。将 $\varepsilon_1 = \varepsilon$ 和 $\varepsilon_2 = (\varepsilon-r)$ 代入（2-37）式中，可得两部制费用许可下的市场均衡为（上标"FR"代表两部制费用许可）

$$q_1^{FR} = \frac{(2-\theta)(a-c+\varepsilon)+\theta r}{4-\theta^2}, \quad q_2^{FR} = \frac{(2-\theta)(a-c+\varepsilon)-2r}{4-\theta^2}$$

$$\pi_{1?}^{FR} = \left(\frac{(2-\theta)(a-c+\varepsilon)+\theta r}{4-\theta^2}\right)^2, \quad \pi_2^{FR} = \left(\frac{(2-\theta)(a-c+\varepsilon)-2r}{4-\theta^2}\right)^2$$

$$(2-59)$$

在两部制费用许可下，企业 1 的总利润由其自身均衡利润、产量提成费用、固定费用以及研发成本四部分组成。结合（2-59）式可知，企业 1 和企业 2 的利润函数分别为

$$\Pi_1^{FR} = \pi_1^{FR} + rq_2^{FR} + F - \frac{1}{2}\varepsilon^2, \quad \Pi_2^{FR} = \pi_2^{FR} - F \quad (2-60)$$

此时，企业 2 需要满足的约束条件为 $0 \leq r \leq \varepsilon$ 以及 $0 \leq F \leq \pi_2^{FR} - \Pi_2^{NL}$。

企业 1 的进行技术许可的目的是实现总利润最大化，即 $\max\limits_{(F,r)} \Pi_1^{FR}$。所以，结合企业 2 所需满足的约束条件可知，企业 1 所收取的最大固定费用为

$$F = \pi_2^{FR} - \Pi_2^{NL} = \begin{cases} \pi_2^{FR} - \dfrac{(4-4\theta-2\theta^2+\theta^3)^2(a-c)^2}{((4-\theta^2)^2-8)^2} & \text{if } 0 < \varepsilon < \varepsilon^* \\ \pi_2^{FR} - 0 & \text{if } \varepsilon > \varepsilon^* \end{cases}$$

$$(2-61)$$

代入 (2-60) 式中，得到企业 1 的利润函数为

$$\Pi_1^{FR} = \pi_1^{FR} + rq_2^{FR} + \pi_2^{FR} - \Pi_2^{NL} - \frac{1}{2}\varepsilon^2 \qquad (2-62)$$

对 (2-62) 式关于变量 r、ε 求解一阶条件 $\frac{\partial \Pi_1^{FR}}{\partial r} = 0$ 和 $\frac{\partial \Pi_1^{FR}}{\partial \varepsilon} = 0$，以及二阶条件 $\frac{\partial^2 \Pi_1^{FR}}{\partial r^2} < 0$ 和 $\frac{\partial^2 \Pi_1^{FR}}{\partial \varepsilon^2} < 0$，可得企业 1 的最优单位提成率、最优创新规模，以及两家企业的最优产量及最大利润如下：

①对于非显著创新 ($\varepsilon < \varepsilon^*$)，企业 1 的最优创新规模为 $\varepsilon^{FR} = \frac{(8-8\theta+\theta^2)(a-c)}{\theta(8-7\theta)}$。此时，有 $r = \frac{(2-\theta)^2(a-c)}{8-7\theta}$。相应地，企业 1 和企业 2 的均衡产量和均衡利润为

$$q_1^{FR} = \frac{(4-2\theta-\theta^2)(a-c)}{\theta(8-7\theta)}, \quad q_2^{FR} = \frac{4(1-\theta)(a-c)}{\theta(8-7\theta)}$$

$$\Pi_1^{FR} = \frac{(8-8\theta+\theta^2)(a-c)^2}{2\theta(8-7\theta)} - \frac{(4-4\theta-2\theta^2+\theta^3)^2(a-c)^2}{((4-\theta^2)^2-8)^2}$$

$$\Pi_2^{FR} = \frac{(4-4\theta-2\theta^2+\theta^3)^2(a-c)^2}{((4-\theta^2)^2-8)^2}$$

$$(2-63)$$

②对于显著创新 ($\varepsilon > \varepsilon^*$)，企业 1 的最优创新规模为 $\varepsilon^{FR} = \frac{(2-\theta)(a-c)}{\theta}$。此时，有 $r = \frac{(2-\theta)^2(a-c)}{4-3\theta^2}$。相应地，企业 1 和企业 2 的均衡产量和均衡利润分别为

$$q_1^{FR} = \frac{(4-2\theta-\theta^2)(a-c)}{\theta(4-3\theta^2)}, \quad q_2^{FR} = \frac{4(1-\theta)(a-c)}{\theta(4-3\theta^2)}$$

$$\Pi_1^{FR} = \frac{(10-12\theta+3\theta^2)(a-c)^2}{4-3\theta^2}, \quad \Pi_2^{FR} = 0$$

$$(2-64)$$

(4) 最优技术许可策略

在前面的分析中，已经分别得到了三种不同技术许可方式下的两家企业最优创新规模、产量和利润。通过比较各个许可方式下企业 1 的技术创新规模与

总利润，可得到如下命题。

命题 2.7 在技术许可方式下，创新企业的最优技术许可策略要依赖于其自身的技术创新程度，以及两家企业的产品差异程度。具体来说：

①当技术创新程度为非显著水平且产品差异程度满足 $\theta \in [0, 0.8061)$ 时，两部制费用许可下创新企业的边际成本降低程度和企业自身总利润均最大。所以，两部制费用许可最优。

②当技术创新程度为显著水平时，在三种许可方式下创新企业的边际成本降低程度相同。但是，在两部制费用许可下，创新企业能够获得利润最大化，所以，两部制费用许可最优。

命题 2.7 表明，在研发创新阶段考虑技术研发投入的成本函数时，如果有技术许可发生，那么，两部制费用许可一直是最优的技术许可策略。这与 Wang (1998, 2002) 所得出的结论[18,21]，即企业技术许可策略选择取决于技术创新显著水平及竞争企业的产品差异化程度，是不一致的。产生这个差异的主要原因，是在技术研发创新阶段的研发投入成本对于创新企业技术许可决策有一定的影响。

4. 创新企业技术获取方式比较

首先，比较不同技术获取方式下企业 1 的最优创新规模，也就是有效的成本降低程度，可得如下结果：

①对于 $\theta \in (0.8284, 1]$，合资企业模式存在均衡状态，且有 $\varepsilon^{jv} > \varepsilon^*$，即当技术创新处于显著创新水平时，为了获取最大化利润，企业 1 在合资企业方式下的研发投入大于技术创新与技术许可相结合方式下的研发投入。此外，在合资企业方式下，两家企业的有效成本降低为 $2\varepsilon^{jv}$，而技术创新与技术许可相结合方式下，两家企业的有效成本降低仍为 ε^*。因此，合资企业方式最能有效地推动成本降低；

②对于 $\theta \in [0, 0.8284]$，在两家企业均进行技术研发创新的情况下，卡特尔方式最优。而在技术创新与技术许可相结合方式下，有 $\varepsilon^{FR} \geq \varepsilon^F$ 和 $\varepsilon^{FR} \geq \varepsilon^R$。这说明，两部制费用许可策略最优。比较可知，有 $\varepsilon^{FR} \geq \varepsilon^{car}$。这说明，在两部

制费用许可下，企业1为了获取最大化利润而愿意进行更多的研发投入，进而最大限度地获得成本降低。

然后，比较不同技术获取方式下的企业1的总利润，可得如下结果。

①对于 $\theta \in (0.8284, 1]$，合资企业模式存在均衡状态，有 $\Pi_1^{jv} > \Pi_1^R$ 和 $\Pi_1^{jv} > \Pi_1^{FR}$。这说明，通过合资企业方式获取创新技术，创新企业能获得最大化利。

②对于 $\theta \in [0, 0.8284]$，在两家企业均进行技术研发创新的情况下，卡特尔方式最优。而在技术创新与技术许可相结合方式下，有 $\Pi_1^{FR} \geqslant \Pi_1^F$ 和 $\Pi_1^{FR} \geqslant \Pi_1^R$。这说明，两部制费用许可最优。比较可知 $\Pi_1^{FR} \geqslant \Pi_1^{car}$。这说明，在技术创新与技术许可相结合的方式下，采用两部制费用许可，创新企业能获得最大化利润。

综上所述，可得如下命题。

命题2.8 创新企业的最优新技术获取方式要依赖于技术创新规模大小以及两家企业的产品差异化程度。具体来说：

①当技术创新程度为非显著水平且产品差异程度满足 $\theta \in [0, 0.8061)$ 时，技术创新与技术许可相结合的方式下的两部制费用许可方式最优。

②当技术创新处于非显著水平且产品差异程度满足 $\theta \in [0.8061, 0.8284)$，或者技术创新为显著水平且产品差异程度满足 $\theta \in [0.8284, 1]$ 时，合作模式下的卡特尔或合资企业方式最优。

命题2.8表明，当技术创新程度与产品差异程度都较小时，进行技术研发的成本与风险都较小。那么，单一企业在能承担研发成本与风险的同时，还能够充分发挥其研发资源的优势并通过建立合作组织来节约研发所需要投入的成本。但是，当技术创新程度或产品差异性较大时，进行技术研发的成本与风险都很高，而这会使得单一企业难以同时承担研发成本与研发风险。这就要求两家企业成立合作研发组织并通过共同投入研发资源，实现双方优势互补，从而为企业带来更多利润。

(四) 本章小结

本章首先在同质双寡头竞争市场中，分析企业在进行研发竞争时所涉及的不同关键因素对于企业研发创新投入、市场均衡利润等方面的影响。具体来说：如果双寡头竞争企业的边际成本不同，研究结果表明，两家企业的研发创新总投入以及产品的市场总量随着双寡头竞争企业初始边际成本的增加而减少。另外，在市场均衡状态下，具有成本优势越大的企业在研发创新方面会投入越多，也就是其具有更大的研发创新投入倾向。而且，双寡头竞争企业间的成本差异越大，双寡头竞争企业间在市场均衡状态下的研发创新投入水平的差异越大。如果双寡头竞争企业有技术吸收能力存在，研究结果表明，两家企业的研发创新投入会随着企业各自技术吸收能力的增加而递减。这说明，企业的研发创新投入对于自身的新技术吸收能力有很大的依赖性。随着企业自身吸收能力的提高，其从外部获取技术的能力在不断增强。此时，企业很容易从外部获取相关的研发创新技术，而这会促使企业减少在自身研发创新上的投入。另外，两家企业各自最佳技术吸收能力与技术溢出程度和研发创新效率有关。

然后，本章在异质双寡头竞争市场来分析企业获取创新技术的方式，包括研发创新竞争、研发合作、和技术许可。研究结果表明，创新企业的最优新技术获取方式要依赖于技术创新规模大小以及两家企业的产品差异化程度。如果技术创新为非显著创新且产品差异程度较大，那么，技术创新与技术许可相结合的方式下的两部制费用许可方式最优。如果技术创新处于非显著水平且产品差异化程度较小，那么，合作模式下的卡特尔或合资企业方式最优。

第三章

考虑产品异质性及创新模仿的企业成本降低型创新技术许可策略分析

本章从内部创新者的角度出发,在考虑产品异质性以及创新技术模仿的情况下,研究创新企业对于成本降低型创新技术的许可策略问题。具体来说,首先,在技术创新企业不存在技术模仿的情况下,分析其在异质产品市场中对于成本降低性创新技术的最优许可方式。然后,在假定存在模仿的情况下,分析创新企业如何通过技术许可合同的设计来阻碍模仿行为的发生。最后,在此基础上,探讨技术创新企业如何通过推迟技术的采用方式来阻碍模仿行为的发生。

(一) 无技术模仿下在位企业创新技术许可

1. 模型基本假设及技术许可前均衡分析

在本章中,将异质产品的古诺双寡头竞争模型作为研究对象。在此模型中,首先假定专利体系提供完全的保护并且模仿成本非常高,所以技术模仿的可能性已被排除。假设市场逆需求函数为线性,那么其具体函数形式如下:

$$p_1 = a - q_1 - \theta q_2, p_2 = a - q_2 - \theta q_1 \quad (3-1)$$

其中,p_1 和 p_2 分别表示企业 1 和企业 2 的价格,q_1 和 q_2 代表他们的产出。θ 为产品的替代程度,且 $0 \leq \theta \leq 1$。两种商品的替代程度越接近,则替代系数 θ 越接近于 1。另外,在成本降低型创新技术创新出现前,假设两家企业有相同的初始单位成本,即 $c_1 = c_2 = c$,且满足 $0 < c < a$。

根据上述模型假设,首先考虑两家企业在边际成本分别为 c_1 和 c_2 时的一般

市场均衡情况。此时,两家企业在技术许可前的利润函数如下

$$\Pi_1 = (a - q_1 - \theta q_2 - c_1)q_1, \Pi_2 = (a - q_2 - \theta q_1 - c_2)q_2 \quad (3-2)$$

企业 1 和企业 2 在市场中进行产量博弈,即 $q_i^* = \arg\max_{q_i} \Pi_i(q_i, q_j^*)$。那么,在未许可情况下的均衡产量为

$$q_1^* = \frac{(2-\theta)a - 2c_1 + \theta c_2}{4 - \theta^2}, q_2^* = \frac{(2-\theta)a - 2c_2 + \theta c_1}{4 - \theta^2} \quad (3-3)$$

相应地,两家企业的均衡利润应为

$$\Pi_1^* = \left[\frac{(2-\theta)a - 2c_1 + \theta c_2}{4 - \theta^2}\right]^2, \Pi_2^* = \left[\frac{(2-\theta)a - 2c_2 + \theta c_1}{4 - \theta^2}\right]^2 \quad (3-4)$$

当技术许可未发生时,企业 2 使用旧技术进行生产,而企业 1 则使用新技术进行生产。此时,企业 1 的单位生产成本变为 $c_1 = (c - \varepsilon)$,其中,ε 为单位成本的下降幅度,而企业 2 的单生产成本仍为 $c_2 = c$。在这种情况下,需要首先考虑企业 1 技术创新规模的大小。依据企业技术创新所导致其生产成本下降的幅度,也就是技术创新规模 ε,可以把技术创新分为显著创新(the drastic innovation)与非显著创新(the non-drastic innovation)两大类。根据已有文献的相关定义,企业进行显著创新后,其产品垄断价格会小于竞争对手产品的单位生产成本,这样会致使用旧技术生产的企业退出市场竞争。具体到本章,由(3-2)式可知,在企业 1 进行技术创新后,如果创新规模满足 $\varepsilon \geq (a-c)(2-\theta)/\theta$,那么企业 2 将退出市场。因此,当且仅当创新规模满足 $\varepsilon \geq (a-c)(2-\theta)/\theta$ 时,才符合企业显著创新的定义。

基于以上假设,所构建的企业间三阶段非合作技术许可博弈模型如下:第一阶段,企业 1 决定是否将其成本降低型创新技术许可给市场中的其他竞争企业。如果有技术许可发生,企业 1 决定技术许可合同相关细节,如固定费用 F,单位提成率 r,以及被许可技术的技术质量 ε 等。第二阶段,生产成本较高的企业 2 决定是否接受许可,或者决定采用技术模仿方式来获得技术。第三阶段,两家公司同时选择产量后在异质产品市场中进行古诺竞争。

在接下来的分析中,将利用逆向归纳法求出各个阶段的博弈均衡解。具体

<<< 第三章　考虑产品异质性及创新模仿的企业成本降低型创新技术许可策略分析

步骤如下：首先，在上述所定义的显著创新与非显著创新的情况下，分别求得企业1与企业2的均衡产量及利润。然后，通过比较不同情况下两家企业的利润差异，以确定技术许可是否会发生。最后，分析企业1的最优技术许可策略。

(1) 显著创新条件下的市场均衡

当企业1的技术创新为显著创新时，满足 $\varepsilon \geq (a-c)(2-\theta)/\theta$。此时，企业2因利润为零而退出市场，而企业1实行产品垄断，并且单位生产成本为 $(c-\varepsilon)$。那么，企业1与企业2在达到市场均衡时的产量和利润分别为（上标"NL"表示许可未发生）

$$q_1^{NL} = \frac{a-c+\varepsilon}{2}, q_2^{NL} = 0$$
$$\Pi_1^{NL} = \left(\frac{a-c+\varepsilon}{2}\right)^2, \Pi_2^{NL} = 0 \qquad (3-4)$$

(2) 非显著创新条件下的均衡情况

当企业1的技术创新为非显著创新时，满足 $\varepsilon < (a-c)(2-\theta)/\theta$。此时，两家企业均存于市场中。企业1的单位生产成本为 $(c-\varepsilon)$，企业2的单位生产成本为 c。那么，企业1与企业2在达到市场均衡时的产量和利润分别为

$$q_1^{NL} = \frac{(2-\theta)(a-c)+2\varepsilon}{4-\theta^2}, q_2^{NL} = \frac{(2-\theta)(a-c)-\theta\varepsilon}{4-\theta^2}$$
$$\Pi_1^{NL} = \left[\frac{(1-\theta)(2+\theta)a+\theta(1-\beta)c}{4-\theta^2}\right]^2 \qquad (3-5)$$
$$\Pi_2^{NL} = \left[\frac{(1-\theta)(2+\theta)a+\theta(1-\beta)c}{4-\theta^2}\right]^2$$

2. 创新企业技术许可策略分析

在上述三阶段许可博弈中，尽管是由企业1先来确定技术许可方式，但是，其所提供的技术许可合同能否为企业2所接受并最终完成技术许可，还要取决于双方是否都从技术许可中获取到各自所需的利益。具体来说，只要有一方在技术许可后所获得的利润小于其在未许可时所获得的利润，双方就不会达成技术许可协议。而只有在双方皆有利可图的情况下，才能顺利完成技术许可。因

此,接下来,将在显著创新与非显著创新两种情况下,分别分析企业 1 可能采取的技术许可方式,包括固定费用许可、单位提成费用许可和两部制费用许可。如果三者都有可能被采用,则通过比较来确定企业 1 最终的技术许可策略。

(1) 显著创新条件下的技术许可分析

①固定费用许可

在固定费用许可方式下,企业 1 以固定费用 F 将其成本降低技术许可给企业 2,其中,F 为预先设定的某一固定值。在接受技术许可后,企业 2 使用新技术进行生产。在这种情况下,企业 1 向企业 2 尽可能多地收取技术许可费用。而这,最终将使得企业 2 无论是否使用该新技术进行生产,其利润都保持不变。在技术许可发生后,两家企业都以相同的单位成本 $(c-\varepsilon)$ 进行产品生产。

在固定费用许可下,两家企业的整个博弈过程包括以下三个阶段:第一阶段,企业 1 在确定固定许可费用中充当领导者。第二阶段,企业 2 在是否按企业 1 报价接受新技术许可的决定中充当着追随者。第三阶段,两家企业同时且非合作性地选择各自产量后在市场中进行竞争。

如果在第二阶段并没有发生技术许可,那么,两家企业在第三阶段的市场均衡与未许可的情况相同。如果第二阶段发生技术许可,那么,在第三阶段,将 $c_1 = c_2 = (c-\varepsilon)$ 代入式 (3-3) 和 (3-4) 可知,两家企业在达到市场均衡时的产量和利润分别为(上标 "F" 表示固定费用许可)

$$q_1^F = q_2^F = \frac{(2-\theta)(a-c+\varepsilon)}{4-\theta^2}$$
$$\Pi_1^F = \Pi_2^F = \left(\frac{(2-\theta)(a-c+\varepsilon)}{4-\theta^2}\right)^2$$
(3-6)

在固定费用许可下,企业 2 在产品生产上将变得更加有效率,而这将会使企业 1 的市场利润有所下降,即有 $\Pi_1^F < \Pi_1^{NL}$ 成立。但是,如果企业 1 收取的固定许可费能够弥补其利润损失,那么企业 1 仍会将其新技术许可给企业 2。在这种情况下,由于企业 2 在未许可时的利润为零,所以,企业 1 收取的最大固定费用就等于企业 2 在许可后的总利润,即

<<< 第三章 考虑产品异质性及创新模仿的企业成本降低型创新技术许可策略分析

$$F^* = \left(\frac{(2-\theta)(a-c+\varepsilon)}{4-\theta^2}\right)^2 \quad (3-7)$$

在固定费用许可下，企业1的总收入由（3-6）式中给出的企业自身利润，和由（3-7）式中给出的最大固定费用所构成。此时，企业1的总收入可表示为

$$\Pi_1^F + F = 2 \cdot \left(\frac{(2-\theta)(a-c+\varepsilon)}{4-\theta^2}\right)^2 \quad (3-8)$$

比较（3-5）式和（3-8）式可知，当且仅当 $\theta > 8284.0$ 时，有 $\Pi_1^F + F < \Pi_1^{NL}$。因此，当 $0 < \theta < 0.8284$ 时，企业1将许可其显著创新技术；当 $\theta > 0.8284$ 时，企业1将不会许可其显著创新技术，而是成为市场中的唯一产品垄断者。这表明，在固定费用许可下，只要两家企业所生产的产品不是非常接近的替代品，那么企业1就可以许可其显著创新技术。这主要是因为，当它们的产品并不是十分接近的替代品时，企业2的存在对企业1利润获取的影响并不是很大，而且许可其显著创新技术给企业2还可以为企业1带来一定的许可费用。因此，在固定费用许可下，对于显著创新，当 $0 < \theta < 0.8284$ 时，企业1会将其显著创新许可给企业2，这比保留创新技术用于其自身生产而成为市场垄断者更为有利；而当 $\theta > 0.8284$ 时，企业1将不会许可其显著创新给企业2。

②单位提成费用许可

在单位提成费用许可方式下，企业1通过设定单位提成率 r 而将其新技术许可给企业2，并且企业2所支付的提成费用取决于其使用新技术进行生产的产品数量。在这种情况下，企业1的单位生产成本为 $(c-\varepsilon)$，企业2的单位生产成本变成 $(c-\varepsilon+r)$。显然，企业1所设定的最大提成率不能超过 ε，即 $0 \leq r \leq \varepsilon$。

与之前的固定费用许可方式相类似，在单位提成费用许可方式下，两家企业的整个博弈过程包括以下三个阶段：第一阶段，企业1在技术许可合同中设置单位提成率 r。第二阶段，企业2决定是否按企业1所设置的单位提成率来接受许可合同。第三阶段，两家企业同时且非合作性地选择他们各自的产量后在市场中进行竞争。在整个博弈的过程中，企业1以通过设置产品单位提成率来

实现其自身利润最大化为原则。

如果在第二阶段并没有发生技术许可，那么，两家企业在第三阶段的市场均衡与未许可的情况相同。如果在第二阶段发生技术许可，那么，在第三阶段，将 $c_1 = (c - \varepsilon)$ 和 $c_2 = (c - \varepsilon + r)$ 代入等式（3-3）和（3-4）可知，两家企业在达到市场均衡时的产量和利润分别为（上标"R"表示单位提成费用许可）

$$q_1^R = \frac{(2-\theta)(a-c+\varepsilon)+\theta r}{4-\theta^2}, q_2^R = \frac{(2-\theta)(a-c+\varepsilon)-2r}{4-\theta^2}$$

$$\Pi_1^R = \left(\frac{(2-\theta)(a-c+\varepsilon)+\theta r}{4-\theta^2}\right)^2, \Pi_2^R = \left(\frac{(2-\theta)(a-c+\varepsilon)-2r}{4-\theta^2}\right)^2$$

(3-9)

与固定费用许可方式所不同的是，在单位提成费用许可方式下，企业 1 总是比企业 2 有效率。这是因为，一般情况下，企业 1 所设定的单位提成率必然会增加企业 2 的单位生产成本。具体而言，只有当单位提成率与创新价值相等（$r = \varepsilon$）时，企业 2 是否获得技术许可都不会对其利润产生影响。否则，在其他情况下，企业 2 在获取技术许可后其生产必然会更有效率。所以，当 $r < \varepsilon$ 时，有 $\Pi_1^R < \Pi_1^{NL}$。这就意味着，企业 1 将新技术许可给企业 2 后会造成损失利润。所以，只有当提成许可收入能够足以补偿其利润损失时，企业 1 才会将进行技术许可。注意到，企业 1 的总收入表示为

$$\Pi_1^R + r \cdot q_2^R = \left(\frac{(2-\theta)(a-c+\varepsilon)+\theta r}{4-\theta^2}\right)^2 + r \cdot \frac{(2-\theta)(a-c+\varepsilon)-2r}{4-\theta^2}$$

(3-10)

在上式中，单位提成收入是关于 r 的凹函数。但是，企业 1 从生产中获得的自身利润是关于 r 的增函数。因此，企业 1 的总收入 $\Pi_1^R + r \cdot q_2^R$ 可能是关于 r 的增函数，也可能是关于 r 的凹函数。那么，通过选择 r 仍然可以实现企业 1 的总收入最大化。为此，可以得到以下结果。

当 $\varepsilon > \frac{8-4\theta^2+\theta^3}{8-2\theta^2-\theta^3}(a-c)$ 时，则最优提成率为

$$r = \frac{8-4\theta^2+\theta^3}{16-6\theta^2}(a-c+\varepsilon)$$

(3-11)

<<< 第三章 考虑产品异质性及创新模仿的企业成本降低型创新技术许可策略分析

当 $\varepsilon < \dfrac{8-4\theta^2+\theta^3}{8-2\theta^2-\theta^3}(a-c)$ 时，则最优提成率为

$$r = \varepsilon \quad (3-12)$$

现在，考虑显著创新条件 $\varepsilon \geq \dfrac{(2-\theta)(a-c)}{\theta}$，与 $\varepsilon > \dfrac{8-4\theta^2+\theta^3}{8-2\theta^2-\theta^3}(a-c)$ 相比可知，若满足不等式 $\varepsilon > \dfrac{8-4\theta^2+\theta^3}{8-2\theta^2-\theta^3}(a-c)$，则显著创新条件 $\varepsilon \geq \dfrac{(2-\theta)(a-c)}{\theta}$ 必然满足。所以，如果满足条件 $\varepsilon > \dfrac{8-4\theta^2+\theta^3}{8-2\theta^2-\theta^3}(a-c)$，将（3-11）式代入（3-9）式可知，在单位提成许可方式下企业均衡产量和均衡利润分别为

$$q_1^R = \dfrac{2-\theta+\theta(8-4\theta^2+\theta^3)/(16-6\theta^2)}{4-\theta^2}(a-c+\varepsilon)$$

$$q_2^R = \dfrac{2(1-\theta)}{8-3\theta^2}(a-c+\varepsilon)$$

$$\Pi_1^R = \left(\dfrac{2-\theta+\theta(8-4\theta^2+\theta^3)/(16-6\theta^2)}{4-\theta^2}(a-c+\varepsilon)\right)^2$$

$$\Pi_2^R = \left(\dfrac{2(1-\theta)}{8-3\theta^2}(a-c+\varepsilon)\right)^2 \quad (3-13)$$

此时，企业 1 的总收入为

$$\Pi_1^R + rq_2^R = \left(\left(\dfrac{2-\theta+\theta(8-4\theta^2+\theta^3)/(16-6\theta^2)}{4-\theta^2}(a-c+\varepsilon)\right)^2 + \dfrac{(1-\theta)(8-4\theta^2+\theta^3)}{8-3\theta^2}\right) \cdot (a-c+\varepsilon)^2 \quad (3-14)$$

比较（3-5）式和（3-14）式可知，企业 1 在技术许可后的总利润要大于未许可时的总利润。另外，比较（3-5）式和（3-13）式可知，企业 2 在技术许可后所获得的利润也要大于未许可时的利润。因此，在单位提成费用许可方式下，对于显著创新，企业 1 的技术许可总是优于未许可的情况。而企业 2 从企业 1 获得许可后，其也优于非许可的情况。

③两部制费用许可

在同质产品竞争中,可以通过设定一个高的单位提成率和一个负的固定费用来实现共谋,这样创新者就会贿赂受权者而促使其退出市场竞争。但是,根据反垄断法的规定,单方面以减少受权者产量为目标的行为是非法的。所以,关于两部制费用的合理限制条件为:固定费用必须是非负的,即 $F \geq 0$。另外,单位提成率不能超过成本降低幅度,即 $0 \leq r \leq \varepsilon$。根据这些限制条件,可知在同质产品市场中,创新者的最佳技术许可方式是设定单位提成率等于创新者和受权者之间的产品成本差(即 $r = \varepsilon$),并且无固定费用(即 $F = 0$)。这主要是因为,只要企业生产同质产品,那么创新者总收入必然会随单位提成率的增加而增加,即 $2\partial \Pi_1^R / \partial r \, (\theta = 1) > 0$。由于两部制费用许可方式会导致共谋行为的发生,所以在一般研究同质产品市场的技术许可文献中,仅通过考虑固定费用许可和单位提成费用许可来确定最优技术许可策略。但是,在实际经济市场中,由于产品存在差异性、被模仿的可能性以及信息不对称等因素,两部制费用许可方式的应用也十分普遍。

由于单位提成费用许可可以被视为是受限制的两部制费用许可,所以只要创新企业能够以单位提成方式进行许可,那么其同样能够通过两部制费用许可方式进行许可。所以,两部制费用许可适用于差异产品市场中所有的创新技术许可。

在两部制费用许可方式下,设创新者的总收益为 GI,其最大值问题可描述如下:

$$\max GI = \max(\Pi_1^R + r \cdot q_2^R + F) \tag{3-15}$$

其限制条件为

$$\Pi_2^R - F \geq \Pi_2^{NL} \tag{3-16}$$

$$F \geq 0 \tag{3-17}$$

$$0 \leq r \leq \varepsilon \tag{3-18}$$

从(3-16)式可以看出,最优固定费用为 $F^* = \Pi_2^R - \Pi_2^{NL}$。将其代入目标函数中可知,

<<< 第三章 考虑产品异质性及创新模仿的企业成本降低型创新技术许可策略分析

$$GI = \Pi_1^R + r \cdot q_2^R + F^* = \left[\frac{(1-\theta)(2+\theta)a + \theta(1-\beta)c}{4-\theta^2}\right]^2 +$$

$$r \cdot \frac{(2-\theta)(a-c+\varepsilon) - 2r}{4-\theta^2} + \left[\frac{(1-\theta)(2+\theta)a + \theta(1-\beta)c}{4-\theta^2}\right]^2$$

$$(3-19)$$

由 $\dfrac{\partial (\Pi_1^R + r \cdot q_2^R + F^*)}{\partial r} = 0$ 可知，最优单位提成率为

$$r^* = \min\left\{\frac{\theta(2-\theta)^2}{8-6\theta^2}(a-c+\varepsilon), \varepsilon\right\} \quad (3-20)$$

相应地，显著创新下的最优固定费用为

$$F^* = \left(\frac{(2-\theta)(a-c+\varepsilon) - 2r^*}{4-\theta^2}\right)^2 \quad (3-21)$$

求解 $\dfrac{\theta(2-\theta)^2}{8-6\theta^2}(a-c+\varepsilon) = \varepsilon$ 可知，临界值为 $\varepsilon^* = \dfrac{\theta(2-\theta)^2}{8-4\theta-2\theta^2-\theta^3}(a-c)$。对比 ε^* 与 $\dfrac{(2-\theta)(a-c)}{\theta}$，可知 $\varepsilon^* < \dfrac{(2-\theta)(a-c)}{\theta}$。所以，$\varepsilon^*$ 属于较小规模创新。

如果 $\theta=1$，$r=(a-c+\varepsilon)/2$，则 $F^*=0$；如果 $\theta=0$，$r=0$，则 $F^*>0$。另外，注意到，有 $\partial r^*/\partial \theta > 0$ 和 $\partial F^*/\partial \theta > 0$ 成立。这说明，当两家产品完全同质时，企业1偏好于使用单位提成费用许可方式。这样，许可企业可以通过单位提成费比例的设定来控制竞争对手的单位生产成本，并因此来操纵对手的市场行为。但是，当产品为完全异质的产品时，则许可企业偏好于选择固定费用许可方式。而当产品适用于两部制费用许可方式时，两家企业的产品相关性越大，单位提成率也将越大。相应地，许可企业所设定的入门费就会越低。

（2）非显著创新条件下技术许可分析

①固定费用许可

如果采用固定费用方式进行技术许可，无论企业1还是企业2，在许可后的单位生产成本均为 $(c-\varepsilon)$。假设 q_i^F 和 Π_i^F （$i=1,2$）仍为许可后企业1与企业

2 的产量和利润，同时令 F 为固定许可费用。那么，对企业 1 与企业 2 利润最大化的求解情况与之前显著创新条件下固定费用许可的求解过程和结果相同。因此，仍可沿用（3-6）式。同样地，必须保证 $\Pi_1^F + F \geq \Pi_1^{NL}$，技术许可才会发生。

根据（3-5）式和（3-6）式可知，企业 1 收取的最大固定费用为

$$F^* = \Pi_2^F - \Pi_2^{NL} = \left(\frac{(2-\theta)(a-c+\varepsilon)}{4-\theta^2}\right)^2 - \left(\frac{(2-\theta)(a-c) - \theta\varepsilon}{4-\theta^2}\right)^2$$

(3-22)

从（3-8）式到（3-22）可知，在固定费用许可方式下企业 1 的总收益为

$$\Pi_1^F + F^* = 2 \cdot \left(\frac{(2-\theta)(a-c+\varepsilon)}{4-\theta^2}\right)^2 - \left(\frac{(2-\theta)(a-c) - \theta\varepsilon}{4-\theta^2}\right)^2$$

(3-23)

比较（3-5）式和（3-23）式，当且仅当 ε 满足以下条件时有 $\Pi_1^F + F^* > \Pi_1^{NL}$，即

$$\varepsilon < \frac{2(2-\theta^2)}{-\theta^2 + 8\theta - 4}(a-c) \tag{3-24}$$

在非显著创新中，有 $\varepsilon < \frac{(2-\theta)(a-c)}{\theta}$。比较可知，当 $\theta \leq 0.8284$ 时，有 $\frac{(2-\theta)(a-c)}{\theta} < \frac{2(2-\theta^2)(a-c)}{-\theta^2 + 8\theta - 4}$ 成立。所以，企业 1 会将其创新技术许可企业 2。当 $\theta > 0.8284$ 时，有 $\frac{(2-\theta)(a-c)}{\theta} > \frac{2(2-\theta^2)(a-c)}{-\theta^2 + 8\theta - 4}$ 成立，所以，企业进行技术许可仍满足 $\varepsilon < \frac{2(2-\theta^2)}{-\theta^2 + 8\theta - 4}(a-c)$。注意到，此时 $\frac{2(2-\theta^2)}{-\theta^2 + 8\theta - 4}(a-c)$ 是关于 θ 的减函数。这意味着，θ 越大，满足于（3-24）式的 ε 变得越来越小。因此，当 $\theta > 0.8284$ 时，企业 1 将不会许可其非显著创新技术。这是因为，对于非显著创新而言，企业 1 在固定费用许可下所获得的许可收益并不能弥补其利润损失。

②单位提成费用许可

如果采用单位提成费用方式进行技术许可,企业 1 和企业 2 在许可发生后的单位生产成本分别为 $(c-\varepsilon)$ 和 $(c-\varepsilon+r)$。假设 q_i^R 和 Π_i^R ($i=1$,2)仍为许可后企业 1 与企业 2 的产量和利润。那么,对企业 1 与企业 2 利润最大化的求解情况与之前显著创新条件下单位提成费用许可的求解过程和结果相同。

同样地,必须保证 $\Pi_1^R + r \cdot q_2^R \geq \Pi_1^{NL}$,技术许可才会发生。比较可知,有 $\frac{8-4\theta^2+\theta^3}{8-2\theta^2-\theta^3}(a-c) < \frac{2-\theta}{\theta}(a-c)$ 成立。所以,当 $\varepsilon < \frac{8-4\theta^2+\theta^3}{8-2\theta^2-\theta^3}(a-c)$ 时,最优单位提成率为 $r=\varepsilon$。将其代入(3-9)式中可知,在单位提成许可方式下企业均衡产量和均衡利润分别为

$$q_1^R = \frac{(2-\theta)(a-c)+2\varepsilon}{4-\theta^2}, q_2^R = \frac{(2-\theta)(a-c)-\theta\varepsilon}{8-3\theta^2}$$

$$\Pi_1^R = \left(\frac{(2-\theta)(a-c)+2\varepsilon}{4-\theta^2}\right)^2, \Pi_2^R = \left(\frac{(2-\theta)(a-c)-\theta\varepsilon}{8-3\theta^2}\right)^2 \quad (3-25)$$

此时,企业 1 的总收入为

$$\Pi_1^R + r \cdot q_2^R = \left(\frac{(2-\theta)(a-c)+2\varepsilon}{4-\theta^2}\right)^2 + \varepsilon\frac{(2-\theta)(a-c)-\theta\varepsilon}{8-3\theta^2} \quad (3-26)$$

比较(3-5)式和(3-26)式可知,有 $\Pi_1^R + r \cdot q_2^R > \Pi_1^{NL}$。这说明,企业 1 在单位提成费用许可下的总利润大于未许可下的总利润。另外,比较(3-5)式和(3-25)可知,有 $\Pi_2^R = \Pi_2^{NL}$。这说明,无论企业 2 是否从企业 1 处获得技术许可,其获得的利润总是相同的。

当 $\frac{8-4\theta^2+\theta^3}{8-2\theta^2-\theta^3}(a-c) < \varepsilon < \frac{2-\theta}{\theta}(a-c)$ 时,最优单位提成率为 $r = \frac{8-4\theta^2+\theta^3}{16-6\theta^2}(a-c+\varepsilon)$。将其代入(3-9)式,可知在单位提成许可方式下企业均衡产量和均衡利润分别为

$$q_1^R = \frac{2-\theta+\theta(8-4\theta^2+\theta^3)/(16-6\theta^2)}{4-\theta^2}(a-c+\varepsilon), q_2^R = \frac{2(1-\theta)}{8-3\theta^2}(a-c+\varepsilon)$$

$$\Pi_1^R = \left(\frac{2-\theta+\theta(8-4\theta^2+\theta^3)/(16-6\theta^2)}{4-\theta^2}(a-c+\varepsilon)\right)^2, \Pi_2^R = \left(\frac{2(1-\theta)}{8-3\theta^2}(a-c+\varepsilon)\right)^2$$

$$(3-27)$$

此时，企业 1 的总收入为

$$\Pi_1^R + r \cdot q_2^R = \left\{ \left(\frac{2 - \theta + \theta(8 - 4\theta^2 + \theta^3)/(16 - 6\theta^2)}{4 - \theta^2} (a - c + \varepsilon) \right)^2 + \frac{(1 - \theta)(8 - 4\theta^2 + \theta^3)}{8 - 3\theta^2} \right\} (a - c + \varepsilon)^2 \qquad (3-28)$$

比较（3-5）式和（3-28）式可知，有 $\Pi_1^R + r \cdot q_2^R > \Pi_1^{NL}$。这说明，企业 1 在技术许可后的总收入要大于未许可情况下的总收入。另外，比较（3-5）式和（3-27）式可知，有 $\Pi_2^R > \Pi_2^{NL}$。这说明，企业 2 在技术许可后的利润要大于未许可时的利润。

（3）最优专利许可合同的确定

由前面分析可知，在固定费用许可方式下，当 $\theta \leq 0.8284$ 时，不管是显著创新还是非显著创新，企业 1 总会将其创新技术许可给企业 2；当 $0.8284 \leq \theta \leq 1$ 时，企业 1 只偏好许可较小的非显著创新技术。在单位提成费用许可方式下，在 $0 \leq \theta \leq 1$ 范围内，无论是显著创新还是非显著创新，企业 1 都会许可其创新技术。而两部制费用许可方式适用于所有创新规模 ε 值与所有 θ 值。显然，当 $0.8284 \leq \theta \leq 1$ 时，两部制费用许可要优于固定费用许可。另外，由于单位提成费用许可与固定费用许可仅仅是两部制费用许可方式的两种特殊情况，所以两部制费用许可方式只能弱支配其他两种类型的许可合同。具体来说，当产品不完全异质时，即 $\theta \neq 0$，两部制费用许可方式要优于固定费用许可方式。但是，当产品完全异质时，即 $\theta = 0$，这两种许可方式是等价的。

当两家企业的产品是相对异质时，由于两部制费用许可方式关于固定费用和单位提成费用许可的条件约束均可满足，所以在两部制费用许可可用时，其为最优许可方式。但是，当两家企业的产品是充分替代品时，两种许可方式的相关约束条件不再需要，那么，单位提成许可则为最优许可方式。

另外，在单位提成许可方式下，企业 1 的利润并不依赖 c。但是在两部制费用许可方式下，其会随着 c 的增加而增加。这说明，当企业 2 的生产变得更加有效率时，使用两部制费用许可方式的可能性会变得很小。

（二）技术模仿存在下在位企业创新技术许可

关于创新进程的大多数研究都假设创新者从创新中能够得到所有收益，进而忽略了技术模仿的可能性。这种假设存在的一个合理原因是，国外学者一般都认为由于受到专利体制的严密保护，一项专利技术在其整个有效期内不会受到模仿的威胁。但是，Mansfield 等（1981）在所采集的样本数据中发现，有60%的专利发明在其商业推广的头四年中就已经被技术模仿[112]。当专利系统比较薄弱时，模仿要么直接建立于专利技术的泄露上，要么建立于被许可者从创新者许可中所得到的技术信息上（Rockett, 1990a）[16]。所以，接下来将分析如下几个问题：创新企业怎样通过设计技术许可合同来阻碍模仿行为的发生；如果有模仿威胁，那么其如何影响专利技术的许可质量；企业间的产品替代程度是否会影响被许可企业的模仿动机，以及创新企业的许可动机是否会阻碍技术模仿等。

在这一部分内容中，考虑了两种不同的技术保护体系：一种是技术保护体系较为薄弱，在这种情况下效率较低的企业会通过泄露的信息而进行技术模仿；另一种是技术保护体系健全，设计严密，在这种情况下低效率的企业无法获取专利技术信息，因而企业间不能进行技术模仿。但是，在技术许可发生之后，企业间有可能进行模仿行为。

在第一种专利保护体系下，创新企业不得不在对潜在模仿企业的技术许可中适当地减少许可费用，否则会导致技术模仿的发生。因此，创新企业只可能收取一个低于非模仿情况下的固定费用。换句话说，当且仅当模仿成本相对较高时，技术许可才有可能被用来作为阻碍模仿的一种手段。而在第二种专利保护体系下，为了阻止模仿的发生，创新企业一般会采用包含较低单位提成率和较高固定费用的技术许可合同。此时，创新企业阻止模仿的动机就要取决于产品的模仿成本，以及原技术与模仿技术所生产的产品替代程度大小这两个关键因素。

1. 基于专利信息泄漏的技术模仿

当专利体系较为薄弱时，企业 2 可以围绕企业 1 的创新技术进行周边发明。

假设企业2投入模仿成本为I，将其边际成本降低为ε。如果$I<\Pi_2(c-\varepsilon,c-\varepsilon)-\Pi_2(c-\varepsilon,c)$，那么企业2会有技术模仿的动机。在模仿之后，企业1的利润从$\Pi_1(c-\varepsilon,c)$减少到$\Pi_1(c-\varepsilon,c-\varepsilon)$，而企业2可获得的利润为$\Pi_2(c-\varepsilon,c-\varepsilon)-I$。但是，在企业2进行模仿前，更有效率的企业1有可能使用技术许可策略，以期利用优惠的许可费用来提前阻止企业2的模仿行为。

这里，假设创新者企业1的总收益为GI。那么，如果它和潜在模仿者企业2进行技术许可，就必须解决如下最优化问题：

$$\max_{F,r} GI = \Pi_1^R(c-\varepsilon,c-\varepsilon+r) + rq_2^R(c-\varepsilon,c-\varepsilon+r) + F^P \quad (3-29)$$

其限制条件为

$$\Pi_2^R(c-\varepsilon,c-\varepsilon+r) - F^P \geq \Pi_2^{NL}(c-\varepsilon,c) \quad (3-30)$$

$$\Pi_2^R(c-\varepsilon,c-\varepsilon+r) - F^P \geq \Pi_2^R(c-\varepsilon,c-\varepsilon) - I \quad (3-31)$$

限制条件（3-30）式表示当不存在模仿时，企业2会接受技术许可合同。限制条件（3-31）式表示企业2接受技术许可要优于技术模仿。由于本节假设专利体系是薄弱的，那么低效率企业因专利相关信息的泄露而会有技术模仿的动机。此时，将（3-31）式可改写为：

$$I \geq \Pi_2^R(c-\varepsilon,c-\varepsilon) - \Pi_2^R(c-\varepsilon,c-\varepsilon+r) + F^P \quad (3-32)$$

从上式可以看出，企业1可以通过设定一个低的单位提成率和一个低的固定费用来阻碍技术模仿发生。如果接受技术许可合同的代价与采用技术模仿所花费的成本是相同的，那么在此假定企业2会选择接受许可而放弃模仿。所以，根据上式可知，最优固定费用应为：

$$F^P = \Pi_2^R(c-\varepsilon,c-\varepsilon+r) - \Pi_2^R(c-\varepsilon,c-\varepsilon) + I \quad (3-33)$$

将F^P代入（3-29）中可知，企业1的总收益为

$$\begin{aligned} GI &= \Pi_1^R(c-\varepsilon,c-\varepsilon+r) + rq_2^R(c-\varepsilon,c-\varepsilon+r) + \Pi_2^R(c-\varepsilon,c-\varepsilon+r) \\ &\quad - \Pi_2^R(c-\varepsilon,c-\varepsilon) + I \\ &= \left[\frac{(2-\theta)(a-c+\varepsilon)+\theta r}{4-\theta^2}\right]^2 + r \cdot \frac{(2-\theta)(a-c+\varepsilon)-2r}{4-\theta^2} \\ &\quad + \left[\frac{(2-\theta)(a-c+\varepsilon)-2r}{4-\theta^2}\right]^2 - \left[\frac{(2-\theta)(a-c+\varepsilon)}{4-\theta^2}\right]^2 + I \quad (3-34) \end{aligned}$$

<<< 第三章 考虑产品异质性及创新模仿的企业成本降低型创新技术许可策略分析

由 $\frac{\partial GI}{\partial r}=0$ 可知，最优提成率为

$$r^P = r^* = \min\left\{\frac{\theta(2-\theta)^2}{8-6\theta^2}(a-c+\varepsilon),\varepsilon\right\} \quad (3-35)$$

相应地，最优固定费用为

$$F^P = \Pi_2^R(c-\varepsilon,c-\varepsilon+r^*) - \Pi_2^R(c-\varepsilon,c-\varepsilon) + I \quad (3-36)$$

显然，有 $F^P < F^*$ 成立。这里，$F^* = \Pi_2^R(c-\varepsilon,c-\varepsilon+r^*) - \Pi_2^{NL}(c-\varepsilon,c)$ 是非模仿情形下的最优固定费用，并且 F^P 会随着 I 的增加而增加。因此，为了阻止模仿行为的发生，创新企业不得不与模仿企业一起分享部分技术许可收益。这样做的结果就是，模仿行为所产生的利润越高（或者模仿所付出的成本越低），创新企业与模仿企业所分享的专利许可费用就会越大。但是，创新企业总会有动机将其技术许可给潜在的模仿企业。当模仿效率较低时，即如果付出的模仿成本 I 较高，那么创新企业所设定的固定费用也将随之升高。此时，创新企业并不会放弃高额许可费用而去阻止技术模仿；而当低效率的企业可以进行有效的模仿时，也就是模仿成本相应较低时，这样模仿所带来的激烈市场竞争会导致创新者在产品利润方面的巨大损失。所以，对于更有效率的创新企业来说，阻止模仿企业的技术模仿行为必要的。实际上，即使模仿是无成本的，即 $I=0$，创新企业也会试图去阻碍模仿行为的发生。

比较企业 1 在技术许可之后的总利润和企业 2 在技术模仿后企业 1 的总利润，记相关差额为 BI，那么有：

$$\begin{aligned}BI &= \Pi_1^R(c-\varepsilon,c-\varepsilon+r^P) + r^P q_2^R(c-\varepsilon,c-\varepsilon+r^P) + \Pi_2^R(c-\varepsilon,c-\varepsilon+r^P) \\ &\quad - \Pi_2^R(c-\varepsilon,c-\varepsilon) - \Pi_1^R(c-\varepsilon,c-\varepsilon) \\ &= \left(\frac{(2-\theta)(a-c+\varepsilon)+\theta r^P}{4-\theta^2}\right)^2 + r^P \cdot \frac{(2-\theta)(a-c+\varepsilon)-2r^P}{4-\theta^2} \\ &\quad + \left(\frac{(2-\theta)(a-c+\varepsilon)-2r^P}{4-\theta^2}\right)^2 - 2\left(\frac{(2-\theta)(a-c+\varepsilon)}{4-\theta^2}\right)^2 \\ &\quad - \left(\frac{(2-\theta)(a-c+\varepsilon)}{4-\theta^2}\right)^2 + I \end{aligned} \quad (3-37)$$

整理后可知，有 $BI = 2\theta(2-\theta)(a-c+\varepsilon) > 0$。那么，可以证明，此不等式对于任意 $0 \leq \theta \leq 1$ 均成立。因此，当低效率企业想要通过利用专利泄露信息而进行技术模仿时，高效率企业则会通过许可其创新技术给低效率企业，以达到阻止其进行技术模仿的目的。

由于反垄断法限定固定费用必须为正，考虑到这个限制，如果模仿成本相对较高时，即 $\Pi_2^R(c-\varepsilon, c-\varepsilon) - \Pi_2^R(c-\varepsilon, c-\varepsilon+r^*) < I < \Pi_2^R(c-\varepsilon, c-\varepsilon) - \Pi_2^{NL}(c-\varepsilon, c)$，那么阻碍模仿的技术许可才会发生。如果模仿的成本相对较低时，即 $I < \Pi_2^R(c-\varepsilon, c-\varepsilon) - \Pi_2^R(c-\varepsilon, c-\varepsilon+r^*)$，那么固定费用为负，即 $F^P < 0$。这种情况是指，创新企业会向潜在模仿企业支付一笔固定费用，用以补贴潜在模仿企业从而来达到阻止模仿行为发生的目的。但是，在现实中，这种行为经常被认为是一种贿赂行为，在反垄断法中被明确禁止。因此，通过以上的分析说明可知，在贿赂行为（$F^P < 0$）被明确禁止，且专利信息泄露而致使模仿有可能发生的情况下，如果模仿成本 I 很小，那么技术许可并不能阻止模仿；如果模仿成本 I 较大，技术许可才可以阻止模仿行为的发生。所以，拥有创新技术的企业总会通过许可其技术以阻碍模仿行为的发生，这个结论似乎与以往创新企业不愿许可其技术给潜在模仿者的结论相矛盾。这主要是因为，在前面的分析中，并没有考虑到技术许可之后发生模仿的情况，所以认为创新企业总是有向潜在模仿企业进行技术许可的动机。

根据 Mansfield 和 Romeo（1980）的实证研究表明，在所调查的48家企业中，只有一家创新企业愿意将其技术许可给潜在模仿企业[113]。这是因为，创新企业都会担心低效率企业可能通过利用许可合同所提供的信息而去进行技术模仿，因此都不愿对潜在模仿企业许可其创新技术。这种利用许可信息去技术模仿而进行生产的例子在现实中非常多。例如，现今美国和日本在电子和通信行业的许多技术专利企业对我国强行收取许可费用的情况就属于此。那么，当创新企业考虑到在技术许可之后更有可能发生技术模仿时，是否仍愿意许可其创新技术给低效率企业，这将在接下来的小节中加以分析。

2. 基于专利许可信息的技术模仿

在两部制费用许可方式下，一旦达成技术许可协议，被许可企业就要立即向创新企业交付其中的固定费用。但是，由于创新企业无法直接控制被许可企业的实际生产水平，因此在缺乏有效的技术保护机制以及严厉的惩罚机制的情况下，就极易出现被许可企业在接受技术许可后又不承认许可合同的情况。这样，低效率企业就可以通过模仿许可技术来避免产量提成费用的支出，然后再完全由低效率企业自行支配生产。那么，在此假设，如果低效率企业不接受许可合同，那么它就没有技术模仿的能力。另外，被许可企业的目标是选择其行动策略来实现利润最大化，同时尽量少支付或不支付提成许可费用，而后利用许可信息进行技术模仿。只要模仿成本少于提成许可费用，那么对于低效率企业来说就是有利可图的。因此，接下来将对这种情况进行分析。

（1）创新企业的决策分析

根据前面假设条件可知，企业1可以通过设计许可合同来直接影响企业2是否进行技术模仿的决定。当企业1只使用固定费用许可时，企业2在许可后将不存在技术模仿。在固定费用许可方式下，企业1和企业2的利润应满足

$$\Pi_1^F(c-\varepsilon, c-\varepsilon) + F = 2\Pi_1^F(c-\varepsilon, c-\varepsilon) - \Pi_2^{NL}(c-\varepsilon, c) \quad (3-38)$$

$$\Pi_2^F(c-\varepsilon, c-\varepsilon) - F = \Pi_2^{NL}(c-\varepsilon, c) \quad (3-39)$$

由于固定费用在技术许可发生后属于沉没成本，所以在采用单位提成费用许可或两部制费用许可进行技术转移之后，让企业2不产生技术模仿动机的约束条件应该是一致的。所以，在此假设，如果企业2在技术许可后所获得利润不小于其在支付固定费用后由技术模仿所获得利润，那么其将接受许可合同，而不采用技术模仿。具体如下

$$\Pi_2^R(c-\varepsilon, c-\varepsilon+r) - F \geq \Pi_2^F(c-\varepsilon, c-\varepsilon) - I - F \quad (3-40)$$

此约束条件即为无模仿的限制，可重新写为

$$I \geq \Pi_2^F(c-\varepsilon, c-\varepsilon) - \Pi_2^R(c-\varepsilon, c-\varepsilon+r) \quad (3-41)$$

如果模仿成本大于从模仿中所获得的收益（模仿的总成本），那么企业2将不会采用技术模仿。用M表示企业2的总模仿收益，那么有

$$\begin{aligned} M &= \Pi_2^F(c-\varepsilon, c-\varepsilon) - \Pi_2^R(c-\varepsilon, c-\varepsilon+r) \\ &= \left(\frac{(2-\theta)(a-c+\varepsilon)}{4-\theta^2}\right)^2 - \left(\frac{(2-\theta)(a-c+\varepsilon)-2r}{4-\theta^2}\right)^2 \end{aligned} \quad (3-42)$$

由 $\dfrac{\partial M}{\partial r} = \dfrac{4(2-\theta)(a-c+\varepsilon) - 8r}{(4-\theta^2)^2} > 0$ 可知，企业 1 可以通过设置较低的单位提成率来降低企业 2 进行技术模仿的动机。

当 $M = I$，即 $I = \left(\dfrac{(2-\theta)(a-c+\varepsilon)}{4-\theta^2}\right)^2 - \left(\dfrac{(2-\theta)(a-c+\varepsilon) - 2r}{4-\theta^2}\right)^2$ 时，说明企业 2 从模仿中所获得的收益等于其模仿时所付出的成本。那么，求解上式可知

$$\tilde{r} = \dfrac{(2-\theta)(a-c+\varepsilon)}{2}\left(1 - \sqrt{1 - I \cdot \dfrac{(2+\theta)^2}{(a-c+\varepsilon)^2}}\right) \quad (3-43)$$

所以，当 $r < \tilde{r}$ 时，技术模仿的情形不会发生；当 $r > \tilde{r}$ 时，企业 1 设置较高的单位提成率将会导致企业 2 发生技术模仿行为。

由 $\dfrac{\partial M}{\partial \theta} = \dfrac{32r\theta - 12r\theta^2 - 16r}{(4-\theta^2)^3}(a-c+\varepsilon) - \dfrac{16r^2\theta}{(4-\theta^2)^3} = 0$ 可知

$$r' = \dfrac{(2-\theta)(3\theta-2)}{4\theta}(a-c+\varepsilon) \quad (3-44)$$

可以证明，当 $r > r'$ 时，有 $\dfrac{\partial M}{\partial \theta} < 0$。另外，如果 $\theta < \dfrac{2}{3}$，有 $r' < 0$。那么，$r > r'$ 将恒成立，且有 $\dfrac{\partial M}{\partial \theta} < 0$。这表明，当 $\theta < \dfrac{2}{3}$ 时，企业 2 模仿的动机随着 θ 增大而降低。因此，θ 越高，企业 2 模仿的动机就越小。

(2) 被许可企业的决策分析

在技术模仿的威胁下，企业 1 会选择利用技术许可来阻碍模仿行为的发生。因此，企业 1 通常会选择最优的技术许可合同。那么，阻止模仿的最优技术许可合同可以通过解决以下最大化问题来获得，即

$$\max_{F,r} \Pi_1^R(c-\varepsilon, c-\varepsilon+r) + rq_2^R(c-\varepsilon, c-\varepsilon+r) + F \quad (3-45)$$

其限制条件为

$$\Pi_2^R(c-\varepsilon, c-\varepsilon+r) - F \geq \Pi_2^{NL}(c-\varepsilon, c) \quad (3-46)$$

$$\Pi_2^R(c-\varepsilon, c-\varepsilon+r) \geq \Pi_2^R(c-\varepsilon, c-\varepsilon) - I \quad (3-47)$$

$$0 \leq r \leq \varepsilon \quad (3-48)$$

<<< 第三章　考虑产品异质性及创新模仿的企业成本降低型创新技术许可策略分析

不等式（3-46）和（3-47）分别是企业2的参与性约束和非模仿约束。如果没有约束条件（3-47）式，则与不存在模仿威胁的情况相同。根据前面的分析可知，最优单位提成率应为 r^*。但是，如果非模仿约束条件是紧的，那么为了阻碍技术模仿，企业1必须设置一个较低的单位提成率 $r < \tilde{r}$ 和一个相对较高的固定费用 $F > \tilde{F}$，其中 $F = \Pi_2^R(c-\varepsilon, c-\varepsilon+r) - \Pi_2^{NL}(c-\varepsilon, c)$。所以，（3-47）式中 r 的大小取决于模仿成本的高低。模仿成本越高，阻碍模仿的单位提成率 r 就会越大。

企业1阻碍模仿的成本可以通过计算 $\tilde{r}$ 和 r^* 的差值来进行度量。如果 $\tilde{r} < r^*$，由于在两部制费用许可方式下企业1的总收益随 r 增加而增加，所以当且仅当 $\tilde{r} < r^*$ 时，企业1才会支付因竞争加剧而造成的阻碍模仿的成本。如果 $\tilde{r} > r^*$，模仿将会自动被阻碍。换句话说，$\tilde{r}$ 是否大于 r^* 取决于模仿成本的高低。比较可知，当且仅当 $I < I^*$ 时，有 $\tilde{r} < r^*$，这里

$$I^* = \frac{\theta(16 - 12\theta - 8\theta^2 + 5\theta^3)}{64 + 64\theta - 80\theta^2 - 96\theta^3 + 12\theta^4 + 36\theta^5 + 9\theta^6} \quad (3-49)$$

为了设计阻碍模仿的最优技术许可合同，企业1必须权衡阻碍模仿的利益（也就是提成许可收益）与加强竞争所花费成本之间的大小。所以根据以上分析，如果 $I = 0$，则采用固定费用许可方式；如果 $0 < I < I^*$，则采用两部制费用许可方式 $(\tilde{r}, \tilde{F})$；如果 $I \geq I^*$，则采用两部制费用许可方式 (r^*, F^*)。注意到，I^* 是关于产品替代程度的增函数。换句话说，θ 越高，$\tilde{r} < r^*$ 的可能性越大。此时，企业必须支付的阻碍模仿成本就会越高。

当允许模仿时，企业1的总收益为 $\Pi_1^R(c-\varepsilon, c-\varepsilon+r^*) + F^*$。创新者阻碍模仿和模仿在许可之后出现的这两种情况下，比较企业1总收益的大小可知。那么，其会阻碍模仿的条件为

$$\Pi_1^R(c-\varepsilon, c-\varepsilon+\tilde{r}) + \tilde{r}q_2^R(c-\varepsilon, c-\varepsilon+\tilde{r}) + \tilde{F} > \Pi_1^R(c-\varepsilon, c-\varepsilon+r^*) + F^*$$
$$(3-50)$$

显然，当模仿成本降低时，（3-47）式中不等号左边的部分将变得很小。此时，企业1阻止模仿的动机也会很小。而当模仿成本非常低但产品的替代程

67

度非常高时，对企业 1 而言，阻止模仿不是最优选择。当 $I=0$ 时，条件（3-47）变为

$$\Pi_1^R(c-\varepsilon,c-\varepsilon) + \Pi_2^R(c-\varepsilon,c-\varepsilon) > \Pi_1^R(c-\varepsilon,c-\varepsilon+r^*) + \Pi_2^R(c-\varepsilon,c-\varepsilon+r^*) \quad (3-51)$$

求解可知，当且仅当 $\theta^3 + 12\theta^2 + 4\theta - 16 \leq 0$，即当 $\theta < 1$ 时，即使模仿无成本，企业 1 也会进行模仿。所以，根据以上分析，θ 越高，I 越低，对于企业 1 而言，其阻碍技术模仿就会变得越困难。

（三）推迟技术采用对技术模仿的阻碍作用分析

由于专利体系薄弱，当一项新技术发明后，如果申请专利保护期限较长且模仿成本很低，就一定会存在潜在的技术使用者进行创新技术模仿的情况。因此，在一般情况下，当模仿必然存在时，创新者除了使用专利转让许可合同外，还会使用推迟技术采用的方法来阻碍技术模仿行为的发生。有关推迟技术采用策略方面的研究主要有 Katz 和 Shapiro（1987）关于推迟创新和 Choi 和 Thum（1998）关于推迟技术采用的内容。Katz 和 Shapiro（1987）主要集中研究了关于技术开发成本的削减等问题[64]。而 Choi 和 Thum（1998）则主要是从消费者的观点出发研究了关于网络外在因素分别对创新和技术采用推迟方面的影响[114]。研究模仿成本和专利期限存在正向关系的类似文献有很多，如 Gallini（1992）[115]。但是，Benoit（1985）则认为，较长的专利期限保护会引起更大的技术模仿动机，并且创新企业的收益会随之而减少[116]。该文献主要是从生产企业的角度去解释为了消除模仿威胁而推迟技术采用的新效应。而在本小节中，在所构建的模型中引入有关专利长度和贴现值等因素，并以此去探究推迟技术采用策略对技术模仿的阻碍作用。

1. 模型基本假设

假设有两家企业，分别为技术创新者和潜在模仿者。假设创新者拥有一项潜在模仿者没有的创新技术。与此同时，进一步假定一旦创新者带来或者采用这项技术，就会得到期限为 P 的专利保护期。而当创新者采用这项技术之后，

<<< 第三章 考虑产品异质性及创新模仿的企业成本降低型创新技术许可策略分析

潜在模仿者可以通过模仿或者利用这项技术的基本信息而在其周围进行技术发明,也就是技术模仿创新。在此假设潜在模仿者的模仿成本为 I。只要专利到期,即在时间 P 之后,潜在模仿者就可以无偿使用这项技术。另外,假设如果在没有专利保护的情况下,一旦创新者决定采用这项技术,潜在模仿者也会无偿使用该技术。因此,对于创新者来说,当要采用一项创新技术时,必须要申请专利保护,以维护自己的经济利益。假定技术的生命周期是在 0 到 N 范围内,并且折现率为 r。如果只有一家企业使用这项新技术,那么这家企业所获得的利润为 Π。但是,在有技术模仿的情况下,如果两家企业都用此技术进行生产,那么,每家企业所获得利润为 π,且有 $\pi < \Pi$。

基于以上假设,创新者与潜在模仿者之间的博弈包含以下两个阶段:第一阶段,创新者决定采用创新技术的最佳时间;第二阶段,潜在模仿者根据创新者采用创新技术的时间去决定其最佳技术获取策略。

2. 潜在模仿者和创新者的各自决策分析

假定创新者在 A 时刻采用它的创新技术,如果这时潜在模仿者也选择去模仿这项技术并且与创新者展开竞争,那么,从 A 时刻开始,市场就变成了双寡头垄断竞争市场。在这种情况下,潜在模仿者的技术生命周期收益净现值为 $\int_{A}^{N} \pi e^{-rt} dt - e^{-rA} I$,化简后应为

$$e^{-rA}\left(\frac{\pi(1 - e^{-r(N-A)})}{r} - I\right) \tag{3-52}$$

另外,如果潜在模仿者没有模仿创新者的技术,那么他会等到专利过期后再投入生产。此时,潜在模仿者的折现收益为

$$\begin{cases} e^{-rA}\left(\frac{\pi(c-\varepsilon, c-\varepsilon)(e^{-rP} - e^{-r(N-A)})}{r}\right), & \text{当 } A + P < N \text{ 时,} \\ 0, & \text{当 } A + P \geq N \text{ 时} \end{cases} \tag{3-53}$$

只要模仿的收益大于不模仿的收益,潜在模仿者就会模仿创新者的技术。由上述两式可知,当 $A + P < N$ 且满足 $\frac{\pi(1 - e^{-rP})}{r} > I$ 时,或者当 $A + P \geq N$ 且

满足 $\frac{\pi(1-e^{-r(N-A)})}{r} > I$ 时，潜在模仿者就会有动机模仿。所以，如果满足

$$\begin{cases} \frac{\pi(1-e^{-rP})}{r} < I, & \text{当} A + P < N \text{时} \\ \frac{\pi(1-e^{-r(N-A)})}{r} > I, & \text{当} A + P \geq N \text{时} \end{cases} \quad (3-54)$$

则潜在模仿者将不会进行技术模仿。

接下来，分析创新者对于新技术的使用决策。如果没有模仿行为的威胁，对于创新者来说，他在开始时（$A=0$）就会使用该技术。所以在无技术模仿时，只有当专利过期，创新者才面临模仿者的技术模仿威胁。但是，当（3-54）式不成立时，潜在模仿者就会有动机去模仿创新者的技术，由于技术生命周期的有限性，创新者只能通过推迟技术采用的方式来消除模仿威胁。设 A^* 表示潜在模仿者到 N 时刻的收益等于模仿成本的时点。那么，创新者推迟技术直到 A^* 时采用，将会阻碍竞争者的模仿行为。所以，由 $A^* = A$ 可以得到，

$$\frac{\pi(1-e^{-r(N-A)})}{r} = I \quad (3-55)$$

由于 $\frac{\pi(1-e^{-r(N-A)})}{r} > I$，所以推迟时刻小于 A^*，将不能消除模仿威胁。可以看出，如果推迟期大于 A^*，创新者也没有必要放弃独占市场的垄断利润。因此，创新者推迟至 A^* 时就会立即采用创新技术。

由（3-55）式可知，如果超出区间 $[A^*, N]$，那么潜在模仿者的模仿成本就等于其在双头垄断时的折现利润。由（3-54）式可知，当 $\frac{\pi(1-e^{-rP})}{r} > I$ 时，潜在模仿者有动机去进行技术模仿。结合上述两式可知，阻止模仿的推迟期一定满足条件 $N < A^* + P$。因此，当推迟时间加上专利法定期限超过新技术的生命周期时，技术推迟就会阻止模仿的发生。尽管技术推迟缩短了专利有效期，但是其可有效地阻止模仿行为的发生。由于在技术生命周期内存在有效的专利保护，所以在区间 $[A^*, N]$ 内，创新者的收益在 0 时刻的折现值为 $\frac{\Pi(e^{-rA^*} - e^{-rN})}{r}$。那么，由（3-52）式可知，潜在模仿者的折现收益为 0。

第三章 考虑产品异质性及创新模仿的企业成本降低型创新技术许可策略分析

对于创新者来说,小于 A^* 的任何推迟都不能消除模仿的威胁,因此它会在最开始或在 A^* 时采用新技术。假定存在模仿的威胁,如果创新者从一开始就采用新技术,生命期内的折现收益为 $\dfrac{\pi(1-e^{-rN})}{r}$。

由此可知,当且仅当不等式 $\dfrac{\Pi(e^{-rA^*}-e^{-rN})}{r} > \dfrac{\pi(1-e^{-rN})}{r}$ 成立时,创新者会偏好推迟技术采用。取其等号可知,当创新者推迟技术采用和开始就采用技术之间收益无差异时,模仿成本的临界值为 $I^c = \dfrac{D^2(1-e^{-rN})}{r(D+e^{-rN}(M-D))}$。那么,如果潜在模仿者的模仿成本大于产品生产期内的折现值,技术模仿就是不可行的,比如 $I > \dfrac{\pi(1-e^{-rN})}{r}$。因此,只有当模仿成本小于收益时,潜在模仿者才会选择模仿。通过比较可知,模仿成本的临界值满足 $I^c < \dfrac{\pi(1-e^{-rN})}{r}$,而且它在模仿成本的可行域内。

从上面的分析可知,如果模仿成本相当高,对潜在模仿者来说模仿并不具有吸引力,因此创新者从一开始就会采用新技术。若模仿成本很低,则采用推迟策略的代价非常高。此时,创新者立即采用技术的同时潜在模仿者也会开始进行复制。当模仿是可信的,也就是它必然存在时,对于中等程度的模仿成本来说,推迟技术的采用是最可行的。而对于推迟技术采用的模仿成本的范围而言,推迟日期是模仿成本的减函数。也就是说,在专利生命期内,由于潜在模仿者的折现收益包括模仿成本,所以潜在模仿者才会有模仿动机。那么,创新者可以通过将推迟日期放到潜在模仿者折现收益等于模仿成本临界值 I^c 的时刻来消除模仿威胁。如果模仿成本较高,为了消除模仿的威胁,就可以选择等待时间相对较小的时刻。但是,对于相对较低的模仿成本来说,为了消除模仿威胁,创新者就需要等待相当长的时间。因此,可将上述分析总结如下:

(1)当潜在模仿者在专利生命期限内的折现收益不能包括模仿成本时,即 $\dfrac{D(1-e^{-rP})}{r} < I$,创新者在一开始就会采用新技术。

(2) 当潜在模仿者在专利生命期限内的折现收益包括模仿成本时，即 $\frac{D(1-e^{-rP})}{r} > I$，如果不等式 $\frac{\Pi(e^{-rA^*} - e^{-rN})}{r} > \frac{\pi(1-e^{-rN})}{r}$ 不成立，创新者在开始时就会采用新技术；如果该不等式成立，创新者会延迟到 A^* 时再采用新技术。

（四）本章小结

随着市场竞争激烈程度的增加，为取得市场竞争优势，技术许可方式已经成为当前大多数企业获得专利技术成果并拥有创新技术一种重要途径。但是，在没有创新技术产权或者对创新者技术产权保护不力的情况下，潜在竞争者者的模仿侵权行为将对创新者的收益和创新动机的影响将会越来越大。为了研究该如何降低这种影响，本章首先通过构建技术许可博弈模型，对内部创新者的不同许可动机进行分析。在比较固定费用许可、单位提成费用许可及两部制费用许可方式后，得出了在不同条件下的内部创新企业的最优许可方式。具体来说，技术许可能否成功的关键在于技术转让前后双方企业收益的权衡与比较。如果技术许可发生后许可双方企业的收益都不小于许可前，那么技术许可才有可能发生。然后，再通过分析比较不同许可方式下双方企业收益的大小，从而最终确定创新企业的最优许可策略。对于内部创新者来说，当不存在模仿威胁时，两部制费用许可方式适用于所有的技术创新规模和产品差异程度。但是，当产品不是完全无关时，两部制费用许可优于固定费用许可。当产品是相对异质时，由于在两部制费用许可中关于固定费用和单位提成许可的限制性约束条件都可以满足，所以两部制费用许可为最优许可方式。当产品是充分替代品时，上述两个限制性约束条件被取消，那么单位提成费用许可则为最优许可方式。

然后，在此基础之上，本章进一步分析了存在模仿情形时，内部创新者应如何利用技术许可来阻碍模仿行为发生的相关问题。研究结果表明，当存在模仿威胁时，假设专利信息泄露能够致使模仿发生。那么，如果模仿成本较小，那么技术许可并不能阻止技术模仿。如果模仿成本较大，技术许可才有可能阻止模仿行为的发生。当模仿有可能发生在技术许可之后时，为了阻止模仿的发生，创新者将会采用低提成率和高固定费用的两部制许可合同。另外，创新者阻止模仿的动机还取决于产品的模仿成本和替代程度。如果模仿成本越高，但替代程度越低，那么创新者阻止技术模仿的动机越强。

当模仿必然存在时，创新者除了使用技术许可外，还会使用推迟技术采用的方式来阻碍模仿行为的发生。在引入专利长度及时间折现等因素后，本章还分析了采用创新技术的最优时机，以及推迟技术采用对阻碍模仿的作用。具体来说，如果模仿成本相当高，对潜在模仿者来说模仿并不具有吸引力。因此，创新者从初始状态就会采用新技术。若模仿成本很低，则推迟策略的代价会非常高，创新者立即采用新技术的同时，潜在模仿者也开始进行技术复制。但是，对于中等程度的模仿成本来说，推迟技术采用则是可行的。创新者可以通过推迟日期到潜在模仿者折现收益等于模仿成本临界值的时刻来消除模仿威胁。

本章的研究结论对于企业间进行科学合理的新技术转让有一定的指导意义。但是，需要说明的是，本章所建立的是一种简化的市场模型，并且仅通过变量间比较来对技术创新许可及模仿行为进行经济学分析。但是，现实情况中的许多影响因素并未考虑进去，比如新技术溢出效应及其对不同技术许可方式的影响、不同技术许可方式下的社会福利比较等在本章中均没有涉及。这些问题都有待于未来进行研究与探讨。

第四章

考虑多种产品供需结构企业质量提高型创新技术许可策略分析

就技术的作用来说，技术本身可以分为降低生产成本的技术，开发新产品的技术和提高产品质量的技术。本章重点考虑质量提高型创新技术许可决策问题。基于产业组织理论的 SCP 分析范式，即市场结构、市场行为、市场绩效的相互作用机制，本章在古诺竞争、斯塔克伯格竞争和伯川德竞争三种典型市场结构下首先讨论了质量提高型技术的许可决策，以及在这些不同市场结构下各种许可方式所对应的均衡结果比较分析等问题。然后，在此基础之上，探究质量提高型创新技术许可的内在决策机制。

（一）古诺双寡头市场质量提高型创新技术许可

在本节，主要探讨了外部创新者在拥有质量提高型创新技术，并对市场竞争企业进行技术许可时的策略选择问题。在假设双寡头企业进行古诺竞争，以及消费者效用均匀分布的条件下，首先分析和推导出双寡头竞争企业的市场均衡产量、利润等关键参数。然后，在此基础上构建外部创新者和产品生产企业之间的技术许可动态博弈模型，并由此探讨创新者对于质量提高型创新技术的最佳许可策略。

1. 模型基本假设

假设某行业由古诺双寡头垄断竞争企业、一定数量的产品消费者和某外部技术创新者（比如独立的科研单位）构成。企业集表示为 $M = \{1, 2\}$。在此，为简化计算但不失一般性，规范化原有技术水平下企业 i 的产品质量为 s_i，消费

<<< 第四章　考虑多种产品供需结构企业质量提高型创新技术许可策略分析

者数量为 1，且企业 i 的单位生产成本 c_i 为 0，$i \in M$。

外部创新者所掌握的质量提高型创新技术能够使生产企业的产品在单位生产成本不变的情况下将其产品质量提高到 ψ（>1）。此处，ψ 为技术创新规模。由此可知，ψ 越大，创新规模越大，反之亦然。与此同时，假设消费者效用函数为

$$U = \begin{cases} \theta s - p & 购买质量为 s 的产品 \\ 0 & 不购买 \end{cases} \quad (4-1)$$

其中，U 为消费者效用；p 为产品价格；θ 为消费者偏好，且在区间 [0, 1] 上服从均匀分布。

另外，在此进一步假设，可供外部创新者所使用的许可方式为广义拍卖加提成的两部制费用许可，并且在单位提成费用和拍卖费用两者中的一个可以为零，那么，许可合同可能变成是纯拍卖许可、纯单位提成许可，以及狭义拍卖加单位提成的两部制费用许可。外部创新者在博弈过程中要首先确定许可合同的具体费用以及所要许可的企业数。具体来说，若许可企业数为 1，那么竞价较高的企业将赢得许可，且支付相应的拍卖费用。在两者竞价相同的情形下，对于被许可企业则任选其一。若许可企业数为 2，外部创新者给定最低竞价，愿意支付最低竞价的潜在被许可企业均能赢得许可。然后，被许可企业参与产品竞争并支付相应的许可费用，从而完成技术许可。

基于以上假设，外部创新者与古诺双寡头垄断竞争企业间的整个技术许可过程可表述为如下三阶段博弈模型 G_{fr}。具体来说，在第一阶段，外部创新者制定最优技术许可策略，包括产品的固定费用 F 和单位提成率 r、许可企业数 $k \in \{1, 2\}$（如果许可企业数为 2，那么还包括许可的最低竞价 β）；在第二阶段，两家企业同时对新技术许可进行竞标。当 $k=1$ 时，竞价较高者赢得许可并支付相应的拍卖费用。如果两家企业的竞价相同，则被许可方任选其一。当 $k=2$ 时，竞价不低于 β 的潜在被许可方均能获得许可。但是，被许可方支付一定的提成费用；在第三阶段，两家企业在市场中进行产量竞争。整个博弈过程将通过反向归纳法来进行求解。

2. 竞争企业的市场均衡推导

首先，在企业 i 在产品质量为 s_i，单位生产成本 c_i，产品价格 p_i 时，分析两家企业古诺竞争的一般市场均衡，其中 $i \in M$。如果两家企业的产品质量满足 $s_1 \neq s_2$，在此不妨设企业 1 的产品质量小于企业 2 的产品质量，即 $s_1 \leq s_2$。相应地，定义 $\frac{s_i}{p_i}$ 为两家企业的产品性价比。那么，如果两家企业的产品性价比满足 $\frac{s_1}{p_1} \leq \frac{s_2}{p_2}$，仅生产高质量产品的企业 2 存留于市场；如果两家企业的产品性价比满足 $\frac{s_1}{p_1} > \frac{s_2}{p_2}$，两家企业均可以存留于市场。如果两家企业的产品质量满足 $s_1 = s_2$，那么产品价格较高的企业将被挤出市场。如果两家企业的价格满足 $p_1 = p_2$，那么两家企业将同时存留于市场。接下来，将分成两种情况来进行分析。

(1) 当市场中只有产品 2 时，消费者对于产品 2 的需求函数为 $q_2 = 1 - \frac{p_2}{s_2}$，对应的逆需求函数为 $p_2 = s_2(1 - q_2)$。此时，企业 2 的利润为

$$\pi_2 = (p_2 - c_2)q_2 = (s_2 - s_2 q_2 - c_2)q_2 \qquad (4-2)$$

此时，企业 2 通过确定产量来最大化其自身利润，那么，求解可知其均衡产量、价格和利润分别为

$$q_2 = \frac{s_2 - c_2}{2s_2}, p_2 = \frac{s_2 + c_2}{2}, \pi_2 = \frac{(s_2 - c_2)^2}{4s_2} \qquad (4-3)$$

(2) 当市场中产品 1 和产品 2 共存但 $s_1 \neq s_2$ 时，消费者对于产品 2 与产品 1 的需求函数分别为

$$q_2 = 1 - \frac{p_2 - p_1}{s_2 - s_1}, q_1 = \frac{p_2 - p_1}{s_2 - s_1} - \frac{p_1}{s_1} \qquad (4-4)$$

对应的逆需求函数为

$$p_1 = s_1(1 - q_2 - q_1), p_2 = s_2(1 - q_2) - s_1 q_1 \qquad (4-5)$$

相应地，两家企业的利润分别为

$$\pi_1 = (p_1 - c_1)q_1 = (s_1(1 - q_1 - q_2) - c_1)q_1$$
$$\pi_2 = (p_2 - c_2)q_2 = (s_2(1 - q_2) - s_1 q_1 - c_2)q_2 \qquad (4-6)$$

企业 1 和企业 2 通过确定产量来最大化其自身利润,那么,求解可知其均衡产量、价格和利润分别为

$$q_1 = \frac{s_1 s_2 + c_2 s_1 - 2c_1 s_2}{s_1(4s_2 - s_1)}, q_2 = \frac{2s_2 - 2c_2 - s_1 + c_1}{4s_2 - s_1}$$

$$p_1 = \frac{s_1 s_2 + c_2 s_1 - c_1 s_1 + 2c_1 s_2}{4s_2 - s_1}, p_2 = \frac{2s_2^2 - s_1 s_2 + s_2 c_1 - s_1 c_2 + 2c_2 s_2}{4s_2 - s_1}$$

$$\pi_1 = \frac{1}{s_1}\left(\frac{s_1 s_2 + s_1 c_2 - 2s_2 c_1}{4s_2 - s_1}\right)^2, \pi_2 = s_2\left(\frac{2s_2 - 2c_2 - s_1 + c_1}{4s_2 - s_1}\right)^2$$

(4-7)

可以验证,当 q_1,$q_2 > 0$ 时,两家企业共存于市场,其均衡价格所满足条件为 $\frac{s_1}{p_1} > \frac{s_2}{p_2}$。

另外,当质量 $s_1 = s_2 = s$ 时,企业 1 和企业 2 的产品同质,消费者对其总需求函数变成 $q = 1 - \frac{p}{s}$,其中 $q = q_1 + q_2$。那么,逆需求函数表达式则变为

$$p = s(1 - q_1 - q_2) \quad (4-8)$$

显然,此逆需求表达式与(4-1)式中 $s_1 = s_2 = s$ 的情形保持一致。那么,在 $s_1 \neq s_2$ 前提下推导出的市场均衡表达式(4-7)同样适用于 $s_1 = s_2$ 的情形。所以,(4-7)式可以表示的古诺双寡头企业在产品质量任意情况下的市场均衡结果。

现在,考虑整个博弈过程。在技术创新前,两家企业的产品质量为 $s_1 = s_2 = 1$,单位生产成本为 $c_1 = c_2 = 0$。在按照拍卖费用为 F 且产品单位提成率为 r 的两部制费用进行技术许可后,被许可企业的产品质量被提高到 ψ,但其实际单位生产成本被提高到 r,而未被许可企业的产品质量与单位生产成本则保持不变。定义 $\pi_i(r_1, r_2)$ 为企业 i 在两家企业均接受许可后,生产高质量产品并且支付单位提成率为 r_1 和 r_2 的提成费用时的均衡利润。令 $r_i = -$ 表示企业 i 未被许可的情况。那么,$\pi_i(r_1, -)$ 表示企业 i 在企业 1 独占许可并支付单位提成率为 r_1 的提成费用时的均衡利润。类似地,可定义 $\pi_i(-, r_2)$ 和 $\pi_i(-, -)$,

其中$i \in M$。用类似方式表示企业1和企业2的均衡产量和均衡价格。

3. 外部许可方最优许可策略分析

令$G_{fr}(1)$和$G_{fr}(2, \underline{\beta})$分别表示$k=1$和$k=2$时$G_{fr}$的子博弈模型,其中$\underline{\beta}$指$k=2$时外部创新者所设定的最低竞价。在$G_{fr}(1)$中,给定单位提成率$r>0$,潜在被许可企业愿意支付的最高拍卖费$\alpha(r) = \pi_1(r, -) - \pi_1(-, r)$,企业1和企业2均以$\alpha(r)$竞价构成$G_{fr}(1)$竞价阶段的唯一均衡。在$G_{fr}(2, \underline{\beta})$中,给定单位提成率$r>0$,令$\beta(r) = \pi_1(r, r) - \pi_1(-, r)$,下面推导$G_{fr}(2, \underline{\beta})$的竞价均衡。

引理4.1 考虑子博弈模型$G_{fr}(1)$和$G_{fr}(2, \underline{\beta})$。分别存在$\bar{r}_1$和$\bar{r}_2 > 0$,使得无论竞争对手如何选择策略,当且仅当$r \leq \bar{r}_i$时,潜在被许可企业愿意支付的单位提成率为$\bar{r}_i$且有$\bar{r}_1 > \bar{r}_2$,其中$i \in \{1, 2\}$。相应的子博弈模型分别为$G_{fr}(1)$和$G_{fr}(2, \underline{\beta})$。

证明:(1)当$k=1$时,不妨假设企业1为支付单位提成率为r的唯一被许可方。按给定的单位提成率r许可发生时,企业1的运行利润(不考虑需支付的竞价)为$\pi_1(r, -)$,企业2的运行利润为$\pi_2(r, -)$。那么,企业1愿意支付的单位提成率满足$\pi_1(r, -) \geq \pi_1(-, r)$。为此,构造函数

$$g_1(r) = \pi_1(r, -) - \pi_1(-, r) \quad (4-9)$$

其中,$\pi_1(r, -) = \psi \left(\frac{2\psi - 2r - 1}{4\psi - 1} \right)^2$,$\pi_1(-, r) = \left(\frac{\psi + r}{4\psi - 1} \right)^2$。那么,应有

$$g_1(r) = \psi \left(\frac{2\psi - 2r - 1}{4\psi - 1} \right)^2 - \left(\frac{\psi + r}{4\psi - 1} \right)^2 \quad (4-10)$$

计算可知,$g_1(0) > 0$,$g_1'(r) < 0$,且存在$N_1 > 0$,满足$g_1(N_1) < 0$。从而可知,存在唯一的$0 < \bar{r}_1 < N_1$,使得当且仅当$r < \bar{r}_1$时,$g_1(r) > 0$;当$r > \bar{r}_1$时,$g_1(r) < 0$;当$r = \bar{r}_1$时,$g_1(\bar{r}_1) = 0$。那么,经过计算,可知$\bar{r}_1 = \frac{\sqrt{\psi}(2\psi - \sqrt{\psi} - 1)}{1 + 2\sqrt{\psi}}$。那么,如果$k=1$,当$r < \bar{r}_1$时,企业愿意接受许可;当$r > \bar{r}_1$时,企业不愿意接受许可。

(2) 当 $k=2$ 时，企业1和企业2均接受许可时，两家企业的利润为 $\pi_1(r,r)=\pi_2(r,r)$。若其中一家企业（如企业1）不接受许可，则其利润为 $\pi_1(-,r)$。那么，企业1和企业2愿意支付的单位提成应满足 $\pi_1(r,r) \geqslant \pi_1(-,r)$。同样，构造函数

$$g_2(r) = \pi_1(r,r) \geqslant \pi_1(-,r) \tag{4-11}$$

其中，$\pi_1(r,r) = \dfrac{(\psi-r)^2}{9\psi}$ 和 $\pi_1(-,r) = \left(\dfrac{\psi+r}{4\psi-1}\right)^2$。那么，应有

$$g_2(r) = \frac{(\psi-r)^2}{9\psi} - \left(\frac{\psi+r}{4\psi-1}\right)^2 \tag{4-12}$$

计算可知，$g_2(0)>0$，$g'_2(r)<0$，且存在 $N_2>0$，满足 $g_2(N_2)<0$。从而可知，存在唯一的 $0<\bar{r}_2<N_2$，使得当且仅当 $r<\bar{r}_2$ 时，$g_2(r)>0$；当 $r>\bar{r}_2$ 时，$g_2(r)<0$；当 $r=\bar{r}_2$ 时，$g_2(\bar{r}_2)=0$。那么，经过计算，可知 $\bar{r}_2 = \dfrac{\psi(4\psi-3\sqrt{\psi}-1)}{4\psi+3\sqrt{\psi}-1}$。那么，如果 $k=2$，企业愿意支付的最优单位提成为 $\bar{r}_2$。那么，比较 $\bar{r}_1$ 和 $\bar{r}_2$ 可知，应有 $\bar{r}_1>\bar{r}_2$。

证明完毕。

根据引理4.1的证明过程，可得如下引理。

引理4.2 $\pi_1(-,-)<\pi_1(-,\bar{r}_2)=\pi_1(\bar{r}_2,\bar{r}_2)<\pi_1(\bar{r}_2,-)$。

证明：由引理4.1的证明过程可知，$\pi_1(-,\bar{r}_2)<\pi_1(\bar{r}_2,-)$ 和 $\pi_1(-,\bar{r}_2)=\pi_1(\bar{r}_2,\bar{r}_2)$。比较 $\pi_1(-,-)=\dfrac{1}{9}$ 和 $\pi_1(-,\bar{r}_2)=\left(\dfrac{\psi+\bar{r}_2}{4\psi-1}\right)^2$，可知有 $\pi_1(-,-)<\pi_1(-,\bar{r}_2)$。

证明完毕。

结合引理4.1和引理4.2，可得如下引理。

引理4.3 子博弈 $G_{fr}(2,\beta(r))$ 存在唯一的竞价均衡，企业1和企业2均竞价 $\beta(r)$ 而成为被许可方，其中 $r \leqslant \bar{r}_2$。

结合上述引理4.1和引理4.3，可得如下定理。

定理 4.1 关于子博弈模型 $G_{fr}(1)$，从外部创新者的角度出发，最优单位提成率为 0，相应的许可收益为 $\alpha(0)$。

证明：当 $k=1$ 时，给定单位提成率为 r，假设企业 1 获得许可，许可方可获得的总收益为

$$\Pi_1(r) = \pi_1(r,-) - \pi_1(-,r) + rq_1(r,-) \quad (4-13)$$

结合引理 4.1 的证明过程，将（4-12）式中的参数带入相应的数值，计算 $\Pi_1(r)$ 关于 r 在约束 $0 \leq r \leq \bar{r}_1$ 下的偏导数，有 $\partial \Pi_1(r)/\partial r < 0$，从而可知，追求利润最大化的外部技术创新者的最优提成为率零，也就是纯拍卖许可最佳，对应外部创新者的最大许可收益为 $\Pi_1(0) = \alpha(0)$。

证明完毕。

那么，考虑子博弈模型 $G_{fr}(2, \beta(r))$，有如下定理。

定理 4.2 关于子博弈模型 $G_{fr}(2, \beta(r))$，从外部创新者的角度出发，若 $\psi \leq \dfrac{13+3\sqrt{17}}{16}$，则最优单位提成率为 0；若 $\psi > \dfrac{13+3\sqrt{17}}{16}$，则最优单位提成率为 $\dfrac{\psi(16\psi^2 - 26\psi + 1)}{64\psi^2 - 14\psi + 4}$，它是收益函数 $\Pi_2(r)$ 在无约束条件下的最优单位提成率。

证明：当企业 1 和企业 2 均接受技术许可时，有 $q_1(r,r) = q_2(r,r)$ 和 $\pi_1(r,r) = \pi_2(r,r)$。那么，外部创新者的许可收益为

$$\Pi_2(r) = 2(\pi_1(r,r) - \pi_1(-,r)) + 2rq_1(r,r) \quad (4-14)$$

将（4-14）式中的参数代入相应的数值，得到无约束条件下的最优单位提成率 $r_2^* = \dfrac{\psi(16\psi^2 - 26\psi + 1)}{64\psi^2 - 14\psi + 4}$。从而可知，在 $r < r_2^*$ 的范围内，$\Pi_2(r)$ 单调递增；在 $r > r_2^*$ 的范围内，$\Pi_2(r)$ 单调递减。那么，具体来说：

（1）当 $\psi \leq \dfrac{13+3\sqrt{17}}{16}$ 时，有 $r_2^* < 0$，由 $\Pi_2(r)$ 在提成约束条件 $0 \leq r \leq \bar{r}_2$ 下的单调性可知，在此创新规模范围内，最优单位提成率为 0，即纯拍卖许可最优。相应的外部创新者的最大许可收益为 $\Pi_2(0) = 2\beta(0)$。

(2) 当 $\psi > \dfrac{13+3\sqrt{17}}{16}$ 时，$0 \leqslant r_2^* \leqslant \bar{r}_2$，在约束条件 $0 \leqslant r \leqslant \bar{r}_2$ 下，由许可方的收益最大化可知，最优单位提成为 r_2^*，对应的均衡拍卖费为 $\beta(r_2^*)$。那么，最佳许可策略为拍卖加单位提成的两部制费用许可。相应地，外部创新者的最大许可收益为 $\Pi_2(r_2^*) = 2\beta r_2^* + 2r_2^* q_1(r_2^*, r_2^*)$。

证明完毕。

结合定理 4.1 和定理 4.2，可得如下命题。

命题 4.1 在古诺双寡头竞争市场下，模型 G_{fr} 存在唯一的子博弈完美纳什均衡。具体来说：

(1) 若 $\psi \leqslant \dfrac{1+\sqrt{7}}{2}$，均衡许可数为 2。当 $\psi \leqslant \dfrac{13+3\sqrt{17}}{16}$ 时，均衡许可方式为纯拍卖许可，当 $\dfrac{13+3\sqrt{17}}{16} < \psi < \dfrac{1+\sqrt{7}}{2}$ 时，均衡许可方式为拍卖加单位提成的两部制费用许可。

(2) 若 $\psi > \dfrac{1+\sqrt{7}}{2}$，均衡许可数为 1，均衡许可方式为纯拍卖许可。

证明：当 $\psi \leqslant \dfrac{13+3\sqrt{17}}{16}$ 时，有 $\Pi_2(0) > \Pi_1(0)$；当 $\dfrac{13+3\sqrt{17}}{16} < \psi < \dfrac{1+\sqrt{7}}{2}$ 时，有 $\Pi_2(r_2^*) > \Pi_1(r_2^*)$；当 $\psi > \dfrac{1+\sqrt{7}}{2}$ 时，$\Pi_2(r_2^*) < \Pi_1(r_2^*)$。

证明完毕。

命题 4.1 说明，拥有质量提高型创新技术的外部创新者的最优许可策略要依赖于技术创新规模的大小。具体来说，当创新规模较小时，在一定的许可方式下，对两家企业进行技术许可比单独对一家企业进行技术许可要获得的利润更多，且随着创新规模的不断增大，最优许可方式中的单位提成率从零变为某正值。当创新规模较大时，单独对一家企业进行技术许可会带给外部创新者带来更多的收益。此时，最优单位提成率为零，被许可企业独占新技术。这与在成本降低型技术创新中当创新规模较大时排他性独占纯固定费用许可较优的结论保持一致[14]。但是，所不同的是，后者在许可后会致使唯一的被许可方垄断产品市场，而本章中的被许可企业厂商和未被许可企业均可存留于产品市场。产生这一区别的主要原因是，在模型构建中对于质量提高型创新技术与零单位生产成本的假设。另外，本节研究结果还表明，在一定的创新规模范围内两部制费用许可最优。这明显不同于成本降低型技术创新许可文献中所得到的结论，即不管创新规模大小纯固定费用许可总是最优，但却与提成费用许可与固定费用许可可共存的实证研究结论保持一致（Kamien 和 Tauman，1986；Mendi，2005）[5,117]。

（二）斯塔克伯格双寡头市场质量提高型创新技术许可

在本节，主要探讨进行斯塔克伯格竞争的企业在拥有质量提高型创新技术，并对市场竞争企业进行技术许可时的策略选择问题。与古诺双竞争所不同的是，斯塔克伯格竞争是一种动态博弈过程，在具有领导结构的市场中，领导者可基于追随者的最优产量反应来不断地调整其产量。换句话说，在斯塔克伯格竞争中，领导企业先行给出产量承诺。然后，其他边缘企业或跟随者企业在观察到领导企业的产量后再确定各自的产量。

在假设双寡头企业进行斯塔克伯格双寡头竞争，以及消费者效用均匀分布的条件下，首先分析和推导出扩展的双寡头竞争企业在未许可时的市场均衡产量、利润等关键参数。然后，在此基础之上构建内部创新企业间的技术许可动态博弈模型，并由此探讨内部创新者对于质量提高型创新技术的最佳许可策略。

1. 模型基本假设及未许可的情况

假设市场中有两家进行斯塔克伯格竞争企业，企业 1 和企业 2，它们所生产的产品质量不同。初始状态，规范化原有技术水平下企业 i 的产品质量 s_i，单位生产成本为 c_i，$i=1,2$。企业 1 拥有某项专利技术能将其产品在单位生产成本不变的前提下将质量提高到 ψ（>1）。此处，ψ 为技术创新规模。由此可知，ψ 越大，创新规模越大，反之亦然。与此同时，假设消费者效用函数为消费者的效用函数

<<< 第四章 考虑多种产品供需结构企业质量提高型创新技术许可策略分析

$$U = \begin{cases} \theta s - p & \text{购买质量为 } s \text{ 的产品} \\ 0 & \text{不购买} \end{cases} \quad (4-15)$$

其中，U 为消费者效用；p 为产品价格；θ 为消费者偏好，且在区间 $[0,1]$ 上服从均匀分布。在此，首先分析企业 1 和企业 2 在产品质量分别为 s_1 和 s_2 时的一般市场均衡。

当企业 i 的产品质量水平和价格分别为 s_i 和 p_i 时，由 $\theta s_1 - p_1 = \theta s_2 - p_2$ 可知，其边际消费者偏好为 $\theta = \dfrac{p_1 - p_2}{s_1 - s_2}$。那么，消费者对产品 1 和产品 2 的市场需求函数分别为

$$q_1 = 1 - \frac{p_1 - p_2}{s_1 - s_2}, \quad q_2 = \frac{p_1 - p_2}{s_1 - s_2} - \frac{p_2}{s_2} \quad (4-16)$$

对应的市场逆需求函数表达式为

$$p_1 = s_1(1 - q_1) - s_2 q_2, \quad p_2 = s_2(1 - q_1 - q_2) \quad (4-17)$$

那么，两家企业的利润函数分别为

$$\pi_1 = (s_1(1 - q_1) - s_2 q_2 - c_1) q_1, \quad \pi_2 = (s_2(1 - q_1 - q_2) - c_2) q_2$$

$$(4-18)$$

当企业 1 为斯塔克伯格市场中的产量领导者时，可求得两家企业的市场均衡产量和价格分别为

$$q_1 = \frac{2s_1 - s_2 - 2c_1 + c_2}{2(2s_1 - s_2)}, \quad q_2 = \frac{2s_1 s_2 - s_2^2 - 4s_1 c_2 + 2s_2 c_1 + s_2 c_2}{4s_2(2s_1 - s_2)}$$

$$p_1 = \frac{1}{2}s_1 - \frac{1}{4}s_2 + \frac{1}{2}c_1 - \frac{1}{4}c_2, \quad p_2 = \frac{2s_1 s_2 - s_2^2 + 4s_1 c_2 + 2s_2 c_1 - 3s_2 c_2}{4(2s_1 - s_2)}$$

$$(4-19)$$

相应的均衡利润为

$$\pi_1 = \frac{(2s_1 - s_2 - 2c_1 + c_2)^2}{8(2s_1 - s_2)}, \quad \pi_2 = \frac{(2s_1 s_2 - s_2^2 - 4s_1 c_2 + 2s_2 c_1 + s_2 c_2)^2}{16 s_2 (2s_1 - s_2)^2}$$

$$(4-20)$$

当企业 1 为斯塔克伯格市场中的产量追随者时，可求得两家企业的市场均

衡产量和价格分别为

$$q_1 = \frac{4s_1^2 - 4s_1c_1 + 2s_1c_2 - 3s_1s_2 + s_2c_1}{4s_1(2s_1 - s_2)}, q_2 = \frac{s_1s_2 - 2c_2s_1 + s_2c_1}{2s_2(2s_1 - s_2)}$$

$$p_1 = \frac{4s_1^2 + 4c_1s_1 + 2c_2s_1 - 3s_1s_2 - 3c_1s_2}{4(2s_1 - s_2)}, p_2 = \frac{s_1s_2 + 2c_2s_1 + c_1s_2}{4s_1} \quad (4-21)$$

相应的均衡利润为

$$\pi_1 = \frac{(-4s_1^2 + 4c_1s_1 - 2c_2s_1 + 3s_1s_2 - c_1s_2)^2}{16s_1(2s_1 - s_2)^2}, \pi_2 = \frac{(s_1s_2 - 2c_2s_1 + c_1s_2)^2}{8s_1s_2(2s_1 - s_2)} \quad (4-22)$$

计算可知，在上述两种领导结构下，当均衡产量大于 0 时，两家企业的利润函数分别是各自质量水平的增函数。因此，追求利润最大化的企业均有提高其产品质量水平的创新激励。如果企业 1 决定进行技术许可，那么它必定选择最为有利的许可方式。而且，一旦完成技术许可，两家企业所生产的产品质量均为 ψ，且在同一竞争市场，那么相同质量的产品价格必定有相同的价格。此时，市场总需求变为 $q(p) = 1 - \frac{p}{\psi}$，而价格则为 $p = \psi(1-q)$，其中 $q = q_1 + q_2$。

接下来，首先分析企业 1 作为斯塔克伯格竞争的产量领导者时，其在许可前的市场均衡以及相应的社会福利。如果企业 1 是产量领导者，且拥有质量提高型创新技术。那么，将 $s_1 = \psi$，$s_2 = 1$ 代入（4-19）式及（4-20）式，可知在许可前的市场均衡产量和价格为（上标"NL"表示未许可的情况，"（L）"和"（F）"分别表示领导者和追随者）

$$q_1^{NL(L)} = \frac{1}{2}, q_2^{NL(F)} = \frac{1}{4}, p_1^{NL(L)} = \frac{2\psi - 1}{4}, p_2^{NL(F)} = \frac{1}{4} \quad (4-23)$$

相应的均衡利润为

$$\pi_1^{NL(L)} = \frac{2\psi - 1}{8}, \pi_2^{NL(F)} = \frac{1}{16} \quad (4-24)$$

那么，在未许可时的社会福利为：

<<< 第四章 考虑多种产品供需结构企业质量提高型创新技术许可策略分析

$$W^{NL(LF)} = \int_{P_2^{NL(F)}}^{\frac{P_2^{NL(F)} - p_1^{NL(F)}}{\psi - 1}} (\theta - p_2^{NL(F)}) d\theta + \int_{\frac{P_2^{NL(F)} - p_1^{NL(F)}}{\psi - 1}}^{1} (\theta\psi - p_1^{NL(L)}) d\theta + \pi_1^{NL(L)} + \pi_2^{NL(F)}$$

$$= \frac{12\psi + 3}{32}$$

(4 - 25)

注意到,在技术许可前,企业 2 的均衡产量、价格和利润均小于企业 1 的均衡产量、价格和利润。这主要是因为,企业 1 在市场竞争中所具有的先行优势决定了其应有较高的产量,这也是斯塔克伯格市场竞争的最基本结论。与此同时,企业 1 的质量优势决定了其产品具有较高的价格。由于产量和价格均高于企业 2,所以企业 1 可以获得较高的利润。另外,可以看出,两家企业的利润分别随自身产品质量水平的增加而增加,但随对方产品质量水平的增加而减少,这说明两家企业都有提高自身产品质量水平的创新激励。

接下来,分析企业 1 作为斯塔克伯格竞争的产量追随者时,其最佳技术许可策略以及许可发生时相应的社会福利。如果企业 1 是产量追随者,且拥有质量提高型创新技术。那么,将 $s_1 = \psi$,$s_2 = 1$ 代入 (4 - 21) 式及 (4 - 22) 式,可知在许可前的市场均衡产量和价格为

$$q_1^{NL(F)} = \frac{4\psi - 3}{4(2\psi - 1)}, q_2^{NL(L)} = \frac{\psi}{2(2\psi - 1)}, p_1^{NL(F)} = \frac{\psi(4\psi - 3)}{4(2\psi - 1)}, p_2^{NL(L)} = \frac{1}{4}$$

(4 - 26)

相应的均衡利润为

$$\pi_1^{NL(F)} = \frac{\psi(4\psi - 3)^2}{16(2\psi - 1)^2}, \pi_2^{NL(L)} = \frac{\psi}{8(2\psi - 1)} \qquad (4 - 27)$$

那么,未许可时的社会福利为

$$W^{NL(FL)} = \int_{P_2^{NL(L)}}^{\frac{P_2^{NL(L)} - p_1^{NL(L)}}{\psi - 1}} (\theta - p_2^{NL(L)}) d\theta + \int_{\frac{P_2^{NL(L)} - p_1^{NL(L)}}{\psi - 1}}^{1} (\theta\psi - P_1^{NL(F)}) d\theta + \pi_1^{NL(F)} + \pi_2^{NL(L)}$$

$$= \frac{\psi}{2} - \frac{\psi(8\psi - 7)}{8(2\psi - 1)} + \frac{(\psi - 1)(4\psi - 1)^2 + \psi(4\psi - 3)^2 + 1}{32}$$

(4 - 28)

注意到,在许可前,企业 1 和企业 2 的均衡产量、价格和均衡利润的大小

85

关系不再固定。这主要是因为，虽然企业1在其产品质量上高于企业2，但是，由于企业2在竞争中所具有先动优势，使其能够在产量上弥补其在质量上的劣势。而这样的结果就是，两家企业在均衡产量、价格和均衡利润上大小关系要取决于企业1其质量创新技术的创新规模。

在接下来的内容中，将分别讨论三种可能的技术许可形式，即固定费用许可、单位提成费用许可以及两部制费用许可。

2. 固定费用许可

在固定费用许可方式下，企业1通过一次性收取固定费用 F 后而将其创新技术许可给企业2。在技术许可发生后，企业2的产品质量被提高到 ψ，而其产品的单位生产成本却保持不变。此时，两家企业的利润函数分别为

$$\begin{cases} \Pi_1^F = \pi_1^F + F = \psi(1 - q_1 - q_2)q_1 + F \\ \Pi_2^F = \pi_2^F - F = \psi(1 - q_1 - q_2)q_2 - F \end{cases} \quad (4-29)$$

首先，分析企业1作为斯塔克伯格竞争产量领导者时的情形。由于企业1所收取的固定费用与企业2的产量无关，所以在企业1根据企业2的产量最优反应函数做决策时，该固定费用对企业1的产量决策无影响。那么，将 $s_1 = s_2 = \psi$ 和 $c_1 = c_2 = 0$ 代入（4-19）式及（4-20）式中，可以得到在固定费用许可发生条件下，两家企业的市场均衡价格和均衡产量分别为（上标 "F" 表示固定费用许可的情况，"（L）"和"（F）"分别表示领导者和追随者）

$$q_1^{F(L)} = \frac{1}{2}, q_2^{F(F)} = \frac{1}{4}, p^{F(LF)} = \frac{1}{4}\psi \quad (4-30)$$

相应的均衡利润为

$$\pi_1^{F(L)} = \frac{\psi}{8}, \pi_2^{F(F)} = \frac{1}{16}\psi \quad (4-31)$$

在固定费用许可下，企业1会把固定费用设置的足够高以尽可能地"榨取"企业2因新技术使用而获得利润增加。从上式中可以看出，企业1可以收取的最高固定费用为"被许可方企业2接受许可后的所有市场利润增加"，也就是 $F = \pi_2^{F(F)} - \pi_2^{NL(F)} = \frac{1}{16}(\psi - 1)$。那么，企业1的总收益为

$$\Pi_1^{F(L)} = \pi_1^{F(L)} + F = \frac{3\psi - 1}{16} \qquad (4-32)$$

此时的社会福利为：

$$W^{F(LF)} = \int_{\frac{p^{\min}}{\psi}}^{1} (\theta\psi - p^{F(LF)})d\theta + \Pi_1^{F(L)} + \pi_2^{NL(F)} = \frac{15\psi}{32} \qquad (4-33)$$

现在，回到博弈的第一阶段，来分析企业 1 是否有动机进行技术许可。注意到，企业 1 愿意进行固定费用许可条件是其在许可后的总收益应不小于未许可时的收益，也就是 $\Pi_1^{F(L)} \geq \pi_1^{NL(L)}$。如果不满足，则不发生技术许可。计算可知，当 $\psi > 1$ 时，有 $\Pi_1^{F(L)} < \pi_1^{NL(L)}$。这说明，与许可前的情况相比，企业 1 在以固定费用方式来进行技术许可后其总利润有所下降，那么，追求利润最大化的企业 1 不会采用固定费用许可。所以，可得如下引理。

引理 4.4　当企业 1 作为斯塔克伯格竞争的产量领导者时，在固定费用许可下，企业 1 不会进行技术许可。

引理 4.4 表明，企业 1 作为斯塔克伯格竞争的产量领导者时，尽管企业 1 能够通过固定费用许可方式获得一部分许可费用。但是，这些费用不足以抵消因竞争加剧而导致其利润降低，不利于企业 1 实现自身利润的最大化。因此，企业 1 不会通过固定费用方式进行技术转让。另一方面，企业 2 在获得新技术后，其产品质量显著提高。那么，尽管企业 1 还是市场中的产量领导者，但其通过固定费用许可所获得的许可费用仍小于其因质量优势丧失而导致的利润损失。所以，此时技术许可得不偿失。

然后，分析企业 1 作为斯塔克伯格竞争的产量追随者时的情形。当企业 1 是产量追随者，且拥有质量提高型创新技术进行固定费用许可时，由于企业 1 所收取的固定费用与企业 2 的产量无关，所以该固定费用对企业 1 的产量决策无影响。那么，将 $s_1 = s_2 = \psi$ 和 $c_1 = c_2 = 0$ 代入（4-21）式及（4-22）式，可以得到在固定费用许可发生条件下，两家企业的市场均衡价格和均衡产量分别为（上标"F"表示固定费用许可的情况，"（L）"和"（F）"分别表示领导者和追随者）

$$q_1^{F(F)} = \frac{1}{4}, q_2^{F(L)} = \frac{1}{2}, p^{F(FL)} = \frac{1}{4}\psi \qquad (4-34)$$

相应的均衡利润为

$$\pi_1^{F(F)} = \frac{\psi}{16}, \pi_2^{F(L)} = \frac{1}{8}\psi \qquad (4-35)$$

同样可知，企业 1 可以向企业 2 收取的固定费用最大值为 $F^{(FL)} = \pi_2^{F(L)} - \pi_2^{NL(L)} = \frac{\psi\,(\psi-1)}{4\,(2\psi-1)}$。那么，企业 1 的总收益为

$$\Pi_1^{F(F)} = \pi_1^{F(F)} + F^{(FL)} = \frac{\psi}{16} + \frac{\psi(\psi-1)}{4(2\psi-1)} \qquad (4-36)$$

此时的社会福利为：

$$W^{F(FL)} = \int_{\frac{p^{FL}}{\psi}}^{1} (\theta\psi - p^{F(FL)})d\theta + \Pi_1^{F(F)} + \pi_2^{NL(L)} = \frac{\psi}{2} \qquad (4-37)$$

同样，固定费用许可发生的条件是 $\Pi_1^{F(F)} \geq \pi_1^{NL(F)}$，如果不满足，则不发生技术许可。计算可知，当 $\psi > 1$ 时，有 $\Pi_1^{F(F)} < \pi_1^{NL(F)}$。这说明，与许可前的情况相比，企业 1 在以固定费用方式来进行技术许可后其总利润有所下降，那么，此时，追求利润最大化的企业 1 不会采用固定费用许可。

引理 4.5　当企业 1 作为斯塔克伯格竞争的产量追随者时，在固定费用许可下，企业 1 不会进行技术许可。

引理 4.5 表明，企业 1 作为斯塔克伯格竞争的产量追随者时，尽管企业 1 能够通过固定费用许可方式获得一部分许可费用。但是，一方面，由于企业 1 是市场中的追随者，在技术许可前并不具有产量优势，而在固定费用许可发生后，这种情况并没有发生改变。另一方面，由于在固定费用许可后，企业 2 的产品质量被提高到和企业 1 同样的水平，企业 1 因创新技术而获得的质量优势完全丧失，这进一步会加剧市场竞争。所以，企业 1 在许可后所获得的固定费用不足以弥补其因上述两方面原因所致使市场竞争加剧而导致的利润降低，而这显然不利于实现企业 1 自身利润的最大化。因此，企业 1 不会通过固定费用方式进行技术转让。

由引理 4.4 和引理 4.5 可知，有如下命题。

命题 4.2 在斯塔克伯格双寡头市场中，拥有质量提高型创新技术的在位企业不论是市场领导者还是市场追随者，它都不会进行固定费用许可。

3. 单位提成费用许可

在单位提成费用许可方式下，企业 1 通过设置单位提成率 r 而收取单位提成费用后将其创新技术许可给企业 2。在技术许可发生后，企业 2 的产品质量被提高到 ψ，而其产品的单位生产成本也随之变成为 r，即 $c_2 = r$。此时，两家企业的利润函数分别为

$$\begin{cases} \Pi_1^R = \pi_1^R + rq_2 = \psi(1 - q_1 - q_2)q_1 + rq_2 \\ \Pi_2^R = \pi_2^R = \psi(1 - q_1 - q_2)q_2 - rq_2 \end{cases} \quad (4-38)$$

首先，分析企业 1 作为斯塔克伯格竞争的产量领导者时的情形。由于企业 1 在单位提成费用许可下所收取的提成费用与企业 2 的产量正相关，所以在企业 1 根据企业 2 的产量最优反应函数做决策时，该提成费用对企业 1 的产量决策有影响。换句话说，在利用反向归纳法进行求解时，要考虑到企业 2 产量的最优反应函数 $q_2^*(q_1)$ 所产生的提成费用项 $r \cdot q_2^*(q_1)$。因此，并不能将 $s_1 = s_2 = \psi$，$c_1 = 0$，以及 $c_2 = r$ 代入（4-19）式及（4-20）式中，来直接求解均衡结果。

那么，对于（4-38）式求解可知，在单位提成费用许可发生条件下，两家企业的市场均衡价格和均衡产量分别为（上标 "R" 表示固定费用许可的情况，"(L)" 和 "(F)" 分别表示领导者和追随者）

$$q_1^{R(L)} = \frac{1}{2}, q_2^{R(F)} = \frac{\psi - 2r}{4\psi - 1}, p^{R(LF)} = \frac{\psi + 2r}{4} \quad (4-39)$$

相应的均衡利润为

$$\pi_1^{R(L)} = \frac{\psi + 2r}{8}, \pi_2^{R(F)} = \frac{(\psi - 2r)^2}{16\psi} \quad (4-40)$$

由此可知，企业 1 的总利润为

$$\Pi_1^{R(L)} = \pi_1^{R(L)} + rq_2^{R(F)} = \frac{(\psi + 2r)}{8\psi} + r\frac{\psi - 2r}{4\psi} \quad (4-41)$$

由于企业 1 不会因使用创新技术而垄断产品市场，换句话说，企业 2 不会

因企业 1 采用创新技术而退出市场,即 $q_2^{R(F)} \geq 0$。那么,企业 1 在单位提成费用许可中所设置的单位提成率需满足 $0 < r < \dfrac{\psi}{2}$。同时,企业 2 接受许可后的利润应不小于其在许可前的利润,即 $\pi_2^{R(F)} \geq \pi_2^{NL(F)}$。求解可知,有 $r \leq \dfrac{\psi - \sqrt{\psi}}{2}$。

在第二阶段,企业 1 需要确定最优提成率 r 以最大化其总收益。易验证,企业 1 的利润函数 $\Pi_1^{R(L)}$ 在 $r \in [0, \dfrac{\psi - \sqrt{\psi}}{2}]$ 内是关于 r 的递增函数。因此,企业 1 会选择最优提成率 $r^* = \dfrac{\psi - \sqrt{\psi}}{2}$ 以实现其最大利润。此时,两家企业的利润分别为

$$\Pi_1^{R(L)} = \frac{2\psi - 1}{8},\ \pi_2^{R(F)} = \pi_2^{NL(F)} = \frac{1}{16} \qquad (4-42)$$

此时的社会福利为

$$W^{R(LF)} = \int_{\frac{\theta_0}{\psi}}^{1}(\theta\psi - p^{R(LF)})d\theta + \Pi_1^{R(L)} + \pi_2^{NL(F)} = \frac{12\psi + 4\sqrt{\psi} - 1}{32}$$

$$(4-43)$$

现在,回到博弈的第一阶段,来分析企业 1 是否有动机进行技术许可。注意到,企业 1 愿意进行单位提成费用许可条件是其在许可后的总收益应不小于未许可时的收益,也就是 $\Pi_1^{R(L)} \geq \pi_1^{NL(L)}$。如果不满足,则不发生技术许可。计算可知,当 $\psi > 1$ 时,有 $\Pi_1^{R(L)} = \pi_1^{NL(L)}$。这说明,单位提成费用许可方式并没有有效地提高企业 1 的总利润。所以,可得如下引理。

引理 4.6 当企业 1 作为斯塔克伯格竞争的产量领导者时,在单位提成费用许可下,企业 1 的总利润在许可前后保持不变,所以其要根据具体情况来确定是否进行技术许可。

由引理 4.6 可知,在单位提成费用许可下,一方面,企业 1 通过技术许可获取一部分许可费用,这有利于增加其收益。但是,它同时又因技术许可而丧失了其产品质量优势,这又会导致其收益降低。在单位提成费用许可下,尽管企业 1 作为斯塔克伯格竞争的产量领导者,但是这两种效应恰好相抵,所以企

业1没有进行技术许可的动力。另一方面，虽然企业2因获得技术而提高了产品质量，这可以获得更多的利润。但是，由于单位提成率的存在增加了其产品生产的边际成本，这就使得原本就出于决策劣势地位的企业2更加没有市场竞争力，这显然不利于利润的增加。此时，技术许可对企业2利润的正负效应也恰好相互抵消。因此，在没有政府的干预下，企业1没有进行单位提成费用许可的动机。

现在，分析企业1作为斯塔克伯格竞争的产量追随者时的情形。当企业1是产量追随者，且拥有质量提高型创新技术进行固定费用许可时，由于企业1所收取的单位提成费用与企业2的产量无关，所以该单位提成费用对企业1的产量决策无影响。那么，将 $s_1 = s_2 = \psi$ 和 $c_1 = c_2 = 0$ 代入（4-21）式及（4-22）式，可以得到在固定费用许可发生条件下，两家企业的市场均衡价格和均衡产量分别为（上标"R"表示固定费用许可的情况，"(L)"和"(F)"分别表示领导者和追随者）

$$q_1^{R(F)} = \frac{\psi + 2r}{4\psi}, q_2^{R(L)} = \frac{\psi - 2r}{2\psi}, p^{R(FL)} = \frac{\psi + 2r}{4} \qquad (4-44)$$

相应的均衡利润为

$$\pi_1^{R(F)} = \frac{(\psi + 2r)^2}{16\psi}, \pi_2^{R(L)} = \frac{(\psi - 2r)^2}{8\psi} \qquad (4-45)$$

由此可知，企业1的总利润为

$$\Pi_1^{R(F)} = \frac{(\psi + 2r)^2}{16\psi} + r\frac{\psi - 2r}{2\psi} \qquad (4-46)$$

由于企业1不会因使用创新技术而垄断产品市场，换句话说，企业2不会因企业1采用创新技术而退出市场，即 $q_2^{R(L)} \geq 0$。那么，企业1在单位提成费用中所设置的单位提成率需满足 $0 < r < \frac{\psi}{2}$。同时，企业2接受许可后的利润应不小于其在许可前的利润，即 $\pi_2^{R(L)} \geq \pi_2^{NL(L)}$。求解可知，有 $0 < r \leq \frac{\psi(\sqrt{2\psi - 1} - 1)}{2\sqrt{2\psi - 1}}$。

在第二阶段，企业1需要确定最优提成率 r 以最大化其总收益。易验证，企业 1 的利润函数 $\Pi_1^{R(F)}$ 在 $r \in [0, \dfrac{\psi(\sqrt{2\psi-1}-1)}{2\sqrt{2\psi-1}}]$ 内是关于 r 的递增函数。因此，企业 1 会选择最优提成率 $r^* = \dfrac{\psi(\sqrt{2\psi-1}-1)}{2\sqrt{2\psi-1}}$ 来实现其最大利润。此时，两家企业的利润分别为

$$\Pi_1^{R(F)} = \frac{\psi(8\psi-7)}{16(2\psi-1)}, \pi_2^{R(L)} = \pi_2^{NL(L)} = \frac{\psi}{8(2\psi-1)} \qquad (4-47)$$

相应的社会福利为

$$W^{R(FL)} = \int_{\frac{p^{R(FL)}}{\psi}}^{1} (\theta\psi - p^{R(FL)}) d\theta + \Pi_1^{R(F)} + \pi_2^{NL(L)} = \frac{\psi}{2} \qquad (4-48)$$

现在，回到博弈的第一阶段，来分析企业 1 是否有动机进行技术许可。注意到，企业 1 愿意进行单位提成费用许可条件是其在许可后的总收益应不小于未许可时的收益，也就是 $\Pi_1^{R(F)} \geq \pi_1^{NL(F)}$。如果不满足，则不发生技术许可。计算可知，当 $\psi>1$ 时，有 $\Pi_1^{R(F)} > \pi_1^{NL(F)}$。这说明，单位提成费用许可方式可以提高企业 1 的总利润。所以，可得如下引理。

引理 4.7 当企业 1 作为斯塔克伯格竞争的产量追随者时，在单位提成费用许可下，企业 1 总会进行技术许可。

由引理 4.7 可知，尽管进行技术许可会使企业 1 丧失原有的产品质量优势，导致其自身利润降低。但是，对于在技术许可前就拥有产量优势的企业 2 而言，在技术许可后，其产品质量被提升到企业 1 的产品质量水平，这使的企业 2 的市场竞争力增加，从而其产量优势进一步明显。在单位提成费用许可下，这会给企业 1 带来高额的许可收入，从而足以弥补其因产品质量优势丧失而导致的利润损失。所以，企业 1 总会进行技术许可。

由引理 4.6 和引理 4.7 可知，有如下命题。

命题 4.3 在斯塔克伯格双寡头市场中，当拥有质量提高型创新技术的在位企业是市场领导者时，它是否进行单位提成费用许可均可。当拥有质量提高型创新技术的在位企业是追随者时，它一定会进行单位提成费用许可。

<<< 第四章 考虑多种产品供需结构企业质量提高型创新技术许可策略分析

4. 两部制费用许可

在两部制费用许可方式下，企业 1 在收取一笔固定费用 F 后再通过设置单位提成率 r 后而将其创新技术许可给企业 2。因此，F 和 r 就分别变成了企业 2 的固定成本和单位生产成本。在技术许可发生后，企业 2 的产品质量被提高到 ψ，而其产品的单位生产成本也随之变成为 r，即 $c_2 = r$。此时，两家企业的利润函数分别为

$$\begin{cases} \Pi_1^{FR} = \pi_1^{FR} + rq_2 + F = \psi(1 - q_1 - q_2)q_1 + rq_2 + F \\ \Pi_2^{FR} = \pi_2^{FR} - F = \psi(1 - q_1 - q_2)q_2 - rq_2 - F \end{cases} \quad (4-49)$$

首先，分析企业 1 作为斯塔克伯格竞争的产量领导者时的情形。对于 (4-49) 式求解可知，在两部制费用许可发生条件下，两家企业的市场均衡价格和均衡产量分别为（上标"FR"表示固定费用许可的情况，"(L)"和"(F)"分别表示领导者和追随者）

$$q_1^{FR(L)} = \frac{1}{2}, q_2^{FR(F)} = \frac{\psi - 2r}{4\psi}, p^{FR(LF)} = \frac{\psi + 2r}{4} \quad (4-50)$$

相应的均衡利润为

$$\pi_1^{FR(L)} = \frac{(\psi + 2r)}{8}, \pi_2^{FR(F)} = \frac{(\psi - 2r)^2}{16\psi} \quad (4-51)$$

由于企业 1 不会因使用创新技术而垄断产品市场，换句话说，企业 2 不会因企业 1 采用创新技术而退出市场，即 $q_2^{FR(F)} \geq 0$。那么，企业 1 在单位提成费用中所设置的单位提成率需满足 $0 < r \leq \frac{\psi}{2}$。另外，企业 1 会把固定费用设置的足够高以尽可能多地榨取企业 2 因使用新技术而获得利润增加。但是，这还需要保证企业 2 接受许可后的利润应不小于其在许可前的利润。从上式中可以看出，企业 1 可以收取的最高固定费用为"被许可方企业 2 接受许可后的所有市场利润增加"，也就是 $F = \pi_2^{FR(F)} - \pi_2^{NL(F)}$。为保证企业 1 所收取的固定费用是非负的，可知单位提成率还需满足 $0 \leq r \leq \frac{\psi - \sqrt{\psi}}{2}$。由此可知，企业 1 的总利润为

$$\Pi_1^{FR(L)} = \pi_1^{FR(L)} + rq_2^{FR(F)} + F = \frac{(\psi + 2r)}{8} + r\frac{\psi - 2r}{4\psi} + \frac{(\psi - 2r)^2}{16\psi} - \frac{1}{16}$$
$$(4-52)$$

93

在两部制费用许可方式下，企业 1 通过设置一个最优的单位提成率 r 来使其利润最大化。易验证，企业 1 的总利润在 $0 \leqslant r \leqslant \frac{\psi - \sqrt{\psi}}{2}$ 内随着单位提成率 r 的增加而增加。那么，企业 1 所能设置的最大单位提成率应为 $r^* = \frac{\psi - \sqrt{\psi}}{2} < \frac{\psi}{2}$。此时，固定费用为 $F = 0$。这表明，两部制费用许可退化成了单位提成费用许可。那么，两家企业的利润分别为

$$\Pi_1^{R(L)} = \frac{2\psi - 1}{8}, \pi_2^{R(F)} = \pi_2^{NL(F)} = \frac{1}{16} \quad (4-53)$$

相应的社会福利为

$$W^{R(LF)} = \int_{\frac{\psi-1}{\psi}}^{1} (\theta\psi - p^{FR(LF)}) d\theta + \Pi_1^{FR(L)} + \pi_2^{NL(F)} = \frac{12\psi + 4\sqrt{\psi} - 1}{32}$$

$$(4-54)$$

此时，企业 1 在两部制费用许可下的总利润和许可前的总利润相同，由引理 4.6 可知，企业 1 是否进行技术许可均可。

现在，分析企业 1 作为斯塔克伯格竞争的产量追随者时的情形。对于 (4 - 49) 式求解可知，在两部制费用许可发生条件下，两家企业的市场均衡价格和均衡产量分别为（上标"FR"表示两部制费用许可的情况，"(L)"和"(F)"分别表示领导者和追随者）

$$q_1^{FR(F)} = \frac{\psi + 2r}{4\psi}, q_2^{FR(L)} = \frac{\psi - 2r}{2\psi}, p^{FR(FL)} = \frac{\psi + 2r}{4} \quad (4-55)$$

相应的均衡利润为

$$\pi_1^{R(F)} = \frac{(\psi + 2r)^2}{16\psi}, \pi_2^{R(L)} = \frac{(\psi - 2r)^2}{8\psi} \quad (4-56)$$

由于企业 1 不会因使用创新技术而垄断产品市场，换句话说，企业 2 不会因企业 1 采用创新技术而退出市场，即 $q_2^{FR(L)} \geqslant 0$。那么，企业 1 在单位提成费用中所设置的单位提成率需满足 $0 < r \leqslant \frac{\psi}{2}$。另外，企业 1 会把固定费用设置的足够高以尽可能地榨取企业 2 因获得技术而获得利润增加。但是，这还需要保证

企业2接受许可后的利润应不小于其在许可前的利润。从上式中可以看出,企业1可以收取的最高固定费用为"被许可方企业2接受许可后的所有市场利润增加",也就是 $F = \pi_2^{FR(L)} - \pi_2^{NL(L)}$。为保证企业1所收取的固定费用是非负的,可知单位提成率还需满足 $0 \leq r \leq \dfrac{\psi(\sqrt{2\psi-1}-1)}{2\sqrt{2\psi-1}}$。由此可知,企业1的总利润为

$$\Pi_1^{FR(F)} = \pi_1^{FR(F)} + rq_2^{FR(L)} + F = \frac{(\psi+2r)^2}{16\Psi} + r\frac{\psi-2r}{2\psi} + \frac{\psi(\psi-1)}{4(2\psi-1)} \tag{4-57}$$

在两部制费用许可方式下,企业1通过设置一个最优的单位提成率 r 来使其利润最大化。易验证,企业1的总利润在 $0 \leq r \leq \dfrac{\psi(\sqrt{2\psi-1}-1)}{2\sqrt{2\psi-1}}$ 内随着单位提成率 r 的增加而增加。可知,企业1所能设置的最大提成率应为 $r^* = \dfrac{\psi(\sqrt{2\psi-1}-1)}{2\sqrt{2\psi-1}} < \dfrac{\psi}{2}$。此时,固定费用为 $F = 0$。这表明,两部制费用许可退化成了单位提成费用许可。那么,此时,两家企业的利润分别为

$$\Pi_1^{FR(F)} = \frac{\psi(8\psi-7)}{16(2\psi-1)}, \pi_2^{FR(L)} = \pi_2^{NL(L)} = \frac{\psi}{8(2\psi-1)} \tag{4-58}$$

相应的社会福利为

$$W^{FR(FL)} = \int_{\frac{p^{FR(FL)}}{\psi}}^{1}(\theta\psi - p^{FR(FL)})d\theta + \Pi_1^{FR(F)} + \pi_2^{NL(L)} = \frac{\psi}{2} \tag{4-59}$$

此时,企业1在两部制费用许可下的总利润和许可前的总利润相同,由引理4.7可知,企业1总会进行技术许可。

综上所述,可得如下命题。

命题4.4 在斯塔克伯格双寡头市场中,当拥有质量提高型创新技术的在位企业在市场中不论是产量领导者还是产量追随者,在两部制费用许可下,它进行技术许可时只会收取单位提成费用。另外,当它是产量追随者时,其进行技术许可的动机更强。

现在，分析企业1作为市场产量领导者或者产量追随者时的最佳技术许可方式。首先，比较企业1作为市场产量领导者时的相关企业利润和社会福利可知，有如下引理。

引理4.8 当 $\psi \geq 1$ 时，有 $\Pi_1^{R(L)} = \pi_1^{NL(L)} > \Pi_1^{F(L)}$ 和 $W^{F(LF)} > W^{R(LF)} > W^{NL}$。

证明：略。

接下来，比较比较企业1作为市场产量追随者时的相关企业利润和社会福利可知，有如下引理。

引理4.9 当 $\psi \geq 1$ 时，有 $\Pi_1^{R(F)} > \pi_1^{NL(F)} > \Pi_1^{F(F)}$。当 $1 \leq \psi \leq \frac{5}{4}$ 时，有 $W^{F(FL)} = W^{R(FL)} > W^{NL}$；当 $\psi \geq \frac{5}{4}$ 时，有 $W^{F(FL)} = W^{R(FL)} < W^{NL}$。

证明：略。

由引理4.8和引理4.9可知，不论当企业1作为市场产量领导者还是产量追随者，使用单位提成费用许可能够使其获得较高的利润。但是从全社会的角度来看，当企业1是产量领导者时，使用固定费用许可或单位提成费用许可均能够获得较高的社会福利。但是，当企业1是产量追随者时，只有当其新技术创新规模较小时，使用固定费用许可或单位提成费用许可才能够获得较高的社会福利。

综上所述，可得如下命题。

命题4.5 在斯塔克伯格双寡头市场中，当拥有质量提高型创新技术的在位企业在市场中不论是领导者还是追随者，它以单位提成费用的方式进行技术许可最优。但是，这种技术许可方式并不利于实现社会福利最大化。

（三）伯川德双寡头市场质量提高型创新技术许可

由于产量改变需要调整时间，因此将产量作为决策变量受到一些经济学者的批判，因而将价格作为决策变量的伯川德模型应运而生。在传统的伯川德价格竞争模型中，价格是企业的唯一竞争手段，消费者通过感知价格来决定购买哪个企业的产品。但是，在同质产品市场，价格竞争的均衡结果是价格接近于

第四章 考虑多种产品供需结构企业质量提高型创新技术许可策略分析

边际成本,也就是接近于完全竞争的均衡结果,这会导致伯川德悖论的出现。所以,在应用伯川德模型时,通常会引入其他变量来防止伯川德悖论的出现。在本小节中,通过引入差异化产品来建立两家产品生产企业的伯川德竞争模型,并以此来分析创新企业对于质量提高型创新技术的最优许可策略。

1. 模型基本假设及未许可情况

考虑一个异质产品的双寡头竞争市场,企业 1 和企业 2 通过生产不同质量的产品而进行伯川德价格竞争。在此,假设企业 1 的产品质量要高于企业 2,且两者的初始产品质量水平分别为 1 和 $(1-\varepsilon)$。其中,ε 表示两家企业产品质量差异程度。现进一步假设企业 1 通过研发创新而拥有了某项工艺专利,可以在单位生产成本不变的情况下将其产品质量由 1 提高到 ψ(>1)。而此时,在许可前,企业 2 仍使用旧技术,其产品质量仍为 $(1-\varepsilon)$。为方便分析,假设两家企业的单位生产成本均为零。

另外,还进一步假设,只要有利可图,在研发创新成功后就有可能发生技术许可,并且两家企业都会参与到技术许可协议当中。根据协议,企业 1 通过提供一个许可合同而将其质量提高技术转移给企业 2。这个许可合同以"要么接受要么放弃"为基础,可以仅包括固定费用,或者仅包括单位提成费用,或者包括两者的组合。然后,通过考虑在该许可合同下是否可以提高自身利润,企业 2 决定是否接受该许可合同。在此,给出一个常规假设,即如果企业 2 在接受许可合同时的自身利润和拒绝许可合同时的相同,那么它仍然选择接受合同。此外,为了排除两家公司进行串谋的可能性,假设许可合同中可能涉及的固定费用以及单位提成率都是非负的

基于以上假设,两家企业的三阶段许可博弈模型如下:第一阶段,企业 1 确定其许可决策,包括是否进行技术许可以及相应的许可策略。若进行技术许可,在第二阶段,企业 2 决定是否接受许可。若许可发生,企业 1、2 均生产高质量产品;若许可未发生,只有企业 1 生产高质量产品,而企业 2 生产低质量产品。第三阶段,两家企业在产品市场上进行价格竞争。此时,企业 1 为内部许可方,其总收益为市场竞争利润与来自企业 2 的许可收益之和。

首先讨论异质伯川德双寡头垄断的一般市场均衡。假设企业 i（$i=1, 2$）的产品质量水平、单位生产成本和价格分别为 s_i、c_i 和 p_i，且 $s_1 > s_2$。与此同时，假设消费者效用函数为

$$U = \begin{cases} \theta s - p & \text{购买质量为 } s \text{ 的产品} \\ 0 & \text{不购买} \end{cases} \quad (4-60)$$

其中，U 为消费者效用；p 为产品价格；θ 为消费者偏好，且在区间 [0, 1] 上服从均匀分布。不失一般性，在此假定消费总量为 1。由消费者效用函数可得消费者的边际偏好为 $\theta = \dfrac{p_1 - p_2}{s_1 - s_2}$。那么，企业 1 和企业 2 的需求函数分别为

$$q_1(p_1, p_2) = 1 - \frac{p_1 - p_2}{s_1 - s_2}, \quad q_2(p_1, p_2) = \frac{p_1 - p_2}{s_1 - s_2} - \frac{p_2}{s_2} \quad (4-61)$$

相应的利润函数为

$$\pi_1 = (p_1 - c_1)q_1 = (p_1 - c_1)\left(1 - \frac{p_1 - p_2}{s_1 - s_2}\right)$$

$$\pi_2 = (p_2 - c_2)q_2 = (p_2 - c_2)\left(\frac{p_1 - p_2}{s_1 - s_2} - \frac{p_2}{s_2}\right) \quad (4-62)$$

在伯川德竞争中，两家企业在市场上通过同时设定各自的产品价格来实现其利润的最大化。那么，求解可知，企业 1 和企业 2 的均衡价格和产量分别为

$$p_1 = \frac{2s_1(s_1 - s_2) + s_1(2c_1 + c_2)}{4s_1 - s_2}, \quad q_1 = \frac{2s_1(s_1 - s_2) - (2s_1 - s_2)c_1 + s_1 c_2}{(4s_1 - s_2)(s_1 - s_2)}$$

$$p_2 = \frac{s_2(s_1 - s_2) + s_2 c_1 + 2s_1 c_2}{4s_1 - s_2}, \quad q_2 = \frac{s_1[s_2(s_1 - s_2) + s_2(c_1 + c_2) - 2s_1 c_2]}{s_2(4s_1 - s_2)(s_1 - s_2)}$$

$$(4-63)$$

相应的均衡利润函数分别为

$$\pi_1 = \frac{1}{(s_1 - s_2)} \left(\frac{2s_1(s_1 - s_2) - (2s_1 - s_2)c_1 + s_1 c_2}{4s_1 - s_2}\right)^2$$

$$\pi_2 = \frac{s_1}{s_2(s_1 - s_2)} \left(\frac{s_2(s_1 - s_2) + s_2(c_1 + c_2) - 2s_1 c_2}{(4s_1 - s_2)}\right)^2 \quad (4-64)$$

可以看出，当 q_1，$q_2 > 0$ 且生产成本不变时，两家企业的利润函数分别是各

自自身产品质量水平的增函数,是对方产品质量水平的减函数。所以,追求利润最大化的创新型企业都有提高其产品质量水平的动机。

当未发生技术许可时,两家企业的质量水平分别为 ψ 和 $(1-\varepsilon)$,因此,将 $s_1=\psi$, $s_2=1-\varepsilon$, $c_1=c_2=0$ 代入(4-58)式中可知,两家企业在许可前的伯川德均衡价格和均衡产量为

$$p_1^{NL} = \frac{2\psi(\psi-1+\varepsilon)}{4\psi-1+\varepsilon}, q_1^{NL} = \frac{2\psi}{4\psi-1+\varepsilon}$$
$$p_2^{NL} = \frac{(\psi-1+\varepsilon)(1-\varepsilon)}{4\psi-1+\varepsilon}, q_2^{NL} = \frac{\psi}{4\psi-1+\varepsilon} \quad (4-65)$$

代入可知,许可前两家企业的均衡利润分别为

$$\pi_1^{NL} = \frac{4\psi^2(\psi-1+\varepsilon)}{(4\psi-1+\varepsilon)^2}, \pi_2^{NL} = \frac{\psi(1-\varepsilon)(\psi-1+\varepsilon)}{(4\psi-1+\varepsilon)^2} \quad (4-66)$$

如果没有发生技术许可,那么企业1的总收益是指其在产品市场上的均衡利润;如果发生技术许可,即企业1将工艺创新技术许可给企业2,那么企业2也将采用新技术进行生产,在同等条件下可将产品质量水平提高到 $\psi-\varepsilon$。企业1技术许可决策的依据是其总收益(自身均衡利润与许可费用之和)最大化。所以,接下来将分别讨论三种可能的技术许可形式,即固定费用许可、单位提成费用许可和两部制费用许可。

2. 固定费用许可

在固定费用许可方式下,企业1通过一次性收取固定费用 F 后而将其创新技术许可给企业2。在技术许可发生后,企业2的产品质量被提高到 $(\psi-\varepsilon)$,而其产品的单位生产成本却保持不变。所以,将 $s_1=\psi$, $s_2=\psi-\varepsilon$, $c_1=c_2=0$ 代入(4-63)式中,可以得到在固定费用许可发生条件下,两家企业的市场均衡价格和均衡产量分别为(上标"F"代表固定费用许可)

$$p_1^F = \frac{2\psi\varepsilon}{3\psi+\varepsilon}, p_2^F = \frac{\varepsilon(\psi-\varepsilon)}{3\psi+\varepsilon}, q_1^F = \frac{2\psi}{3\psi+\varepsilon}, q_2^F = \frac{\psi}{3\psi+\varepsilon} \quad (4-67)$$

那么,两家企业的自身均衡利润为

$$\pi_1^F = \frac{4\psi^2\varepsilon}{(3\psi+\varepsilon)^2}, \pi_2^F = \frac{\psi\varepsilon(\psi-\varepsilon)}{(3\psi+\varepsilon)^2} \quad (4-68)$$

在固定费用许可下，企业 1 会把固定费用设置的足够高以尽可能地榨取企业 2 因使用新技术而获得利润增加。从上式中可以看出，企业 1 可以收取的最高固定费用为"被许可方企业 2 接受许可后的所有市场利润增加"，也就是 $F = \pi_2^F - \pi_2^{NL}$。那么，企业 1 的总收益为 $\Pi_1^F = \pi_1^F + F$。现在，回到博弈的第一阶段，来分析企业 1 是否有动机进行技术许可。注意到，企业 1 愿意进行固定费用许可条件是其在许可后的总收益应不小于未许可时的收益，也就是 $\Pi_1^F \geqslant \pi_1^{NL}$。如果不满足，则不发生技术许可。计算可知，当 $\psi > 1$ 时，有 $\Pi_1^F < \pi_1^{NL}$。这说明，与许可前的情况相比，企业 1 在以固定费用方式来进行技术许可后其总利润有所下降，那么，追求利润最大化的企业 1 不会采用固定费用许可。所以，可得如下定理。

定理4.3　不论两家企业的产品质量差异程度如何，质量提高技术拥有企业都不会采用固定费用方式来进行技术许可。

定理 4.3 表明，在技术许可发生后，企业 2 的产品质量提高，市场竞争力明显提升，这使得企业 1 在市场上不再具有明显的质量优势和价格优势，因而会影响其正常利润的获得。尽管进行技术许可让企业 1 获得一部分许可费用，但是，这部分许可费用并不足以弥补因竞争加剧而导致的利润降低。所以，以固定费用的方式进行技术许可会降低许可方的总利润，创新技术拥有企业不会选择此方式进行许可。

在两家企业生产不同质量产品的情况下，李长英和宋娟（2006）得到，当产品质量差异程度较小时，企业愿意以固定费用的方式进行技术许可[118]。但是，本小节的结论却表明，拥有质量提高型创新技术的企业不会选择固定费用方式进行技术许可。产生这种差异一个可能原因是，两家企业进行市场竞争的模式不同。前者是在古诺市场竞争结构中讨论质量提高型创新技术许可，而本小节则是在伯川德市场竞争结构中讨论质量提高型创新技术许可。

3. 单位提成许可

在单位提成费用许可方式下，企业 1 通过设置单位提成率 r 而收取单位提成费用后将其创新技术许可给企业 2。在技术许可发生后，企业 2 的产品质量被提

高到 $(\psi-\varepsilon)$，而其产品的单位生产成本也随之变成为 r，即 $c_2 = r$。所以，将 $s_1 = \psi$, $s_2 = \psi - \varepsilon$, $c_1 = 0$, $c_2 = r$ 代入（4-63）式中，可以得到在单位提成费用许可发生条件下，两家企业的市场均衡价格和均衡产量分别为（上标"R"代表单位提成费用许可）

$$p_1^R = \frac{2\psi\varepsilon + \psi r}{3\psi + \varepsilon}, q_1^R = \frac{2\psi\varepsilon + \psi r}{\varepsilon(3\psi + \varepsilon)}$$

$$p_2^R = \frac{\varepsilon(\psi - \varepsilon) + 2\psi r}{3\psi + \varepsilon}, q_2^R = \frac{\psi(\varepsilon(\psi - \varepsilon) - (\psi + \varepsilon)r)}{\varepsilon(\psi - \varepsilon)(3\psi + \varepsilon)}$$

(4-69)

那么，两家企业的自身均衡利润为

$$\pi_1^R = \frac{\psi^2}{\varepsilon}\left(\frac{2\varepsilon + r}{3\psi + \varepsilon}\right)^2, \pi_2^R = \frac{\psi}{\varepsilon(\psi - \varepsilon)}\left(\frac{\varepsilon(\psi - \varepsilon) - (\psi + \varepsilon)r}{3\psi + \varepsilon}\right)^2 \quad (4-70)$$

此时，企业 1 的总收益为

$$\Pi_1^R = \pi_1^R + r \cdot q_2^R = \frac{\psi^2}{\varepsilon}\left(\frac{2\varepsilon + r}{3\psi + \varepsilon}\right)^2 + r \cdot \frac{\psi(\varepsilon(\psi - \varepsilon) - (\psi + \varepsilon)r)}{\varepsilon(\psi - \varepsilon)(3\psi + \varepsilon)}$$

(4-71)

在单位提成费用许可方式下，企业 1 通过设置一个最优的单位提成率 r 来使其利润最大化。由一阶导数可知，最优提成率的内部解为

$$r^i = \frac{\varepsilon(\psi - \varepsilon)(7\psi + \varepsilon)}{2(2\psi^2 + 5\psi\varepsilon + \varepsilon^2)} \quad (4-72)$$

另外，考虑到企业 2 在接受技术许可后的利润应不小于其在许可发生前的利润，即应该满足约束条件 $\pi_2^R \geq \pi_2^{NL}$。求解 $\pi_2^R = \pi_2^{NL}$ 可知，最优提成率的角解为

$$r^c = \frac{\varepsilon(\psi - \varepsilon)(4\psi - 1 + \varepsilon) - (3\psi + \varepsilon)\sqrt{\varepsilon(\psi - \varepsilon)(1 - \varepsilon)(\psi - 1 + \varepsilon)}}{(\psi + \varepsilon)(4\psi - 1 + \varepsilon)}$$

(4-73)

由于企业 1 的总收益函数 Π_1^R 在 $r \leq r^c$ 范围内是单调递增的，因此最优提成率应为 $r^* = \min\{r^i, r^c\}$。所以，有如下结果。

(1) 当 $r^i > r^c$ 时，有 $r^* = r^c$。将其代入企业 1 的总收益函数中应有

$$\Pi_1^r = \frac{\psi^2((4\psi-1+\varepsilon)^2+(\psi-\varepsilon)(1-\varepsilon)(3\psi+\varepsilon)(\psi-1+\varepsilon))}{(\psi-\varepsilon)(3\psi+\varepsilon)(\psi+\varepsilon)^2(4\psi-1+\varepsilon)^2}$$

$$-\frac{\psi(1-\varepsilon)(\psi-1+\varepsilon)(3\psi+\varepsilon)}{(\psi-\varepsilon)(\psi+\varepsilon)(4\psi-1+\varepsilon)^2}$$

$$+\frac{2\varepsilon(\psi-2)\sqrt{\varepsilon(\psi-\varepsilon)(1-\varepsilon)(\psi-1+\varepsilon)}}{(\psi-\varepsilon)(\psi+\varepsilon)^2(4\psi-1+\varepsilon)} \tag{4-74}$$

现在，回到博弈的第一阶段，来分析企业 1 是否有动机进行技术许可。注意到，企业 1 愿意进行单位提成费用许可的条件是其在许可后的总收益应不小于未许可时的收益，也就是 $\Pi_1^R \geq \pi_1^{NL}$。如果不满足，则不发生技术许可。计算可知，当 $0 < \varepsilon < \frac{1}{17}$ 时，存在 $\psi_1 = \frac{8\varepsilon^2-9\varepsilon+1}{1-17\varepsilon}$，使得当 $1 < \psi \leq \psi_1$ 时，有 $\Pi_1^R \geq \pi_1^{NL}$；当 $\frac{1}{17} \leq \varepsilon < 1$ 时，对任意的 $\psi > 1$，均有 $\Pi_1^R \geq \pi_1^{NL}$。

总结上述讨论，可得如下定理。

定理 4.4 在给定假设 $\psi > 1$ 的条件下，当两家企业的产品质量存在较小差异时（即 $0 < \varepsilon < \frac{1}{17}$），如果创新技术的质量提高程度较低（即 $1 < \psi \leq \psi_1$），那么企业 1 会进行单位提成费用许可。而当两家企业的产品质量差异程度较大时（即 $\frac{1}{17} \leq \varepsilon < 1$），企业 1 总会进行单位提成费用许可，而这与创新技术的质量提高程度无关。

定理 4.4 说明，在单位提成费用许可下，如果技术许可发生后不会导致更加激烈的市场竞争，那么企业 1 就会进行技术许可。这样，企业 1 不仅可以得到一部分许可费用，而且还可以通过设置单位提成率来控制企业 2 的生产成本，也就是说，企业 1 采用单位提成费用许可能够将其质量优势转化为成本优势，从而弱化了两家企业之间的产品竞争。而这，恰恰有助于企业 1 获得更高的利润。因此，企业 1 愿意以单位提成费用的方式进行技术许可。

4. 两部制费用许可

在两部制费用许可方式下，企业 1 在收取一笔固定费用 F 后再通过设置单

位提成率 r 后而将其创新技术许可给企业 2。因此，F 和 r 就分别变成了企业 2 的固定成本和单位生产成本。在技术许可发生后，企业 2 的产品质量被提高到 $(\psi-\varepsilon)$，而其产品的单位生产成本也随之变成为 r，即 $c_2 = r$。所以，将 $s_1 = \psi$，$s_2 = \psi - \varepsilon$，$c_1 = 0$，$c_2 = r$ 代入（4-56）式中，可以得到在两部制费用许可发生条件下的市场均衡情况和在单位提成费用许可下的市场均衡情况相同。

此时，企业 1 能够收取的最大固定费用为 $F = \pi_2^{FR} - \pi_2^{NL}$（上标"$FR$"代表两部制费用许可）。那么，企业 1 的总收益为 $\Pi_1^{FR} = \pi_1^{FR} + rq_2^{FR} + F$。对其关于 r 求一阶导数，可知最优提成率为 $r^* = \dfrac{\varepsilon(\psi-\varepsilon)(5\psi-\varepsilon)}{2\psi(\psi+3\varepsilon)}$。但当 $r = r^*$ 时，有 $F < 0$。这说明，企业 2 的总收益在两部制许可后有所下降，所以其不会接受技术许可。那么，企业 1 这时会选择将固定费用设置为 $F = 0$。此时，两部制费用许可方式就与单位提成费用许可方式相同。

（四）本章小结

本章分别在不同的市场竞争结构下讨论了拥有质量提高型创新技术的外部许可方和在位企业如何进行技术许可的策略选择问题。首先，针对古诺双寡头竞争市场下的质量提高型创新技术的许可策略问题，其研究表明，外部创新者的最佳许可策略依赖于其质量提高型技术的创新规模。当创新规模较小时，两家企业均成为被许可方，且纯拍卖许可或两部制费用许可合同最优；而当创新规模较大时，纯拍卖排他性独占许可合同最优。另外，研究结果还表明，创新技术的最优许可策略不仅与技术创新规模有关，而且与产品市场的竞争程度、创新技术的本身作用以及消费者消费差异有关。具体来说，当两家企业进行古诺竞争时，如果外部创新者的创新技术的作用是提高产品质量，那么，在一定的创新规模内，两部制费用许可合同较优；但是，如果在相同的条件下，创新技术作用是降低产品生产成本，那么，无论创新规模的大小，固定费用许可一直最优。最后，从全社会的角度来看，对于创新规模较大的创新技术，追求利润最大化的外部创新者会将其许可给唯一的产品生产企业。但是，这不利于新技术扩散以及社会福利提高。

然后,针对斯塔克伯格竞争条件下的质量提高型创新技术的许可,其研究结果表明,不论两家企业的产品质量差异程度如何、在市场中处于何等地位,创新企业均不会采用固定费用进行技术许可。这与 Faulí – Oller 和 Sandonís (2003) 的研究有相似之处[119]。两者的研究结论都表明,如果创新技术不能够有效地提高被许可企业的市场竞争力,使得技术拥有企业所获得的许可费用不足以抵消其因质量优势丧失而导致的利润损失,那么技术拥有企业就不会采取固定费用许可来进行技术转让。考虑到创新企业的在市场竞争的地位,研究还发现,当创新企业是市场领导者时,它是否进行单位提成费用许可均可。而当创新企业是追随者时,它一定会进行单位提成费用许可。另外,在两部制费用许可方式下,创新企业的利润以及社会福利与在单位提成费用许可方式下相同,但社会福利却小于固定费用许可的情况。

最后,针对伯川德竞争条件下的质量提高型创新技术的许可问题,其研究结果表明,不论两家企业的产品质量差异程度如何,创新企业均不会选择固定费用许可,但会选择单位提成费用许可。另外,两部制费用许可方式会退化为单位提成费用许可方式。郭红珍和周鸣(2007)证明了在伯川德竞争条件下,创新企业不仅有可能选择固定费用许可方式,而且在一定条件下固定费用许可优于单位提成费用许可[120]。但是,本章则证明了创新企业不会选择固定费用许可方式。产生这种差异的一个可能原因是,本章所讨论的创新技术是提高产品质量,而前者所讨论的创新技术则是降低企业边际成本。在单位提成费用许可方式下,当产品存在较小差异(即两家企业的竞争强度较高)时,为了获取总收益最大化,创新企业通常会选择许可其创新程度较低的技术。当产品存在较大差异(即两家企业之间的竞争强度较低)时,那么,创新企业通常会向技术劣势企业进行技术许可。

第五章

考虑多种产品供需结构的企业质量提高型创新技术许可策略分析

质量提高型创新技术的许可决策往往会受到市场不同供需结构的影响。但是，以往大多数研究文献都是在单一的市场结构下考虑创新技术许可决策问题，并没有将商品上游供应关系这个关键因素考虑进去。另外，对于商品终端市场，往往都假设其是最简单的消费需求关系，并没有考虑不同终端市场需求结构对于技术许可决策的内在影响。基于此，本章从产品原材料上游供应商的角度出发，结合产品纵向一体化结构，首先对耐用品的质量提高型创新技术的许可决策问题展开研究，其重点是讨论上游原料垄断势力对耐用品创新技术的创新激励以及许可决策的主要影响。然后，再以终端市场需求结构为切入点，通过考虑线性需求结构和 Logit 需求结构两种不同的市场结构，来分析质量提高型技术的许可决策问题。

（一）上游原料垄断供应下的质量提高型创新技术许可

本小节从耐用品的角度来分析质量提高型创新技术许可策略问题。这其中，将产品纵向一体化的市场结构与耐用品的质量提高型创新技术许可相结合，重点是讨论上游原料垄断供应对耐用品的质量提高型创新技术许可策略的影响。所谓耐用品，是指能在多个时期内提供效用的产品，它同时具有资产和一般非耐用消费品特性。而产品纵向一体化的市场结构，是指与企业产品的用户或原料的供应单位联合或自行向这些经营领域扩展，也就是在企业在现有业务的基础上，向现有业务的上游或下游发展，形成供产、产销或供产销一体化，以扩大现有业务范围的企业经营行为。在本小节,则具体是指在生产工序上处于上下游关系的两个企业之间的合并等问题。

1. 模型基本假设

设想某下游产品市场有两阶段耐用品的独占垄断企业,其产品的质量水平记为 s,为方便分析且不失一般性,在这里假设 $s \geqslant 1$。垄断企业的产品原料供应企业构成了其上游市场的主体,各个企业参与非合作产量竞争,且企业数量为 n。在此假设消费者选择购买耐用品时,对质量水平为 s 的产品的效用函数为

$$U = \begin{cases} \theta s - p & 购买质量为 s 的产品 \\ 0 & 不购买 \end{cases} \quad (5-1)$$

其中,其中,U 为消费者效用;p 为产品价格;θ 为消费者偏好,且在区间 $[0,1]$ 上服从均匀分布。在此,规范化市场容量为 1,那么,每个阶段消费者的需求则为 $q = 1 - \frac{p}{s}$,对应的逆需求函数为 $p = s \cdot (1-q)$。另外,在此假定上游原料价格为 ω,垄断企业与成本相关的生产技术水平通过 1 单位产品所需要的原料单位数为 $\psi > 0$。那么,垄断企业的实际边际成本为 $\psi\omega$。同时,为保证各个阶段企业均有非负产量,在此假设 $\psi \cdot \omega \leqslant \frac{3s}{5}$。

耐用品拥有者可以直接将其产品进行租赁,也可以在市场价格高于产品对其拥有者的价值时,由第一阶段的产品拥有者在第二阶段进行再出售(或租赁)。因此可知,第一阶段的产品价格 p_1,同时与第一阶段租赁价格 $s \cdot (1-q_1)$,以及第二阶段再出售(或租赁)价格 p_2 相关。根据 Tirole(1988)的相关假设[61],在此令 $p_1 = s \cdot (1-q_1) + p_2$。

基于以上假设,垄断企业的两阶段耐用品动态博弈过程如下:在第一阶段,垄断企业的产量为 q_1,按价格 p_1 出售,实现其销售利润 π_1;在第二阶段,垄断企业的产量为 q_2。此时,第一阶段 q_1 产量构成第二阶段 q_2 产量的替代品,第二阶段产品按价格 p_2 出售,从而实现销售利润 π_2。所以,耐用品生产企业的一个目标就是在考虑消费者其现阶段购买产品将来价值的前提下,实现其两个阶段的总收益 π_{1+2} 的最大化。

2. 两阶段市场均衡分析

当产品质量水平为 s，边际成本为 $\psi\omega$ 的垄断企业，在给定第一阶段的产量 q_1 后，其在第二阶段的利润为

$$\pi_2 = (p_2 - \psi\omega) \cdot q_2 = (s(1 - q_1 - q_2) - \psi\omega) \cdot q_2 \quad (5-2)$$

垄断企业在第二阶段最大化其自身利润，求得其均衡产量和利润分别为

$$q_2 = \frac{s(1-q_1) - \psi\omega}{2s}, \pi_2 = \frac{(s(1-q_1) - \psi\omega)^2}{4s} \quad (5-3)$$

由此可知，该垄断企业在第二阶段的产品价格为 $p_2 = \frac{s(1-q_1) + \psi\omega}{2}$。那么，按照模型假设，其在第一阶段的产品价格应为 $p_1 = s(1-q_1) + p_2 = \frac{3s(1-q_1) + \psi\omega}{2}$。相应地，垄断企业在两个阶段自身的总利润应为

$$\pi_{1+2} = \left(\frac{3s(1-q_1) + \psi\omega}{2} - \psi\omega\right)q_1 + \frac{(s(1-q_1) - \psi\omega)^2}{4s} \quad (5-4)$$

同样地，垄断企业要在第一阶段实现其自身利润最大化。由 $\frac{\partial \pi_{1+2}}{\partial q_1} = 0$ 可知，其在第一阶段的均衡产量为 $q_1 = \frac{2}{5}$。将其代入到（5-3）式和（5-4）式中可知，垄断企业在两阶段的均衡产量、均衡价格和总利润分别为

$$q_1 = \frac{2}{5}, q_2 = \frac{3s - 5\psi\omega}{10s}, p_1 = \frac{9s + 5\psi\omega}{10}, p_2 = \frac{3s + 5\psi\omega}{10}$$
$$\pi_{1+2} = \frac{9s^2 - 10s\psi\omega + 5\psi^2\omega^2}{20s} \quad (5-5)$$

接下来，分析当上游原料供应企业数为 n，产品质量水平为 s 时，垄断企业在两个阶段均衡产量、均衡价格及总均衡利润。

根据（5-5）式，当产品质量水平为 s，边际生产成本为 $\psi\omega$ 时，达到市场均衡时垄断企业对于原料的总需求为

$$q^* = \psi(q_1 + q_2) = \frac{\psi(7s - 5\psi\omega)}{10s} \quad (5-6)$$

那么，相应的原材料价格为 $\omega = \dfrac{7s\psi - 10sq^*}{5\psi^2}$。为计算简便且不失一般性，假设上游企业的原材料单位成本为0。在上游的原材料供应市场中，第 i（=1，2，…，n）个企业通过调整其原材料供应量 q^i 以最大化其自身利润，即

$$\max_{q^i} \pi_i = \omega \cdot q^i = \dfrac{7s\psi - 10sq^*}{5\psi^2} \cdot q^i \tag{5-7}$$

其中，原材料总需求和单个企业的供应量满足 $q^* = \sum_{i=1}^{N} q^i$。计算可知，每个原料供应者的均衡供应量为 $q^i = \dfrac{7\psi}{10(n+1)}$。那么，总的原材料供应量为 $q^* = \dfrac{7n}{10(n+1)}\psi$，相应的原材料价格为 $\omega = \dfrac{7s}{5\psi(n+1)}$。

接下来，将分成两种情况来进行求解市场均衡。

（1）若 $\dfrac{7s}{n+1} \geq 3s$，即 $n=1$，上游企业独占垄断时，在约束条件 $\psi\omega \leq \dfrac{3}{5}s$ 下，由原材料供应企业的利润函数 π_i 在区间 $(0, \dfrac{3s}{5\psi})$ 上关于 ω 的单调性可知，对于上游原材料供应企业而言，最优原材料价格应为 $\omega^* = \dfrac{3s}{5\psi}$。依据（5-5）式，可知此时垄断企业在两个阶段均衡产量、均衡价格及总均衡利润分别为

$$q_1 = \dfrac{2}{5}, q_2 = 0, p_2 = \dfrac{3s}{5}, p_1 = \dfrac{6s}{5}, \pi_{1+2} = \dfrac{6s}{25} \tag{5-8}$$

（2）若 $\dfrac{7s}{n+1} < 3s$，即 $n \geq 2$，$\omega = \dfrac{7s}{5\psi(n+1)}$。此时在约束条件 $\psi\omega \leq \dfrac{3}{5}s$ 下，结合（5-5）式，可知此时垄断企业在两个阶段均衡产量、均衡价格及总均衡利润分别为

$$q_1 = \dfrac{2}{5}, q_2 = \dfrac{3(n+1)-7}{10(n+1)}, p_1 = \dfrac{9(n+1)+7}{10(n+1)}s, p_2 = \dfrac{3(n+1)+7}{10(n+1)}s$$

$$\pi_{1+2} = \dfrac{9(n+1)-14(n+1)+49}{20(n+1)^2}s$$

$$\tag{5-9}$$

由此可以证明,当上游原材料供应企业的数量恒定,也就是正整数 n 保持不变时,垄断企业在均衡状态下的总利润 π_{1+2} 与耐用品的质量水平 s 呈正相关状态,但与成本相关原料单位数 ψ 无关。所以,可得如下命题。

命题 5.1 当上游企业对于产品原材料存在垄断势力时,下游两阶段耐用品独占垄断厂商,在追求利润最大化的目标下仅对质量提高型技术有创新激励,而对成本降低型技术没有创新激励。

当前,绝大多数文献都指出追求利润最大化的企业具有成本降低型技术的创新激励,而 Li 和 Geng(2008)指出耐用品独占垄断企业同样可以具有成本降低型和质量提高型技术的两种创新激励[14]。但是,由命题 5.1 可知,在上游企业更接近不完全竞争时,下游耐用品独占垄断企业只拥有质量提高型而没有成本降低型技术的创新激励。这背后的经济学原因如下。企业降低成本的主要途径是对原材料减少单位需求量,而这必将使其对于上游原材料供应企业的产品需求量减少。根据经济需求原理可知,此时上游原材料价格必定上升,且其增长态势直至使下游耐用品生产企业的边际成本提高到原有值而停止。那么,在消费者对产品需求不变的情况下,企业所获得的利润保持不变。因此,下游耐用品独占垄断企业必然没有成本降低型技术的创新激励。但是,质量提高型技术创新却不会影响到下游企业的产品价格。与此同时,产品质量的提高可以在其价格不变的情况下增加已有消费者的需求量,而这必将增加企业的销售利润。所以,下游耐用品独占垄断企业对于质量提高型技术一定会有创新激励。

3. 外部创新者的最优许可策略

如前文所述,外部创新者是指处于产品市场竞争之外的技术创新者。具体到本小节,外部创新者则是指在上下游耐用品生产之外的独立研发机构,其某项创新技术能够使得下游耐用品生产企业在单位产品对上游原材料需求不变的情况下提高其产品质量。

关于外部创新者的技术许可方式,这里主要是指广义的两部制费用许可,也就是固定费用和单位提成费用的组合。在此,广义是指固定费用和单位提成费用两者中的一项可以为零。那么,固定费用许可和单位提成费用许可就可视为其特殊情况。在此，两部制费用许可表示为 (F,r)，其中，$F\geq 0$ 是指被许可方须一次性支付的固定费用，$r\geq 0$ 是每单位新产品所支付提成费用的提成率。假设外部创新者的质量提高型创新技术能使垄断企业的产品质量水平由 s 提高到 s'，且有 $s<s'$。为简化计算且不失一般性，在此假设垄断企业生产一单位的耐用品需要 1 单位的原材料，即 $\psi=1$。许可前垄断企业的边际成本为 ω。而在两部制费用许可发生后，其边际成本将变成 $(\omega+r)$。

对于外部质量提高型技术创新者与上游存在原材料垄断供应的企业之间的技术许可策略，所构建为三阶段博弈模型如下：第一阶段，外部创新者提出两部制费用许可策略，也就是固定费用和单位提成费用的组合。第二阶段，垄断企业对此许可策略进行反馈。在此，设垄断企业是风险中性的。另外，为了只关注于技术许可策略方面的分析，并从耐用品企业的策略性角度考虑，在此假设，只要应用新技术能够获得更高的利润（在支付技术许可费用之前），垄断企业就会接受技术许可，尽管在支付许可费后垄断企业的实际利润可能并没有增加。与此同时，上游原材料供应企业确定原材料的供应价格。第三阶段，在前两个阶段所确定的参数配置下，垄断企业应用新技术进行产品生产，并确定其产品的市场价格。整个博弈过程将通过反向归纳法进行求解。在此，首先分析在两部制费用许可发生后，垄断企业在其两阶段的均衡情况。

根据上一小节的两阶段的市场均衡分析可知，当能使质量水平提高为 s' 的创新技术按两部制费用 (F,r) 进行许可后，此时垄断企业的产品质量变为 s'，生产技术水平为 $\psi=1$，且边际成本满足 $\omega+r\leq\dfrac{3s'}{5}$。那么，根据（5-8）式和（5-9）式可知

(1) 当 $\dfrac{7s'+5rn}{n+1}<3s'$ 时，垄断企业在各阶段均衡产量、均衡价格及总均衡利润分别为（上标"L"表示两部制费用许可发生）

<<< 第五章 考虑多种产品供需结构的企业质量提高型创新技术许可策略分析

$$q_1^L = \frac{2}{5}, q_2^L = \frac{3s' - 5(\omega + r)}{10s'}, p_1^L = \frac{9s' + 5(\omega + r)}{10}$$

$$p_2^L = \frac{3s' + 5(\omega + r)}{10} \quad (5-10)$$

$$\pi_{1+2}^L = \frac{9s'^2 - 10s'(\omega + r) + 5(\omega + r)^2}{20s'}$$

那么，达到市场均衡时，对于上游的原材料的总需求为 $q^* = q_1^L + q_2^L = \frac{7s' - 5(\omega + r)}{10s'}$，相应地，原材料价格为 $\omega = \frac{7s' - 10s'q^*}{5} - r$。所以，在上游原材料供应市场中，第 i（$=1, 2, \cdots, n$）个企业将会通过调整 q^i 来最大化的其自身利润，即

$$\max_{q^i} \pi_i = \omega \cdot q^i = \left(\frac{7s' - 10s'q^*}{5} - r\right) \cdot q^i \quad (5-11)$$

其中，$\sum_{i=1}^{N} q^i = q^*$。求解可知，上游企业的均衡产量相同，且均为 $q^i = \frac{7s' - 5r}{10s'(n+1)}$。相应的原材料价格为 $\omega = \frac{7s' - 5r}{5(n+1)}$。从而，可知有 $5(\omega + r) = \frac{7s' + 5rn}{n+1}$。

（2）当 $\frac{7s' + 5rn}{n+1} > 3s'$ 时，有 $n = 1$。此时，垄断企业在各阶段均衡产量、均衡价格及总均衡利润分别为（上标 "L" 表示两部制费用许可发生）

$$q_1^L = \frac{2}{5}, q_2^L = 0, p_1^L = \frac{6s'}{5}, p_2^L = \frac{3s'}{5}, \pi_{1+2}^L = \frac{6s'}{25} \quad (5-12)$$

那么，达到市场均衡时，对于上游的原材料的总需求为 $q^* = q_1^L + q_2^L = \frac{2}{5}$，相应地，原材料价格为 $\omega = \frac{3s'}{5} - r$。

注意到，当上游原材料供应市场处于企业独占垄断，即 $n = 1$ 时，原材料供应企业和产品垄断企业构成双边垄断的市场结构。如果在进行技术许可时上游原材料供应企业的最低供应价格为 $\bar{\omega}$，且满足 $0 \leq \bar{\omega} \leq \frac{3s}{5}$。其中，$s$ 为 M 耐用品

111

的质量水平。而当上游原材料供应市场处于多家企业垄断竞争，即 $n \geq 2$ 时，原材料供应企业和产品垄断企业构成上游多家竞争—下游独占垄断的市场结构。那么，在这两种情况下，对于外部创新者的最优两部制费用许可，有如下定理。

定理5.1 如果追求利润最大化的外部创新者对于产品垄断企业就其质量提高型创新技术进行技术许可，那么，当 $n=1$ 时，其最优两部制费用许可方式为 $\left(\frac{6(s'-s)}{25}, \frac{3s'}{5} - \bar{\omega}\right)$。其中，$\bar{\omega}$ 为上游原材料独占垄断供应企业的最低供应价格；而当 $n \geq 2$ 时，外部创新者的两部制费用许可方式要取决于创新规模的大小。具体来说：

(1) 如果创新规模较小，当 $2 \leq n \leq 8$ 时，则最优两部制费用许可方式为 $(0, \bar{r})$；当 $n \geq 8$ 时，则最优两部制费用许可方式为 $(F(\bar{r}), \bar{r})$。

(2) 如果创新规模较大，则最优两部制费用许可方式为 $\left(F\left(\frac{3s'}{5}\right), \frac{3s'}{5}\right)$。其中，$F(\bar{r})$，$\bar{r}$ 和 $F\left(\frac{3s'}{5}\right)$ 分别满足如下等式：

$$F(\bar{r}) = \frac{9s'^2 - 2s'\frac{7s'+5\bar{r}n}{n+1} + \frac{(7s'+5\bar{r}n)^2}{5(n+1)^2}}{20s'} - \frac{9s - \frac{14s}{n+1} + \frac{49s}{5(n+1)^2}}{20}$$

$$\frac{9s'^2 - 2s'\frac{7s'+5\bar{r}n}{n+1} + \frac{(7s'+5\bar{r}n)^2}{5(n+1)^2}}{20s'} - \frac{9s - \frac{14s}{n+1} + \frac{49s}{5(n+1)^2}}{20} = 0$$

$$F\left(\frac{3s'}{5}\right) = \frac{6s'}{25} - \frac{9s - \frac{14s}{n+1} + \frac{49s}{5(n+1)^2}}{20}$$

证明：(1) 当 $n=1$ 时，依据根据 (5-8) 式可知，在进行技术许可前，下游垄断企业各阶段均衡产量、均衡价格以及均衡利润分别如下所示（上标"NL"表示两部制费用许可未发生）

$$q_1^{NL} = \frac{2}{5}, q_2^{NL} = 0, p_1^{NL} = \frac{6s}{5}, p_2^{NL} = \frac{3s}{5}, \pi_{1+2}^{NL} = \frac{6s}{25} \qquad (5-13)$$

外部创新者对于能使产品质量水平提高到 s' 的创新技术按两部制费用 (F,

<<< 第五章 考虑多种产品供需结构的企业质量提高型创新技术许可策略分析

r) 进行许可时，由（5-12）式可知，有 $\frac{7s'+5rn}{n+1}>3s'$ 成立。那么，达到市场均衡时，应该满足 $5(\omega+r)=3s'$。从而，单位提成率 r 应该满足 $0 \leqslant r \leqslant \frac{3s'}{5}-\omega$。

在技术许可后，垄断企业的各阶段均衡产量、均衡价格及均衡利润为

$$q_1^L = \frac{2}{5}, q_2^L = 0, p_1^L = \frac{6s'}{5}, p_2^L = \frac{3s'}{5}, \pi_{1+2}^L = \frac{6s'}{25} \qquad (5-14)$$

由此可知，外部创新者可收取的固定费用最大值为垄断企业在许可前后均衡利润增加值，即 $F^* = \frac{6(s'-s)}{25}$。而在 $0 \leqslant r \leqslant \frac{3s'}{5}-\omega$ 的约束条件下，最大单位提成率为 $r = \frac{3s'}{5}-\omega$。从而可知，最优两部制费用许可为 $\left(\frac{6(s'-s)}{25}, \frac{3s'}{5}-\omega\right)$。

（2）当 $n \geqslant 2$ 时，依据根据（5-9）式可知，在进行技术许可前，下游垄断企业各阶段均衡产量、均衡价格以及均衡利润分别如下所示（上标"NL"表示两部制费用许可未发生）

$$q_1^{NL} = \frac{2}{5}, q_2^{NL} = \frac{3(n+1)-7}{10(n+1)}, p_1^{NL} = \frac{9(n+1)+7}{10(n+1)}s, p_2^{NL} = \frac{3(n+1)+7}{10(n+1)}s$$

$$\pi_{1+2}^{NL} = \frac{9(n+1)-14(n+1)+49}{20(n+1)^2}s$$

$$(5-15)$$

外部创新者对于能使产品质量水平提高到 s' 的创新技术按两部制费用（F, r）进行许可时，由（5-10）式和（5-11）式可知，当 $\frac{7s'+5rn}{n+1}<3s'$ 时，即 $r \leqslant \frac{s'(3n-4)}{5n}$，垄断企业在各阶段均衡产量、均衡价格及总均衡利润分别为（上标"L"表示两部制费用许可发生）

$$q_1^L = \frac{2}{5}, q_2^L = \frac{3s' - \frac{7s'+5rn}{n+1}}{10s'}, p_1^L = \frac{9s' + \frac{7s'+5rn}{n+1}}{10}, p_2^L = \frac{3s' + \frac{7s'+5rn}{n+1}}{10}$$

$$\pi_{1+2}^L = \frac{9s'^2 - 10s'\frac{7s'+5rn}{n+1} + 5\frac{(7s'+5rn)^2}{(n+1)^2}}{20s'}$$

$$(5-16)$$

当$\frac{7s'+5rn}{n+1}>3s'$时,即$\frac{s'(3n-4)}{5n}<r\leq\frac{3s'}{5}$,有$n=1$。此时,垄断企业在各阶段均衡产量、均衡价格及总均衡利润分别为(上标"L"表示两部制费用许可发生)

$$q_1^L=\frac{2}{5}, q_2^L=0, p_1^L=\frac{6s'}{5}, p_2^L=\frac{3s'}{5}, \pi_{1+2}^L=\frac{6s'}{25} \quad (5-17)$$

由于被许可方接受许可后的利润应不低于其在许可前的利润,所以单位提成率r需要满足一定的限制条件。那么,关于单位提成率r范围,需要分两种情况进行比较

首先,当$\frac{s'(3n-4)}{5n}<r\leq\frac{3s'}{5}$时,需要比较$\pi_{1+2}^{NL}=\frac{9(n+1)-14(n+1)+49}{20(n+1)^2}s$

和$\pi_{1+2}^L=\frac{6s'}{25}$。如果满足$\pi_{1+2}^L\geq\pi_{1+2}^{NL}$,可知此时技术创新规模较大,即许可后原材料上游供应企业处于一家独占垄断的状态。那么,单位提成率需满足$\frac{s'(3n-4)}{5n}<r\leq\frac{3s'}{5}$。

其次,当$0\leq r\leq\frac{s'(3n-4)}{5n}$时,需要比较$\pi_{1+2}^{NL}=\frac{9(n+1)-14(n+1)+49}{20(n+1)^2}s$

和$\pi_{1+2}^L=\frac{9s'^2-10s'\frac{7s'+5rn}{n+1}+5\frac{(7s'+5rn)^2}{(n+1)^2}}{20s'}$。如果满足$\pi_{1+2}^L\geq\pi_{1+2}^{NL}$,可知此时技术创新规模较小,即许可后原材料上游供应企业处于多家垄断竞争的状态。可以证明,存在某一数值$\bar{r}\leq\frac{(3n-4)s'}{5n}$,使得

$$\frac{9s'^2-2s'\frac{7s'+5\bar{r}n}{n+1}+\frac{(7s'+5\bar{r}n)^2}{5(n+1)^2}}{20s'}=\frac{9s-\frac{14s}{n+1}+\frac{49s}{5(n+1)^2}}{20} \quad (5-18)$$

此时,单位提成率满足$0\leq r\leq\bar{r}$。

那么,首先,对于创新规模较大的情形。当$\frac{(3n-4)s'}{5n}<r\leq\frac{3s'}{5}$时,最优单

114

位提成率为 $r^* = \dfrac{3s'}{5}$。相应的最大固定费用 $F\left(\dfrac{3s'}{5}\right) = \dfrac{6s'}{25} - \dfrac{9s - \dfrac{14s}{n+1} + \dfrac{49s}{5(n+1)^2}}{20} > 0$。此时，最优两部制费用许可为 $\left(F\left(\dfrac{3s'}{5}\right), \dfrac{3s'}{5}\right)$。

然后，对于创新规模较小的情形。当 $0 \leq r \leq \bar{r}$ 时，此时外部创新者的总收益为

$$\Pi = r\left[\dfrac{2}{5} + \dfrac{3s' - \dfrac{7s' + 5rn}{n+1}}{10s'}\right] + \dfrac{9s'^2 - 2s'\dfrac{7s' + 5rn}{n+1} + \dfrac{(7s' + 5rn)^2}{5(n+1)^2}}{20s'}$$

$$- \dfrac{9s - \dfrac{14s}{n+1} + \dfrac{49s}{5(n+1)^2}}{20} \tag{5-19}$$

由 $\dfrac{\partial \Pi}{\partial r} = 0$ 可知，最优单位提成率的内部解为 $\tilde{r} = \dfrac{(2n+9)s'}{5(n+2)}$。比较 $\tilde{r}$ 与 $\bar{r}$ 可知，当 $2 \leq n \leq 8$ 时，有 $\tilde{r} > \bar{r}$ 成立。那么，对应的最优两部制费用许可为 $(0, \bar{r})$。而当 $n \geq 8$ 时，有 $\tilde{r} < \bar{r}$ 成立。那么，对应的最优两部制费用许可为 $(F(\tilde{r}), \tilde{r})$。其中，固定费用 $F(\tilde{r})$ 应满足如下等式

$$F(\tilde{r}) = \dfrac{9s'^2 - 2s'\dfrac{7s' + 5\tilde{r}n}{n+1} + \dfrac{(7s' + 5\tilde{r}n)^2}{5(n+1)^2}}{20s'} - \dfrac{9s - \dfrac{14s}{n+1} + \dfrac{49s}{5(n+1)^2}}{20}$$

$$\tag{5-20}$$

证明完毕。

综上所述讨论，可得关于外部创新者最优两部制费用许可策略的命题如下。

命题 5.2 对于追求收益最大化的外部质量提高型技术创新者而言，其最优技术许可方式取决于上游原材料供应市场的市场结构、独占垄断企业的最低原料供应价格及技术创新规模等因素。当许可前上游企业独占垄断时，若原材料最低供应价格较高，固定费用许可最优；反之，两部制费用许可最优。当许可前上游企业多家竞争时，若技术创新规模较小且企业数量较少时，单位提成费用许可最优。否则，两部制费用许可最优。

命题 5.2 背后的经济学解释如下。当许可前上游企业独占垄断时，上游原材料供应企业与下游垄断企业构成双边垄断的市场结构。在上游供应企业的最低供应价格较高的情况下，除了固定费用，若外部创新者再收取单位提成费用，将使得垄断企业的边际生产成本太高而导致其选择不生产，这有悖于外部创新者实现技术许可收益最大化的目标。而在上游供应企业最低供应价格较低的情况下，外部创新者在保证垄断企业边际成本不至太高、接受许可的前提下，还可以获取部分提成利润。此时，外部创新者应采用两部制费用许可。

而对于许可前上游市场企业多家竞争的情形，若创新规模较小且企业竞争数量较少，那么垄断企业在许可后的均衡利润与外部创新者所设置的单位提成率正相关，但固定费用此时与单位提成率负相关。在上游竞争企业数量较少时，后者的作用小于前者，因此，从外部创新者的角度出发，其应该尽可能地提高单位提成率，这不仅可以使其可以获得更多的提成费用，还可以控制上游原材料市场生产的边际成本。所以，此时应用纯单位提成费用许可最优。但是，对于上游存在非合作竞争企业的数量庞大这种情况，由于不涉及最低供应价格的问题，所以在保证垄断企业的边际成本不太高且能接受技术许可的前提下，外部创新者可以对新产品收取部分提成费用。

而至于创新规模较大的情况，单位提成率在一定的范围内使得垄断企业接受许可后的均衡利润与外部创新者所设置的单位提成率无关。此时，外部创新者可以将垄断企业在许可前后的利润增加全部以固定费用的方式收取。

（二）线性需求结构下质量提高型创新技术许可

前一小节，从上游产品原材料供应企业的角度出发，在产品纵向一体化的市场结构下讨论了上游原料垄断供应对耐用品质量提高型创新技术许可策略的影响。而在本小节，则从消费者的角度出发，在线性市场需求结构、零技术交易成本以及渐进性创新技术等条件下，讨论创新企业质量提高型创新技术的许可策略问题。与前一小节对于外部创新者技术许可策略分析所不同的是，本小节所关注的是内部创新企业对于质量提高型创新技术的许可策略选择问题。

<<< 第五章 考虑多种产品供需结构的企业质量提高型创新技术许可策略分析

1. 模型基本假设及未许可情况

假设某行业由同质产品古诺双寡头垄断企业 1 和企业 2，以及一定数量的消费者组成。在原有技术水平下，规范化企业 i 的产品质量为 s_i，单位生产成本为 c_i，$i \in M$。为简化计算但不失一般性，在此假设创新前后企业 i 的产品边际成本均为 $c_i = c$，且固定成本为 0。另外，假设市场消费者数量为 1。

企业 1 经过研发创新获得某项专利技术，能使其在单位生产成本不变的情况下将产品质量提高到 $\psi > 1$。其中，ψ 表示创新技术的质量提升规模，ψ 越大则创新规模越大。由于本小节所考察的是渐进性创新技术，所以企业 1 不会因使用创新技术而垄断产品市场。与此同时，假设消费者效用函数为

$$U = \begin{cases} \theta s - p & 购买质量为 s 的产品 \\ 0 & 不购买 \end{cases} \quad (5-21)$$

其中，U 为消费者效用；p 为产品价格；θ 为消费者偏好，且在区间 [0, 1] 上服从均匀分布。

另外，进一步假设，只要有利可图，在研发创新成功后就有可能发生技术许可，并且两家企业都会参与到技术许可协议当中。根据协议，企业 1 通过提供一个许可合同而将其质量提高技术转移给企业 2。这个许可合同以"要么接受要么放弃"为基础，可以仅包括固定费用，或者仅包括单位提成费用，或者包括两者的组合。然后，通过考虑在该许可合同下是否可以提高自身利润，企业 2 决定是否接受该许可合同。在此，给出一个常规假设，即如果企业 2 在接受许可合同时的自身利润和拒绝许可合同时的相同，那么它仍然选择接受合同。此外，为了排除两家公司进行串谋的可能性，假设许可合同中可能涉及固定费用以及单位提成率都是非负的。

基于以上假设，两家企业的三阶段许可博弈模型如下：第一阶段，企业 1 确定其许可决策，包括是否进行技术许可以及相应的许可策略。在第二阶段，企业 2 决定是否接受许可。若许可发生，企业 1、2 均生产高质量产品；若许可未发生，只有企业 1 生产高质量产品，而企业 2 生产低质量产品。第三阶段，两家企业在产品市场上进行产量竞争。此时，企业 1 为内部许可方，其总收益

为市场竞争利润与来自企业 2 的许可收益之和。为方便后续博弈均衡的求解，接下来首先分析在线性消费者效用函数下的古诺双寡头市场均衡的一般表达式。

定义企业集为 $M = \{1, 2\}$，其产品质量水平、边际成本和价格分别为 s_i、c_i 和 p_i，其中 $i \in M$。如果两家企业的产品质量满足 $s_1 \neq s_2$，在此，不妨设企业 1 的产品质量不小于企业 2 的产品质量，即 $s_1 \geq s_2$。定义 $\frac{s_i}{p_i}$ 为产品的性价比，那么，如果两家企业的产品性价比满足 $\frac{s_1}{p_1} > \frac{s_2}{p_2}$，仅生产高质量产品的企业 1 存留于市场；如果两家企业的产品性价比满足 $\frac{s_1}{p_1} \leq \frac{s_2}{p_2}$，两者均可能存留于市场。如果两家企业的产品质量满足 $s_1 = s_2$，那么价格较高的产品将被挤出市场。如果两家企业的价格满足 $p_1 = p_2$，那么两家企业将同时存留于市场。接下来，将分成两种情况来进行讨论。

（1）当两家企业产品性价比满足 $\frac{s_1}{p_1} \geq \frac{s_2}{p_2}$ 时，消费者均不会购买低质量的产品，也就是说，低质量的产品将会被淘汰出市场。因此，依据前述的消费者效用函数可知，需求函数变为 $q_1 = 1 - \frac{p_1}{s_1}$，那么，相应的逆需求函数为 $p_1 = s_1(1 - q_1)$。此时，企业 1 的利润函数为 $\pi_1 = (p_1 - c_1)q_1$。最大化其自身利润可知，企业 1 的均衡产量，均衡价格，以及均衡利润为

$$q_1 = \frac{s_1 - c_1}{2s_1}, p_1 = \frac{s_1 + c_1}{2}, \pi_1 = \frac{(s_1 - c_1)^2}{4s_1} \qquad (5-22)$$

可以看出，企业 1 的均衡利润 π_1 与质量水平 s_1 正相关。这说明，企业 1 具有提高产品质量的创新激励。

（2）当两家企业的产品性价比满足 $\frac{s_1}{p_1} < \frac{s_2}{p_2}$ 时，高质量和低质量产品均存留于市场。此时，对应的需求函数分别为

$$q_1 = 1 - \frac{p_1 - p_2}{s_1 - s_2}, q_2 = \frac{p_1 - p_2}{s_1 - s_2} - \frac{p_2}{s_2} \qquad (5-23)$$

相应地，逆需求函数为

$$p_1 = s_1(1 - q_1) - s_2 q_2, p_2 = s_2(1 - q_1 - q_2) \tag{5-24}$$

那么，两个企业的利润函数分别为

$$\pi_1 = (p_1 - c_1)q_1 = (s_1(1 - q_1 - q_2) - c_1)q_1$$
$$\pi_2 = (p_2 - c_2)q_2 = (s_2(1 - q_2) - s_1 q_1 - c_2)q_2 \tag{5-25}$$

企业 1 和企业 2 通过确定产量来最大化其自身利润，求解可知，两家企业的均衡产量、价格和利润分别为

$$q_1 = \frac{2s_1 - 2c_1 - s_2 + c_2}{4s_1 - s_2}, q_2 = \frac{s_2 s_1 + c_1 s_2 - 2c_2 s_1}{s_2(4s_1 - s_2)}$$

$$p_1 = \frac{2s_1^2 - s_2 s_1 + s_1 c_2 - s_2 c_1 + 2c_1 s_1}{4s_1 - s_2}, p_2 = \frac{s_2 s_1 + c_1 s_2 - c_2 s_2 + 2c_2 s_1}{4s_1 - s_2}$$

$$\pi_1 = s_1 \left(\frac{2s_1 - 2c_1 - s_2 + c_2}{4s_1 - s_2}\right)^2, \pi_2 = \frac{1}{s_2}\left(\frac{s_2 s_1 + s_2 c_1 - 2s_1 c_2}{4s_1 - s_2}\right)^2$$

$$\tag{5-26}$$

注意到，虽然上述市场均衡是在假设条件 $s_1 > s_2$ 下得到的，但同样适用于 $s_1 = s_2$ 的情形。这主要是因为，在上述推导过程中，市场逆需求函数与 $s_1 = s_2$ 的情形下保持一致。而这使得当 $s_1 = s_2$ 时，市场均衡表达式依然有意义。所以，上述质量差异条件下的市场均衡是对同质产品古诺双寡头竞争条件下市场均衡的一般性拓展。

另外，可以证明，当均衡产量 $q_1, q_2 > 0$ 时，均衡价格 p_1 和 p_2 满足企业 1 和企业 2 存在于市场的条件 $\frac{s_1}{p_1} < \frac{s_2}{p_2}$。而这，进一步验证了前文所述的产品性价比和均衡产量之间的对应关系。

另外，当均衡产量 $q_1, q_2 > 0$ 且生产成本不变时，企业 i 的均衡利润 π_i 是其自身产品质量水平 s_i 的增函数，是另一产品质量水平 s_j 的减函数。这说明，两家企业均有提高其自身产品质量的创新激励。

现在，回到前面的许可博弈模型，考虑整个博弈过程。首先，分析企业 1 没有将其质量提高技术许可给企业 2 时的古诺均衡，也就是未许可的古诺均衡。

照前所述，此情况下，企业1应用新技术，其产品质量提高到ψ。企业2应用旧技术，其产品质量仍为1。为满足渐进性创新的假设，质量差异程度ψ与产品边际成本c应满足关系$c < \frac{\psi}{2\psi - 1}$。将$s_1 = \psi$，$s_2 = 1$，$c_1 = c_2 = c$代入一般市场均衡(5-26)式中可知，两家企业在未进行许可的均衡产量、均衡价格和均衡利润分别为（上标"NL"表示未许可的情况）

$$q_1^{NL} = \frac{2\psi - c - 1}{4\psi - 1}, q_2^{NL} = \frac{\psi + c - 2\psi c}{4\psi - 1}$$

$$p_1^{NL} = \frac{2\psi^2 + 3\psi c - \psi - c}{4\psi - 1}, p_2^{NL} = \frac{\psi(1 + 2c)}{4\psi - 1} \quad (5-27)$$

$$\pi_1^{NL} = \psi \left(\frac{2\psi - c - 1}{4\psi - 1} \right)^2, \pi_2^{NL} = \left(\frac{\psi - 2\psi c + c}{4\psi - 1} \right)^2$$

那么，相应的消费者剩余和社会福利分别为

$$CS^{NL} = \int_{p_2^{NL}}^{\frac{p_1^{NL} - p_2^{NL}}{\psi - 1}} (\theta - p_2) d\theta + \int_{\frac{p_1^{NL} - p_2^{NL}}{\psi - 1}}^{1} (\psi\theta - 1) d\theta$$

$$= \frac{(\psi - 2\psi c + c)^2 + (2\psi - c - 1)(2\psi^2 + (1 - 5c)\psi + 2c)}{2(4\psi - 1)^2} \quad (5-28)$$

$$WS^{NL} = CS^{NL} + \pi_1^{NL} + \pi_2^{NL}$$

$$= \frac{3(\psi - 2\psi c + c)^2 + (2\psi - c - 1)(6\psi^2 - (7c + 1)\psi + 2c)}{2(4\psi - 1)^2} \quad (5-29)$$

2. 固定费用许可

在固定费用许可方式下，企业1通过一次性收取固定费用F后而将其创新技术许可给企业2。在技术许可发生后，企业2的产品质量被提高到$(\psi - \varepsilon)$，而其产品的单位生产成本却保持不变。所以，将$s_1 = s_2 = \psi$，$c_1 = c_2 = c$代入(5-26)式中，可以得到在固定费用许可发生条件下，两家企业的市场均衡价格和均衡产量分别为（上标"F"代表固定费用许可）

$$q_1^F = q_2^F = \frac{\psi - c}{3\psi}, q_1^F = q_2^F = \frac{\psi - c}{3\psi}, \pi_1^F = \pi_2^F = \frac{(\psi - c)^2}{9\psi^2} \quad (5-30)$$

此时，企业1的总收益 Π_1^F 除包括在产品竞争市场中的自身利润外，还包括技术许可收益，也就是对于企业2所收取的固定费用费 F，即 $\Pi_1^F = \pi_1^F + F$。此时，企业1的总目标是实现总收益的最大化，所以其会尽可能高地收取固定许可费用。经分析可知，企业2愿意支付的最大固定费用为 $F = \pi_2^F - \pi_2^{NL}$。相应地，在固定费用许可下企业1的最大总收益为

$$\Pi_1^F = \pi_1^F + F = \frac{2(\psi-c)^2(4\psi-1)^2 - 9\psi(\psi-2\psi c+c)^2}{9\psi(4\psi-1)^2} \quad (5-31)$$

现在，回到博弈的第一阶段，来分析企业1是否有动机进行技术许可。注意到，企业1愿意进行固定费用许可条件是其在许可后的总收益应不小于未许可时的收益，也就是 $\Pi_1^F \geq \pi_1^{NL}$。如果不满足，则不发生固定费用许可。比较可知，有

$$\begin{aligned}\Pi_1^F - \pi_1^{NL} &= \frac{2(\psi-c)^2}{9\psi^2} - \left(\frac{\psi-2\psi c+c}{4\psi-1}\right)^2 - \psi\left(\frac{2\psi-c-1}{4\psi-1}\right)^2 \\ &= \frac{-4\psi^3 + (-36c^2+8c+7)\psi^2 + (23c^2+4c)\psi - 2c^2}{9\psi^2(4\psi-1)^2}\end{aligned} \quad (5-32)$$

计算可知，存在 $\psi_0 > 1$，使得 $-4\psi^3 + (-36c^2+8c+7)\psi^2 + (23c^2+4c)\psi - 2c^2 = 0$ 成立。那么，当 $1 < \psi \leq \psi_0$ 时，有 $\Pi_1^F - \pi_1^{NL} \geq 0$；当 $\psi > \psi_0$ 时，有 $\Pi_1^F - \pi_1^{NL} < 0$。也就是说，当且仅当技术质量提升规模较小时，即 $1 < \psi \leq \psi_0$，固定费用许可才会发生。而当技术质量提升规模较大时，即 $\psi > \psi_0$，固定费用许可不会发生，企业1将会独占垄断产品市场。

进一步计算可知，对应的消费者剩余和社会福利分别为

$$CS^F = \int_{\frac{c}{\psi}}^{1} (\psi\theta - p^F) d\theta = \frac{2(\psi-c)^2}{9\psi^2} \quad (5-33)$$

$$WS^F = CS^F + \pi_1^F + \pi_2^F = \frac{4(\psi-c)^2}{9\psi^2} \quad (5-34)$$

3. 单位提成费用许可

在单位提成费用许可方式下，企业1通过设置单位提成率 r 而收取单位提成

费用后将其创新技术许可给企业 2。在技术许可发生后，企业 2 的产品质量被提高到 ($\psi - \varepsilon$)，而其产品的单位生产成本也随之变成为 r，即 $c_2 = c + r$。所以，将 $s_1 = s_2 = \psi$，$c_1 = c$，$c_2 = c + r$ 代入（5-26）式中，可以得到在单位提成费用许可发生条件下，两家企业的市场均衡价格、均衡产量、和均衡利润分别为（上标"R"代表单位提成费用许可）

$$q_1^R = \frac{\psi - c + r}{3\psi}, q_2^R = \frac{\psi - c - 2r}{3\psi}, p^R = \frac{\psi + 2c + r}{3}$$

$$\pi_1^R = \frac{(\psi - c + r)^2}{9\psi^2}, \pi_2^R = \frac{(\psi - c - 2r)^2}{9\psi^2}$$

(5-35)

由于企业 1 的质量提高技术属于渐进性创新技术，所以创新企业 1 不会因使用创新技术而垄断产品市场，换句话说，企业 2 不会因企业 1 采用创新技术而退出市场。那么，企业 1 在单位提成费用中所设置的单位提成率需满足 $0 < r < \frac{\psi - c}{2}$。此时，企业 1 的总收益为

$$\Pi_1^R = \pi_1^R + rq_2^R = \frac{(\psi - c + r)^2}{9\psi} + \frac{r(\psi - c - 2r)}{3\psi}$$

(5-36)

在第二阶段，企业 1 需要确定最优提成率 r 以最大化其总收益，同时提成率 r 还需满足企业 2 的参与约束性约束，$0 < r < \frac{\psi - c}{2}$。由 $\frac{\partial \Pi_1^R}{\partial r} = 0$ 可知，单位提成率的内部解为

$$r^* = \frac{(\psi - c)(4\psi - 1) - 3\sqrt{\psi}(\psi - 2\psi c + c)}{2(4\psi - 1)}$$

(5-37)

易验证，$r^* \in (0, \frac{\psi - c}{2})$，也就是满足企业 2 的参与性约束条件。所以，企业 1 会选择 r^* 作为其在单位提成费用许可下的最优提成率，并以此来以获得总收益的最大化。将最优提成率 r^* 代入（5-35）式和（5-36）式中，计算可得在均衡状态下两家企业各自所获得利润分别为

$$\Pi_1^R = \frac{(\psi - c)^2 (4\psi - 1)^2 - 5\psi(\psi - 2\psi c + c)^2}{4\psi (4\psi - 1)^2}, \Pi_2^R = \left(\frac{\psi - 2\psi c + c}{4\psi - 1}\right)^2$$

(5-38)

现在，回到博弈的第一阶段，来分析企业 1 是否有动机进行技术许可。注意到，企业 1 愿意进行单位提成费用许可条件是其在许可后的总收益不小于未许可时的收益，也就是 $\Pi_1^R \geq \pi_1^{NL}$。如果不满足，则不发生固定费用许可。比较可知，当 $c > \frac{1}{2}$ 时，若 $\psi \in (1, \frac{c}{2c-1})$，那么企业 1 会进行单位提成费用许可；若 $\psi \in (\frac{c}{2c-1}, +\infty)$，那么企业 1 不会进行技术许可；当 $c \leq \frac{1}{2}$ 时，不管创新技术的质量提升规模是多少，企业 1 均会进行单位提成费用许可。所以，在单位提成费用许可下，企业 1 是否进行技术许可，不仅与技术质量提升规模有关，而且还与初始边际成本有关。

相应地，在单位提成费用许可下，消费者剩余和社会福利分别为：

$$CS^R = \int_{\frac{p}{\psi}}^{1} (\psi\theta - p) d\theta = \frac{((\psi-c)(4\psi-1) + \sqrt{\psi}(\psi - 2\psi c + c))^2}{8\psi(4\psi-1)^2}$$

(5 – 39)

$$WS^R = CS^R + \Pi_1^R + \Pi_2^R$$

$$= \frac{3(\psi-c)^2(4\psi-1)^2 + 2\sqrt{\psi}(\psi-c)(4\psi-1)(\psi-2\psi c+c) - \psi(\psi-2\psi c+c)^2}{8\psi(4\psi-1)^2}$$

(5 – 40)

4. 两部制费用许可

在两部制费用许可方式下，企业 1 在收取一笔固定费用 F 后再通过设置单位提成率 r 后而将其创新技术许可给企业 2。因此，F 和 r 就分别变成了企业 2 的固定成本和单位生产成本。在技术许可发生后，企业 2 的产品质量被提高到 ψ，而其产品的单位生产成本也随之变成为 r，即 $c_2 = (c + r)$。所以，将 $s_1 = s_2 = \psi$，$c_1 = c_2 = c$ 代入 (5 – 26) 式中，可以得到在两部制费用许可发生条件下的均衡产量、均衡价格和均衡利润分别为

$$q_1^{FR} = \frac{\psi - c + r}{3\psi}, q_2^{FR} = \frac{\psi - c - 2r}{3\psi}, p^{FR} = \frac{\psi + 2c + r}{3}$$

(5 – 41)

$$\pi_1^{FR} = \frac{(\psi - c + r)^2}{9\psi^2}, \pi_2^{FR} = \frac{(\psi - c - 2r)^2}{9\psi^2}$$

同样，由于企业1的质量提高技术属于渐进性创新技术，所以创新企业1不会因使用创新技术而垄断产品市场，换句话说，企业2不会因企业1采用创新技术而退出市场。那么，企业1在单位提成费用中所设置的单位提成率需满足 $0 < r < \dfrac{\psi - c}{2}$。

与单位提成费用许可不同的是，两部制费用许可下的企业1在进行技术许可时还要收取一次性的固定费用 F。因此，在两部制费用许可下企业1的总收益为

$$\Pi_1^{FR} = \pi_1^{FR} + rq_2^{FR} + F \qquad (5-42)$$

所需要满足的约束条件为

$$F \leqslant \pi_2^{FR} - \pi_2^{NL} \text{ 和 } 0 < r < \frac{\psi - c}{2} \qquad (5-43)$$

在第二阶段，企业1会尽可能高地收取固定费用。那么，在企业2不退出市场的条件下，企业1会尽可能多地对企业2收取的固定费用。由此可知，最大固定费用应为企业2在许可前后的利润增加，即

$$F = \pi_2^{FR} - \pi_2^{NL} = \frac{(\psi - c - 2r)^2}{9\psi^2} - \left(\frac{\psi - 2\psi c + c}{4\psi - 1}\right)^2 \qquad (5-44)$$

将其代入企业1的利润函数中，可知

$$\Pi_1^{FR} = \pi_1^{FR} + rq_2^{FR} + F$$
$$= \frac{(\psi - c + r)^2}{9\psi^2} + r \cdot \frac{\psi - c - 2r}{3\psi} + \frac{(\psi - c - 2r)^2}{9\psi^2} - \left(\frac{\psi - 2\psi c + c}{4\psi - 1}\right)^2$$
$$(5-45)$$

由 $\dfrac{\partial \Pi_1^{FR}}{\partial r} = 0$ 可知，单位提成率的内部解为

$$r^I = \frac{3\psi^2 - 3\psi c - 2\psi + 2c}{2(6\psi + 5)} \qquad (5-46)$$

计算可知，$r^I - \dfrac{\psi - c}{2} = \dfrac{3(\psi - 1)(\psi - c)}{2(6\psi + 5)} > 0$。这说明，企业1的总利润 Π_1^{FR} 随着单位提成率 r 的增加而增加。所以，企业1应尽可能高地设置单位提成

率。由于企业所收取的固定费用非负,那么企业1可以设置的最大单位提成率需满足固定费用为零。求解 $F = \left(\dfrac{\psi - c - 2r}{3\psi}\right)^2 - \left(\dfrac{\psi - 2\psi c + c}{4\psi - 1}\right)^2 = 0$ 可知,

$$r^* = \frac{(\psi - c)(4\psi - 1) - 3\sqrt{\psi}(\psi - 2\psi c + c)}{2(4\psi - 1)} \qquad (5-47)$$

易验证,r^* 就是满足企业2的参与性约束条件。由此可知,企业1会选择 r^* 作为其在两部制费用许可下的最优提成率,并以此来以获得总收益的最大化。此时,两部制费用许可退化成为纯单位提成费用许可。将最优提成率 r^* 代入 (5-41) 式和 (5-45) 式中,可计算得两家企业在均衡状态下各自所获得利润分别为

$$\Pi_1^{FR} = \frac{(\psi - c)^2(4\psi - 1)^2 - 5\psi(\psi - 2\psi c + c)^2}{4\psi(4\psi - 1)^2}, \Pi_2^{FR} = \left(\frac{\psi - 2\psi c + c}{4\psi - 1}\right)^2$$
$$(5-48)$$

现在,回到博弈的第一阶段,来分析企业1是否有动机进行技术许可。注意到,企业1愿意进行两部制费用许可条件是其在许可后的总收益应不小于未许可时的收益,也就是 $\Pi_1^{FR} \geq \pi_1^{NL}$。如果不满足,则不发生两部制费用许可。由于两部制费用许可在此退化成为单位提成费用许可,所以,类似于单位提成费用许可,由前面的分析可知,当 $c > \dfrac{1}{2}$ 时,若 $\psi \in (1, \dfrac{c}{2c-1})$,那么,企业1会进行单位提成费用许可;若 $\psi \in (\dfrac{c}{2c-1}, +\infty)$,则企业1不进行技术许可;当 $c \leq \dfrac{1}{2}$ 时,不管创新技术的质量提升规模是多少,企业1均会进行单位提成费用许可。也就是说,在单位提成费用许可下,企业1是否进行技术许可,不仅与创新技术质量提升规模有关,而且还与初始边际成本有关。

在此之前的讨论,已经分析了在固定费用许可、单位提成费用许可以及两部制费用许可下的市场均衡情况,以及企业1是否愿意进行技术许可的许可动机。接下来,将在固定费用许可和单位提成费用许可之间进行比较分析,从而从企业1以及全社会的角度来分析最优技术许可方式。

(1) 从技术创新者的角度来看，通过比较固定费用许可和单位提成费用许可下企业 1 各自的总收益可知，

$$\Pi_1^R - \Pi_1^F = \frac{(\psi-1)[16\psi^3 + (-36c^2+4c-1)\psi^2 + (-17c^2-2c)\psi - c^2]}{36\psi(4\psi-1)^2}$$

(5-49)

当 $\psi>1$ 时，有 $\Pi_1^R > \Pi_1^F$。这说明。相比于固定费用许可，单位提成费用许可可以给企业 1 带来更多收益。

(2) 从消费者和全社会的角度来看，通过计算比较可知，有 $CS^R > CS^R$，$WS^R > WS^R$。这表明，在固定费用许可下，可以获得更多的消费者剩余和社会福利。

综上所述，有如下命题。

命题 5.3 对于质量提高型创新技术而言，在线性需求结构下，从技术创新企业的角度来看，选择单位提成费用许可最优；但是，从消费者和全社会的角度来看，选择固定费用许可方式最优。

对于上述命题 5.3，所做简单算例验证如下。令 $c=0.25$，计算在一定的创新技术质量提升规模范围内的不许可、固定费用许可和单位提成费用许可所对应的消费者剩余和社会福利随技术创新规模变化而进行变化的大体趋势，直观展示如下图 5-1 所示。

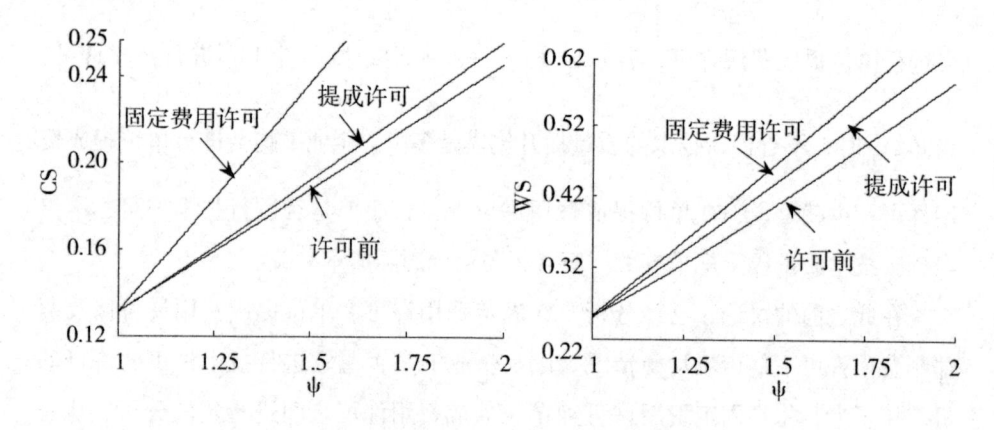

图 5-1 消费者剩余和社会福利随创新规模的变化趋势

由图可知，随着创新技术质量提升规模的增加，相比于单位提成费用许可及未许可情况，固定费用许可所对应的消费者剩余和社会福利随之增加的速度更快。

(三) Logit 需求下的质量提高型创新技术许可

在本小节，在非覆盖市场 Logit 需求框架下研究关于新品牌产品的质量提高型创新技术的许可策略问题。具体来说，通过两个参数来刻画新品牌产品，即单位品牌产品对中性消费者所产生的效用和单位品牌产品的边际成本，在 Logit 需求框架下，分析具有质量提高性质的新品牌产品对于替代产品的吸引力、边际成本、产品差异水平、消费者偏好差异以及技术许可的影响等问题。

对于 Logit 需求框架，其理论基础是效用最大化假设。具体来说，就是作为行为决策个体，在一个可以选择的、具有选择分支且相互独立的集合中，决策个体会选择他认为对自己效用最大的分支。在这里，效用通常被认为是随机的。这种效用的随机性在理论上可以从两个方面加以解释。一方面，个人的效用在相同条件下其本质上是随机的，即使对待选择这个问题有了充分的认识，其也不可能避免这种随机性。这种解释主要是来自心理学上离散模型假设。另一方面，尽管在相同条件下决策个体的效用是确定的，但由于观测者（分析者）不可能完全掌握影响效用的全部因素，所以效用也被认为是随机的。这种解释主要来自计量经济学上的离散选择模型假设。

1. 基本模型假设

考虑一个由一个品牌垄断企业、N 个潜在客户以及一个外部创新者组成的非覆盖产品竞争市场。其中，N 是有限整数。为保证品牌垄断企业的利润大于其效用函数，在此假设垄断者是风险中性的。另外，假设每个消费者有两个选择，要么买一件品牌产品，要么什么都不买。在技术创新前，市场上只有品牌 1 产品。外部创新者通过技术创新而创造出一个新品牌，品牌 2 产品。那么，模型化品牌 j 对于消费者 h 的效用如下：

$$u_{hj} = \alpha(v_j - p_j) + \varepsilon_{hj} \tag{5-50}$$

其中，$\alpha > 0$ 为价格敏感度；v_j 表示品牌 j 产品给普通消费者所带来的效用；p_j 表示品牌 j 产品的价格；ε_{hj} 表示顾客对品牌 j 产品的偏好。在此，$j=1$ 和 $j=2$ 分别表示品牌 1 和品牌 2。

消费者 h 不购买产品时获得的效用表示为 ε_{h0}。假设 ε_{h0}，ε_{h1}，ε_{h2} 相互独立，且服从如下 Gumble 分布

$$prob(\varepsilon_{hj} \leq y) = e^{-y} \tag{5-51}$$

通常情况下，消费者一般选择其效用 u_{hj} 最大化的产品 j。那么，在技术许可前，品牌 1 产品的无条件市场需求 Logit 表达式为

$$d_1 = N\frac{e^{\alpha(v_1-p_1)}}{1+e^{\alpha(v_1-p_1)}} \tag{5-52}$$

而在技术许可后，品牌 $j \in \{1,2\}$ 的无条件市场需求 Logit 表达式为

$$d_j = N\frac{e^{\alpha(v_j-p_j)}}{1+e^{\alpha(v_1-p_1)}+e^{\alpha(v_2-p_2)}} \tag{5-53}$$

如果消费者不购买任何产品，那么，在许可发生前后，市场需求 Logit 表达式分别为

$$d'_1 = \frac{N}{1+e^{\alpha(v_1-p_1)}}, d'_j = \frac{N}{1+e^{\alpha(v_1-p_1)}+e^{\alpha(v_2-p_2)}} \tag{5-54}$$

假设生产单位品牌产品 j 的边际成本为常数 c_j。这里，c_j 与产品产量无关，而只依赖于产品的品牌。根据上面的分析，用两个参数来描述品牌产品，即产品效用 v_j 和边际成本 c_j。

根据上面假设，所构建的三阶段博弈模型如下：第一阶段，外部创新者确定其技术许可策略。在本小节的模型框架下，关于外部创新的技术许可方式，只考虑广义的两部制费用许可，也就是固定费用和单位提成费用的组合。在此，广义是指固定费用和单位提成费用两者中的一项可以为零。那么，固定费用许可和单位提成费用许可就可视为其特殊情况。第二阶段，垄断企业对此许可策略进行反馈。为了只关注于技术许可策略方面的分析，假设在许可后可以获得更多利润，那么被许可方就会接受技术许可。这样的假设，是为了避免由单个创新者和单个购买者所形成的双边垄断以及相关的讨价还价等问题。第三阶

段，在前两个阶段所确定的参数配置下，垄断企业决定生产哪个品牌产品，并确定其产品的市场价格。这样的模型假设与侯光明和艾凤义（2006）类似[121]，即前两个阶段构成了博弈的技术许可阶段，第三阶段构成了价格竞争阶段。在接下来的小节，将分析两种不同的 Logit 市场结构下的品牌产品的均衡价格、均衡利润以及外部创新者的技术许可策略。

2. 价格竞争阶段均衡分析

（1）只有一种品牌的情形。令

$$x(v,p) = e^{\alpha(v-p)} \qquad (5-55)$$

不失一般性，假设垄断企业只生产品牌 1 的产品。由（5-52）式可知，在此情况下对品牌 1 产品的需求为

$$d_1(p_1^1) = N \cdot \frac{x(v_1,p_1^1)}{1 + x(v_1,p_1^1)} \qquad (5-56)$$

其中，上标和下标分别表示品牌 1 和市场上仅仅有一个品牌的情况。那么，此品牌产生的贡献为

$$\Pi_1 = (p_1^1 - c_1) \cdot d_1(p_1^1) = N(p_1^1 - c_1)\frac{x(v_1,p_1^1)}{1 + x(v_1,p_1^1)} \qquad (5-57)$$

由一阶条件可知，其均衡价格满足

$$p_1^1 = c_1 + \frac{1 + x(v_1,p_1^1)}{\alpha} \qquad (5-58)$$

这说明，在垄断市场中，一个品牌的产品最优价格可以表达为产品边际成本与消费者价格敏感性相关的参数之和（Basu 等，2007）[122]。

记 $p_1^1(v_1)$ 为（5-58）式的唯一最优解。那么，由（5-55）到（5-58）式可求解得到均衡利润为

$$\Pi_1(v_1) = \frac{N}{\alpha}x(v_1,p_1^1(v_1)) \qquad (5-59)$$

如果市场上仅有品牌 2 产品，类似地，可以求得相应的均衡价格和均衡利润为

$$p_2^1(v_2) = c_2 + \frac{1 + x(v_2,p_2^1(v_2))}{\alpha}, \Pi_1(v_2) = \frac{N}{\alpha}x(v_2,p_2^1(v_2)) \qquad (5-60)$$

(2) 两个品牌都存在的情形

当品牌 1 和品牌 2 都存在于市场时，由 (5-55) 到 (5-56) 式可知，对于每一种品牌的需求分别为

$$d_1(p_1^2, p_2^2) = N \cdot \frac{x(v_1, p_1^2)}{1 + x(v_1, p_1^2) + x(v_2, p_2^2)}$$
$$d_2(p_1^2, p_2^2) = N \cdot \frac{x(v_2, p_1^2)}{1 + x(v_1, p_1^2) + x(v_2, p_2^2)}$$
(5-61)

其中，上标 2 表示两种品牌都存在的情形，下标 1 和 2 分别表示品牌 1 和品牌 2。那么，两个品牌的总利润为

$$\Pi_2 = N(p_1^2 - c_1)\frac{x(v_1, p_1^2)}{1 + x(v_1, p_1^2) + x(v_2, p_2^2)} + N(p_2^2 - c_2)\frac{x(v_2, p_1^2)}{1 + x(v_1, p_1^2) + x(v_2, p_2^2)}$$
(5-62)

由一阶条件可得到关于两个品牌产品价格的方程组如下

$$\begin{cases} p_1^2 - c_1 - \dfrac{1 + x(v_1, p_1^2) + x(v_2, p_2^2)}{\alpha} = 0 \\ p_2^2 - c_2 - \dfrac{1 + x(v_1, p_1^2) + x(v_2, p_2^2)}{\alpha} = 0 \end{cases}$$
(5-63)

与上面的情况类似，可以证明此方程组存在唯一的最优解。在此，将其记为 $p_1^2(v_1, v_2)$, $p_2^2(v_1, v_2)$。由 (5-62) 到 (5-63) 式可知，此种情况下垄断者的均衡利润为

$$\Pi_2(v_1, v_2) = \frac{N}{\alpha}x(v_1, p_1^2(v_1, v_2)) + \frac{N}{\alpha}x(v_2, p_2^2(v_1, v_2)) \quad (5-64)$$

在此，可得如下引理。

引理 5.1 在 Logit 需求下，有两个品牌产品同时存在时的总利润要高于其中仅某一个品牌产品存在时的总利润，即 $\Pi_2(v_1, v_2) > Max(\Pi_1(v_1), \Pi_1(v_2))$。

证明：由 (5-58) 式可知，

$$v_1 - p_1^1(v_1) + \frac{1 + x(v_1, p_1^1(v_1))}{\alpha} = v_1 - c_1 \quad (5-65)$$

<<< 第五章 考虑多种产品供需结构的企业质量提高型创新技术许可策略分析

由 (5-63) 式可知,

$$v_1 - p_1^2(v_1,v_2) + \frac{1 + x(v_1, p_1^2(v_1,v_2)) + x(v_2, p_2^2(v_1,v_2))}{\alpha} = v_1 - c_1 \quad (5-66)$$

令 $g(t) = t + \frac{1 + e^{\alpha t}}{\alpha}$,可以验证 $g(t)$ 随着 t 的增加而增加。通过将 (5-55) 式代入上述两式中,可得

$$g(v_1 - p_1^1(v_1)) = g(v_1 - p_1^2(v_1,v_2)) + \frac{x(v_2,p_2^2(v_1,v_2))}{\alpha} \quad (5-67)$$

由于 α 和 $x(v_2, p_2^2(v_1,v_2))$ 均大于零,可知有 $g(v_1 - p_1^1(v_1)) > g(v_1 - p_1^2(v_1,v_2))$。另外,由于 $v_1 - p_1^1(v_1) > v_2 - p_1^2(v_1,v_2)$,比较 (5-65) 和 (5-66) 两式可知,有

$$x(v_1, p_1^2(v_1,v_2)) + x(v_2, p_2^2(v_1,v_2)) = x(v_1,p_1^1(v_1)) \quad (5-68)$$

然后,结合 (5-59) 到 (5-64) 式,可得 $\Pi_2(v_1, v_2) > \Pi_1(v_1)$。

同理,可得 $\Pi_2(v_1, v_2) > \Pi_1(v_2)$。

证明完毕。

由引理 5.1 可知,垄断者同时生产新产品和旧产品所获得的总利润比生产任何其中一种产品所得的利润都要高。换句话说,无论新品牌产品的效用提高与否,新品牌产品都会促进利润增长。而这,必然发生在技术许可之后。也就是说,不管创新者选择何种许可策略,关于新产品的技术许可一定会发生。即使在新品牌产品效用提高与否这种不确定的情形下,垄断者在最终产品市场上一定会同时生产新产品和旧产品。这个结论与 Stamatopoulos (2008) 研究不一致[123]。后者所得到的结论是,只有当新产品的质量与边际成本差随着产品质量的提高而增加时,技术许可才会发生,而且被许可企业最终只会生产新产品。

但是,应该注意到,引理 5.1 与 Logit 需求下产品倾向于多样化的结论相一致 (Anderson 等,1992)[124]。这主要原因如下。一方面,市场中增加新品牌产品会加剧市场竞争,从而降低其中某一品牌产品因垄断而获得利润,这不利于垄断者利润发进一步增加。另一方面,新品牌产品的加入可以使垄断者获得额

外利润,这有利于垄断者利润的增加。为了实现利润最大化的目标,垄断者需要在这两种相反的效应中做权衡。但是,在非覆盖市场的 Logit 需求框架下,第二种效应明显占有优势,从而使得垄断者有进行新产品生产的动机。

3. 技术许可阶段策略分析

在技术许可阶段,考虑两部制费用许可策略。如果垄断企业想要获得此项技术,就需要为每单位新产品支付提成率为 $r \geq 0$ 的提成费用以及一定数额且一次性支付的固定费用 $F(r) \geq 0$。根据上面的分析可知,当垄断企业获得此创新技术后,那么,市场均衡价格 $p_1^2(r)$,$p_2^2(r)$ 满足如下方程组,且是唯一解。

$$\begin{cases} p_1^2(r) - c_1 - \dfrac{1 + x(v_1, p_1^2(r)) + x(v_2, p_2^2(r))}{\alpha} = 0 \\ \\ p_2^2(r) - c_2 - \dfrac{1 + x(v_1, p_1^2(r)) + x(v_2, p_2^2(r))}{\alpha} = 0 \end{cases} \quad (5-69)$$

其中,$r \geq 0$ 即为创新者所设定的单位提成率。由 (5-62) 式可知,此时垄断企业的均衡利润为

$$\Pi_2(r) = \frac{N}{\alpha} x(v_1, p_1^2(r)) + \frac{N}{\alpha} x(v_2, p_2^2(r)) \quad (5-70)$$

显然,垄断企业所支付的固定费用不能超过其在使用新技术前后的最大利润增益。那么,由此可知,有 $F(r) = \Pi_2(r) - \Pi_1(-)$。其中,$\Pi_2(r)$ 由 (5-70) 式给出,$\Pi(-)$ 由 (5-59) 式给出。可以验证,存在最大提成率 $\bar{r} > 0$ 满足 $F(\bar{r}) = 0$,也就是 $0 \leq r \leq \bar{r}$。

现在,考虑博弈的第二阶段,也就是技术许可阶段。此时,创新者的收益为

$$\Pi(r) = F(r) + r d_2(r) \quad (5-71)$$

在约束条件下 $0 \leq r \leq \bar{r}$,需要求解 $\Pi(r)$ 关于 r 的最大值。由 (5-56) 式可知,

$$d_2(r) = N \cdot \frac{x(v_2, p_2^2(r))}{1 + x(v_1, p_1^2(r)) + x(v_2, p_2^2(r))} \quad (5-72)$$

<<< 第五章 考虑多种产品供需结构的企业质量提高型创新技术许可策略分析

在此,有如下引理。

引理 5.2 创新者的最优提成率 $r^* = 0$,所对应的固定费用为 $F(0)$。

证明:由(5-55)式可知

$$\frac{\partial x(v_j, p_j^2(r))}{\partial r} = -\alpha x(v_j, p_j^2(r)) \frac{\partial p_j^2(r)}{\partial r} \tag{5-73}$$

那么,再由(5-69)式可知

$$\begin{cases} \dfrac{\partial p_1^2(r)}{\partial r} = \dfrac{1}{\alpha}\left(\dfrac{\partial x(v_1, p_1^2(r))}{\partial r} + \dfrac{\partial x(v_2, p_2^2(r))}{\partial r}\right) \\ \dfrac{\partial p_1^2(r)}{\partial r} = \dfrac{\partial p_2^2(r)}{\partial r} - 1 \end{cases} \tag{5-74}$$

比较上面的方程式可得

$$\begin{cases} \dfrac{\partial p_1^2(r)}{\partial r} = \dfrac{x(v_2, p_2^2(r))}{1 + x(v_1, p_1^2(r)) + x(v_2, p_2^2(r))} \\ \dfrac{\partial p_2^2(r)}{\partial r} = \dfrac{x(v_1, p_1^2(r))}{1 + x(v_1, p_1^2(r)) + x(v_2, p_2^2(r))} \end{cases} \tag{5-75}$$

对 $\Pi(r)$ 两端关于 r 求导后整理可知

$$\frac{\partial \Pi(r)}{\partial r} = -Nr\alpha \cdot x(v_2, p_2^2(r)) \cdot \frac{x(v_1, p_1^2(r)) + \dfrac{\partial p_2^2(r)}{\partial r}}{(1 + x(v_1, p_1^2(r)) + x(v_2, p_2^2(r)))^2}$$

$$\tag{5-76}$$

由于 α、$x(v_i, p_i^2(r))$ ($i=1, 2$)以及 $\dfrac{\partial p_2^2(r)}{\partial r}$ 均大于零,那么。可知有 $r > 0$,$\dfrac{\partial \Pi(r)}{\partial r} < 0$。由此可知,$\Pi(r)$ 在 $r = 0$ 处有最大值。这说明,在两部制费用许可中,最优单位提成率为 0,而相应的固定费用为 $F(0)$。

证明完毕。

注意,引理 5.2 中所得到的最优许可策略与关于成本降低型显著创新技术的最优许可策略均为固定费用许可。这背后的经济学解释如下。垄断企业通过引入第二种品牌的产品可以带来利润的自然增长。但是,如果创新者设置单位提成费用，这必将增加垄断企业的边际成本从而抬高被许可产品的价格，而这相悖于消费者行为利益最大化的目标。因此，在此设置最优提成率是零，而仅仅收取固定费用，也就是只进行固定费用许可。

结合引理 5.1 和引理 5.2，我们可以得出许可模型的均衡解。

命题 5.2 在 Logit 需求下，对于创新者而言，其最优许可策略为固定费用许可。在垄断企业接受技术许可后，会同时生产新旧品牌两种产品，以期获得总利润的最大化。

接下来，继续分析其他相关性质。由 (5-55) 到 (5-64) 式关于 v_2 求导，可知

$$\frac{\partial \Pi_2(v_2)}{\partial v_2} = \frac{N}{\alpha}\left(\frac{\partial x(v_1, p_1^2(v_2))}{\partial v_2} + \frac{\partial x(v_2, p_2^2(v_2))}{\partial v_2}\right)$$

$$= N\left(-x(v_1, p_1^2(v_2))\frac{\partial p_1^2(v_2)}{\partial v_2} + x(v_2, p_2^2(v_2))\left(1 - \frac{\partial p_2^2(v_2)}{\partial v_2}\right)\right)$$

$$(5-77)$$

$$\frac{\partial p_1^2(v_2)}{\partial v_2} = \frac{1}{\alpha}\left(\frac{\partial x(v_1, p_1^2(v_2))}{\partial v_2} + \frac{\partial x(v_2, p_2^2(v_2))}{\partial v_2}\right) \quad (5-78)$$

$$\frac{\partial p_2^2(r)}{\partial v_2} = \frac{\partial c_2(v_2)}{\partial v_2} + \frac{1}{\alpha} \cdot \left(\frac{\partial x(v_1, p_1^2(v_2))}{\partial v_2} + \frac{\partial x(v_2, p_2^2(v_2))}{\partial v_2}\right) \quad (5-79)$$

注意到，此时 c_2 依赖于 v_2 的变化而变化。比较并合并上述各式可得

$$\frac{\partial \Pi_2(v_2)}{\partial v_2} = N \cdot \frac{x(v_2, p_2^2(v_2))\left(1 - \frac{\partial c_2(v_2)}{\partial v_2}\right)}{1 + x(v_1, p_1^2(v_2)) + x(v_2, p_2^2(v_2))} \quad (5-80)$$

直接可得

$$\frac{\partial \Pi(0)}{\partial v_2} = \frac{\partial \Pi_2(v_2)}{\partial v_2}, \frac{\partial (v_2 - c_2(v_2))}{\partial v_2} = 1 - \frac{\partial c_2(v_2)}{\partial v_2} \quad (5-81)$$

由于 $x(v_j, p_j^2(v_2)) > 0$，可以得出

$$\frac{\partial (v_2 - c_2(v_2))}{\partial v_2} \geq 0 \Leftrightarrow \frac{\partial \Pi(0)}{\partial v_2} \geq 0 \quad (5-82)$$

由 (5-82) 式可知，如果边际效用成本差随着效用的增大而增加，那么提

高创新者技术许可收益的唯一途径就是提高新品牌产品的效用,反之亦然。所以,在前述情况下,尽管低效用产品的创新技术可以被许可,但创新者仍有提高新品牌产品效用的激励。

(四) 本章小结

本章首先在上游原材料供应市场有不完全竞争垄断势力存在的情况下,分析下游两阶段耐用品独占垄断企业的创新激励以及外部创新者的最优许可策略问题。通过构建下游两阶段耐用品独占垄断企业与上游原材料供应企业之间的静态博弈模型,并在市场均衡分析推导的基础上,得出下游两阶段耐用品独占垄断企业会拥有质量提高型而没有成本降低型技术创新激励。此结论虽然与Li和Geng(2008)上游完全竞争假设下所得到的结论不同[14]。但是,其与实证调研所得的在大多数行业中质量提高型创新技术占较大比例的事实却保持一致(例如,Petsas和Giannikos,2005;Lunn,1986)[125,126]。

然后,通过运用逆向归纳法,在上游原材料市场存在不完全竞争的情况下,对质量提高型外部创新者对下游两阶段耐用品独占垄断企业进行技术许可的动态博弈模型进行均衡解求解,并从理论上给出了外部创新者的最佳技术许可策略。研究结果表明,关于最优许可方式,与上游企业处于完全竞争时外部创新者质量提高型创新技术的最优许可方式仅仅依赖于创新规模,且或为单位提成费用许可或为两部制费用许可的情况所不同的是,当上游企业处于不完全竞争的状态时,外部创新者最优许可方式不仅依赖于技术创新规模,还会受到上游市场结构、原材料最低供应价格等因素的影响。并且,最优许可方式除单位提成费用许可和两部制费用许可之外,还有可能是固定费用许可。这也与实践调研所得的固定费用许可、单位提成费用许可以及两部制费用许可可以共存的情况相一致(Rostoker,1984)[127]。

接下来,本章以终端市场的需求结构为切入点,在线性需求结构和Logit需求结构两种不同的市场结构下分析质量提高型技术创新许可决策问题。这其中,首先在市场线性需求结构、技术交易成本为零和创新技术规模不会引起市场垄断的假设条件下，通过构建技术许可博弈模型，并运用逆向归纳法求解博弈模型的均衡解。研究结果发现，在仅有一种许可方式可用的情况下，固定费用许可总是在创新规模较小时发生；单位提成费用许可发生与否，要取决于技术创新规模以及产品的初始边际成本。当创新规模较小且初始边际成本较高时，单位提成费用许可不会发生。另外，在两部制费用许可下，最优许可合同中仅仅包含单位提成费用。这说明，最优两部制费用许可退化为单位提成费用许可。而在固定费用许可和单位提成费用许可都可用的情况下，比较可知，从许可方总利润最大化的角度出发，单位提成费用许可总是最优；而从消费者剩余或社会福利最大化的角度出发，只有在固定费用许可发生时，其对应的消费者剩余和社会福利才能达到最大值。最后通过算例验证，在一定的创新规模范围内，随着创新规模的增大，固定费用许可、单位提成费用许可及许可前的消费者剩余和社会福利差异也在增大，但是固定费用许可的增长程度更大。

而对于非覆盖市场中 Logit 需求框架下的品牌创新产品的最优技术许可策略问题。本章研究发现，无论新品牌的效用提高与否，技术许可均会发生，且创新者的最优许可方式为固定费用许可。另外，即使在新产品效用能够被提高的情况下，在最终市场中垄断企业仍旧会同时生产新品牌产品和旧品牌产品。本章还从理论的角度分析了创新者的创新激励问题，并发现在边际效用成本差随着效用的增大而增加时，创新者仍有提高新品牌创新产品的激励。

从理论角度看，本章的研究拓展了技术许可理论体系，且为进一步的理论分析奠定了基础。从实践角度，对技术创新者制定创新计划以及许可策略有一定的指导意义。同时，在自主创新不断深入发展的大环境下，有利于政府制定技术创新政策。

第六章

考虑多种信息不对称条件的企业成本降低型创新技术许可策略分析

信息不对称性是指技术交易过程中，技术合约当事人一方拥有另一方不知道或无法验证的信息和知识。信息不对称在技术交易过程中广泛存在，那么作为技术交易的主要形式——技术许可，其在发生时也同样会面临各种各样的信息不对称因素。所以，本章将分别从不同的角度来考虑在技术许可过程中所遇到的信息不对称问题，以及其对于许可方（也就是技术创新者）的许可策略的影响。在这里，所涉及的信息不对称可能是不参与生产经营的外部创新者在不知道产品生产企业的相关信息（如市场需求、边际成本等），也可能是产品生产企业对于创新技术质量的相关信息掌握不完全等诸多方面。

（一）创新规模信息不对称下的成本降低型创新技术许可

本小节在许可方对成本降低型创新技术的创新规模拥有信息优势的情况下，讨论古诺双寡头竞争企业的技术许可决策问题，包括在此种情况下的许可前均衡、混同许可合约均衡、和分离许可合约均衡。

1. 基本模型假设及未许可情况

考虑同质古诺双寡头市场中两家企业，企业1和企业2。企业1拥有某种成本降低型创新技术，其技术创新规模为 $\varepsilon > 0$。也就是说，该创新技术能够使企业1的成本降低到 $(c-\varepsilon)$。对于该创新技术，企业2并不清楚其具体创新规模，只能通过一些先验信息来进行推测。为简化起见，在此假设企业2推测企业1创新技术的创新规模有两个可能取值 ε_l 和 ε_h，分别表示比创新规模真实值低和高两种情况,所以有 $\varepsilon_l < \varepsilon_h$。同时,企业 2 认为其值是 ε_l 的概率为 θ,相应地,企业 2 认为其值是 ε_h 的概率为 $(1-\theta)$,其中 $0 < \theta < 1$。θ 是两家企业的公共知识。另外,假设市场反需求函数为 $p = a - Q$,其中 p 表示产品价格,Q 表示市场的总产量。

基于以上假设,所构建的三阶段博弈模型如下。第一阶段,企业 1 决定是否进行技术许,以及具体的技术许可合同方式。第二阶段,企业 2 决定是否接受该技术许可合同。在此假设,企业 2 接受许可合同的条件是其在接受许可后的期望利润不小于其在许可前的利润。如果企业 1 提供混同许可合约且企业 2 接受,那么企业 2 运用新技术进行生产,并且按合约支付许可费用;如果企业 1 提供混同许可合约但企业 2 不接受,那么企业 2 运用旧技术生产;如果企业 1 提供分离许可合约且企业 2 从中选择并接受其中一项,那么企业 2 运用新技术进行生产,且按许可合同支付费用;如果企业 1 提供分离许可合同且企业 2 不接受任意一项合同,那么企业 2 运用旧技术生产。第三阶段,在第二阶段所做决策的基础上,两家企业在市场中通过同时确定其产量而进行竞争。

根据已有文献,如果此创新技术的创新规模为显著创新,这意味着企业 1 在使用新技术时所生产的产品的垄断价格为 $(a + c - \varepsilon)$,并不超过企业 1 在使用旧技术下的产品价格 c,即 $\varepsilon \geq (a - c)$。企业 1 将为市场的产品垄断者,而企业 2 被逐出市场。所以,在此假设企业 1 的创新技术为非显著创新技术。

在此,首先给出两家企业进行古诺竞争的一般均衡。如果进行古诺双寡头竞争的企业 1 和企业 2 的单位生产成本分别为 c_1 和 c_2,那么,可以得出相应的均衡产量 $q_i(c_1, c_2)$ 和均衡利润 $\Pi_i(c_1, c_2)$ 分别为

$$\begin{cases} q_1(c_1,c_2) = \dfrac{a - 2c_1 + c_2}{3}, q_2(c_1,c_2) = \dfrac{a - 2c_2 + c_1}{3} \\ \Pi_1(c_1,c_2) = \dfrac{(a - 2c_1 + c_2)^2}{9}, \Pi_2(c_1,c_2) = \dfrac{(a - 2c_2 + c_1)^2}{9} \end{cases}$$

(6 - 1)

由此可知,在固定费用许可的情况下,企业 2 愿意支付的最大技术许可费用为

$$T_j^F = \Pi_2(c - \varepsilon_j, c - \varepsilon_j) - \Pi_2(c - \varepsilon_j, c) \qquad (6-2)$$

其中，上标"F"表示固定费用许可。在单位提成费用许可下，企业2愿意支付的最大技术许可费用为

$$T_j^R = \Pi_2(c - \varepsilon_j, c - \varepsilon_j + r) - \Pi_2(c - \varepsilon_j, c) \qquad (6-3)$$

在本章中，下标 $j = l, h$ 分别表示低和高程度的创新规模这两种情况。如果技术许可双方对创新技术的创新规模都非常了解，那么，此博弈过程就变成为完全信息下的技术许可博弈。在此种情况下，Wang（2002）的研究表明，对于技术创新企业而言，单位提成费用许可要优于固定费用许可[21]。此时，技术创新企业的总收益为 $\Pi_1(c-\varepsilon, c) + \varepsilon q_2(c-\varepsilon, c)$。这其中，第一项代表企业1在采用新技术后的自身利润，第二项表示企业1进行技术许可的许可收益。

接下来按照博弈模型假设，分析技术许可前的情况。在技术许可没有发生时，企业1采用新技术进行生产时的自身利润为

$$\Pi_1^{NL} = \Pi_1(c - \varepsilon, c) \qquad (6-4)$$

其中，上标"NL"表示未进行技术许可的情况。

一般来说，企业1进行技术许可的条件是其在技术许可后所获得的总收益应不小于其在未许可情况下的总收益。在此，令满足许可发生条件的许可策略构成集合 Ω_L，其中，下标"L"表示技术许可发生。另外，由于企业2对于企业1创新技术的创新规模所掌握的信息不完全，那么，企业2对于企业1创新技术的创新规模预测有高低两种情况。所以，在进行技术许可时，企业1要充分考虑到企业2所认为企业1新技术的创新规模值的具体情况。

2. 混同许可合约及其均衡

混同均衡是指在企业1提供混同许可合约的情况下，即不通过合同区分企业2的类型，创新企业1和被许可企业2之间所达到的技术许可博弈均衡。此时，许可合同中的参数设置应该满足参与性约束条件，即创新企业1收取的许可费用不能超过企业2愿意支付许可费用的最大值，也就是许可前后企业2的均衡利润之差。接下来，将分析固定费用许可和两部制费用许可两种情况。

(1) 固定费用许可

在固定费用许可方式下，企业1通过一次性收取固定费用 F 后而将其创新技术许可给企业2。在技术许可发生后，企业2的产品的单位生产成本下降。但是，由于企业2对于企业1创新技术的创新规模所掌握的信息不完全，所以，基于前面的分析，可知企业1要根据企业2对于其创新技术掌握情况而收取高低两种可能的固定费用，分别为 F_l 和 F_h。

当收取较低的固定费用 T_l 时，企业2一定会接受技术许可。那么，此时企业1的总收益为

$$\Pi_l^F = \Pi_1(c-\varepsilon, c-\varepsilon) + T_l \tag{6-5}$$

当收取较高的固定费用 T_h 时，基于之前已掌握的先验信息，企业2接受技术许可的概率为 $(1-\theta)$。那么，此时企业1的总收益为

$$\Pi_h^F = \theta \cdot \Pi_1(c-\varepsilon, c) + (1-\theta) \cdot (\Pi_1(c-\varepsilon, c-\varepsilon) + T_h) \tag{6-6}$$

通过比较上述两种情况下企业1的总收益，可知

$$\Pi_l^F - \Pi_h^F = \theta \cdot (\Pi_1(c-\varepsilon, c-\varepsilon) + T_h - \Pi_1(c-\varepsilon, c)) + (T_l - T_h)$$
$$\tag{6-7}$$

当 $\Pi_1(c-\varepsilon, c-\varepsilon) + T_h > \Pi_1(c-\varepsilon, c)$ 时，存在 θ^* 满足

$$\theta^* = \frac{T_h - T_l}{\Pi_1(c-\varepsilon, c-\varepsilon) + T_h - \Pi_1(c-\varepsilon, c)} \tag{6-8}$$

显然，当 $\theta > \theta^*$ 时，由于 $\Pi_l^F > \Pi_h^F$，可知收取固定费用 F_l 的许可模式要优于收取固定费用 F_h 的许可模式。对于 $\theta < \theta^*$ 的情形，反之成立。而当 $\theta = \theta^*$ 时，企业1在两种许可模式下的总收益是一样的。

当 $\Pi_1(c-\varepsilon, c-\varepsilon) + T_h - \Pi_1(c-\varepsilon, c) \leq 0$ 时，$\Pi_l^F < \Pi_h^F < \Pi_1^{NL}$。因此，此种情况下的 F_l 和 F_h 不属于集合 Ω_L，所以，企业1的最优许可决策就是不进行许可。

综上所述，可得如下命题。

命题6.1 在关于新技术的创新规模存在信息不对称的条件下，技术创新企业进行固定费用许可的条件为 $\Pi_1(c-\varepsilon, c-\varepsilon) + T_h > \Pi_1(c-\varepsilon, c)$。另外，当 θ

≥θ^*时,许可方所收取的固定费用为 T_l,被许可方一定会接受许可。而当 $\theta<\theta^*$时,许可方所收取的固定费用为 T_h,被许可方以概率 $(1-\theta)$接受许可。

(2) 两部制费用许可

在两部制费用许可方式下 (F, r),企业 1 在收取一笔固定费用 F 后再通过设置单位提成率 r 后而将其创新技术许可给企业 2。因此,F 和 r 就分别变成了企业 2 的固定成本和单位生产成本。在技术许可发生后,企业 2 的产品的单位生产成本中也增加了 r。在两部制费用许可下,企业 1 和企业 2 的均衡产量和均衡利润分别为 $\Pi_i(c-\varepsilon, r)$,其中 $i\in\{1,2\}$。考虑 r 在不同区间和企业 2 愿意支付的 F,将分成三种情况来进行分析。

情形①:$r\in[0,\varepsilon_l]$,$F=T_l^R$。此种情况下企业 1 的总收益为

$$\Pi_1^P = \Pi_1(c-\varepsilon, r) + T_l^R + r \cdot q_2(c-\varepsilon, r) \tag{6-9}$$

将 $\Pi_1(c-\varepsilon, r)$,$q_2(c-\varepsilon, r)$ 和 T_l^R 代入上式可知,总收益 Π_1^P 可以表示成为 r 的函数 $\Pi_1^P(r)$。由 $\dfrac{\partial \Pi_1^P(r)}{\partial r}=0$ 可知,在此种情况下的最优提成率为

$$r = \frac{a - c + 5\varepsilon - 4\varepsilon_l}{2}. \tag{6-10}$$

另外,根据本小节开始的假设,$r\geq\varepsilon_l$,可知,最优单位提成率为 ε_l,总收益为

$$\Pi_1^P = \Pi_1(c-\varepsilon, \varepsilon_l) + \varepsilon_l \cdot q_2(c-\varepsilon, \varepsilon_l) \tag{6-11}$$

情形②:$r\in[0,\varepsilon_l]$,$F=T_h^R$。此种情况下企业 1 的总收益为

$$\Pi_2^P = (1-\theta)(\Pi_1(c-\varepsilon, r) + T_h^R + rq_2(c-\varepsilon, r)) + \theta \cdot \Pi_1(c-\varepsilon, c)$$
$$\tag{6-12}$$

情形③:$r\in[\varepsilon_l, \varepsilon_h]$,$F=T_h^R$。当 $\varepsilon=\varepsilon_h$ 时,企业 1 的总期望收益为

$$\Pi_{3h}^P = (1-\theta) \cdot (\Pi_1(c-\varepsilon_h, r) + T_h^R + rq_2(c-\varepsilon_h, r)) + \theta \cdot \Pi_1(c-\varepsilon_h, c)$$
$$\tag{6-13}$$

当 $\varepsilon=\varepsilon_l$ 时,注意在此种情况下有 $\varepsilon<r$。那么,企业 2 接受此项许可的概率为 $(1-\theta)$。但是,在企业 2 应用此技术后,企业 1 的总收益为

$$\Pi_{3l}^{P}(r) = \Pi_1(c-\varepsilon_l,c) + (1-\theta)\cdot T_h^R \quad (6-14)$$

当 $\varepsilon = \varepsilon_h$ 时，关于 r 最大化利润函数 $\Pi_2^P(r)$ 或 $\Pi_{3h}^P(r)$，可以得到最优单位提成率为

$$r = \frac{a-c+5\varepsilon_h-4\varepsilon_h}{2} > \varepsilon_h \quad (6-15)$$

而这，隐含着最优单位提成率以及总利润满足

$$r = \varepsilon_h \in (\varepsilon_l, \varepsilon_h], \Pi_{3h}^P(r) \geqslant \Pi_2^P(r)$$
$$\Pi_{3h}^P(r) = \Pi_1(c-\varepsilon_h,c) + (1-\theta)\cdot\varepsilon_h\cdot q_2(c-\varepsilon_h,c) \geqslant \Pi_1^{NL} \quad (6-16)$$

下面比较情形①和情形③下企业1的总收入。令

$$\Pi_1(c-\varepsilon_h,\varepsilon_l) + \varepsilon_l\cdot q_2(c-\varepsilon_h,\varepsilon_l) - \Pi_1(c-\varepsilon_h,c) = G \quad (6-17)$$

可以推出，对于 $G>0$，存在

$$\theta_h^* = 1 - \frac{G}{\varepsilon_h q_2(c-\varepsilon_h,c)} \quad (6-18)$$

那么，当 $\theta>\theta_h^*$ 时，由于 $\Pi_1^P(r) > \Pi_{3h}^P(r)$，所以。当 $\theta<\theta_h^*$ 时，反之亦然成立。而当 $\theta=\theta_h^*$ 时，企业1在两种许可模式下的总利润相同。

同样，对于 $G\leqslant 0$ 的情况，情形③下的许可模式优于情形①下的许可模式。这是因为，$\Pi_1^P(r) < \Pi_{3h}^P(r)$ 和 $\Pi_{3h}^P(\varepsilon_h) \geqslant \Pi_1^{NL}$。

现在，对于 $\varepsilon = \varepsilon_l$ 的情况，比较企业1在情形②和情形③下的总收益。关于 r 最大化利润函数 Π_2^P，可以得到无约束条件下的最优单位提成率

$$r = \frac{a-c+5\varepsilon_l-4\varepsilon_h}{2} \quad (6-19)$$

再加上单位提成率的约束条件，可知最优单位提成率为

$$r = \begin{cases} \varepsilon_l, \varepsilon_h \leqslant \dfrac{a-c+3\varepsilon_l}{4} \\ \dfrac{a-c+5\varepsilon_l-4\varepsilon_h}{2}, \dfrac{a-c+3\varepsilon_l}{4} < \varepsilon_h < \dfrac{a-c+5\varepsilon_l}{4} \\ 0, \varepsilon_h \geqslant \dfrac{a-c+5\varepsilon_l}{4} \end{cases} \quad (6-20)$$

对于 $\Pi_{3l}^P(r)$，最优单位提成率为 $r = \varepsilon_l$。此时，T_h^R 能够取得最大值，并且可以进一步得到 $\Pi_{3l}^P(\varepsilon_l) = \Pi_2^P(\varepsilon_l)$。这意味着，当创新规模较小时，情形②下的许可模式优于情形③下的许可模式。

现在比较企业1在情形①和情形②下的总收益。令

$$\Pi_1(c-\varepsilon_l, r) + T_h^r + r \cdot q_2(c-\varepsilon_l, r) - \Pi_1(c-\varepsilon_l, c) = J \quad (6-21)$$

直接计算可得 $J > 0$，并且有

$$\Pi_1^P(\varepsilon_l) > \Pi_1^{NL}, \Pi_2^P(r) > \Pi_1^{NL} \quad (6-22)$$

那么，存在

$$\theta_l^* = 1 - \frac{\varepsilon_l \cdot q_2(c-\varepsilon_l, c)}{J} \quad (6-23)$$

使得对于 $\theta > \theta_l^*$，有 $\Pi_1^P(\varepsilon_l) > \Pi_2^P(r)$。那么，情形①下的许可模式优于情形②下的许可模式，反之亦然。当 $\theta = \theta_l^*$ 时，两种模式下企业1的总利润相同。

命题6.2 在关于新技术的创新规模存在信息不对称的条件下，如果技术创新企业采用两部制费用许可，那么，关于最优许可模式，具体情况如下：

1) 如果创新技术的创新规模较大，那么，当且仅当 $G > 0$ 和 $\theta > \theta_h^*$ 时，对于企业1而言，情形①下的许可模式最优。否则，情形③下的许可模式最优。

2) 如果创新技术的创新规模较小，那么，当 $\theta > \theta_l^*$ 时，对于企业1而言，情形①下的许可模式最优。否则，情形②下的许可模式最优。

3) 企业1在两部制费用许可方式下的期望利润至少和其在固定费用许可下期望利润相同。

证明：从上面的讨论可知，结论1）和结论2）显然成立。而对于结论3），注意到，当 $0 \leq r < \varepsilon_l$ 时，$\Pi_1^P(r)$ 是 r 的增函数，那么有 $\Pi_1^P(\varepsilon_l) > \Pi_1^P(0) = \Pi_l^F$。对于创新规模较大的创新技术，当 $0 \leq r \leq \varepsilon_h$ 时，$\Pi_{3h}^P(0) = \Pi_h^F$ 和 $\Pi_{3h}^P(r)$ 是 r 的增函数。另一方面，对于创新规模较小的创新技术，令 $\Delta = \Pi_2^P - \Pi_h^F$，将（6-2）式相应的值代入可得

$$\Delta = \frac{r}{9}(a - c + 5\varepsilon_l - 4\varepsilon_h - r)(1 - \theta) \quad (6-24)$$

那么，当 $r^* = \dfrac{a-c+5\varepsilon_l-4\varepsilon_h}{2}$ 或者 $r^* = \varepsilon_l$ 时，有 $\Delta > 0$。如果当 $r=0$ 和 $\Delta = 0$ 时，应有 $\Pi_2^P \geq \Pi_h^F$。

证明完毕。

3. 分离许可合约及其均衡

分离均衡是指企业 1 对于不同类型的企业 2 提供不同的分离许可合约（F_l，r_l）和（F_h，r_h）时两家企业所达到的技术许可博弈均衡。除了参与性约束条件（PC）之外，分离合约还需要满足另外两个约束条件，即激励相容性约束条件（IC）。此处应该注意，仅仅当合约同时满足激励相容性约束条件时，分离合约才有意义。根据模型假设，此处企业 2 所满足的激励相容性约束表示为

$$\Pi_2(c-\varepsilon_l, r_l) - F_l \geq \Pi_2(c-\varepsilon_l, r_h) - F_h \qquad (\text{IC1})$$

$$\Pi_2(c-\varepsilon_h, r_h) - F_h \geq \Pi_2(c-\varepsilon_h, r_l) - F_l \qquad (\text{IC2})$$

在此处，假设 $F_l > F_h$，从上面的参与性约束可以得出

$$\Pi_2(c-\varepsilon_h, r_l) - \Pi_2(c-\varepsilon_h, r_h) \leq F_l - F_h \leq \Pi_2(c-\varepsilon_l, r_l) - \Pi_2(c-\varepsilon_l, r_h)$$

$$(6-25)$$

那么，应有 $\Pi_2(c-\varepsilon_l, c-\varepsilon_l+r_l) \geq \Pi_2(c-\varepsilon_l, c-\varepsilon_l+r_h)$。进而可知，有 $r_l > r_h$。但是，这与上面的式子相矛盾，因此假设不成立。从而可知，有 $F_l < F_h$。同样地，从上面的参与性约束可以得出 $r_l \geq r_h$。然后，直接计算和比较可知

$$\begin{cases} F_h = F_l + \Pi_2(c-\varepsilon_h, r_h) - \Pi_2(c-\varepsilon_h, r_l) \\ F_l = \Pi_2(c-\varepsilon_l, r_l) - \Pi_2(c-\varepsilon_l, c) \\ r_h \leq r_l \leq \varepsilon_l \end{cases} \qquad (6-26)$$

此时，企业 1 的期望总利润为

$$\Pi_1^S = \theta(\Pi_1(c-\varepsilon, r_l) + F_l + r_l \cdot q_2(c-\varepsilon, r_l)) \\ + (1-\theta)(\Pi_1(c-\varepsilon, r_h) + F_h + r_h \cdot q_2(c-\varepsilon, r_h)) \qquad (6-27)$$

将 F_l 和 F_h 代入可知，企业 1 的总利润变成 r_l 和 r_h 的函数，表示为 $\Pi_1^S(r_l, r_h)$。对于参数 r_l 和 r_h，最大化总利润函数可以得到最优单位提成率为

<<< 第六章 考虑多种信息不对称条件的企业成本降低型创新技术许可策略分析

$$r_l = \frac{2(\varepsilon_h - \varepsilon_l)}{\theta} + \frac{a - c + 5\varepsilon - 4\varepsilon_h}{2} > \frac{a - c + 5\varepsilon - 4\varepsilon_l}{2} > \varepsilon_l \quad (6-28)$$

由此可知，有 $r_l = \varepsilon_l$，$F_l = 0$。对于 $\varepsilon = \varepsilon_h$，$r_h > \varepsilon_l$，可知有 $r_h = \varepsilon_l$，$F_h = 0$。在此种情况下，有 $r_l = r_h$ 和 $F_h = F_l$。此时，分离许可均衡退化为混同许可均衡。

情形①：如果有 $r_h > \varepsilon_l$。在此情况下，有 $r_h = \varepsilon_l = r_l$，$F_h = F_l = 0$。这意味着，在此情况下分离许可合约退化成为混同许可合约。

情形②：如果有 $0 < r_h \leq \varepsilon_l$。在此情况下，最优单位提成率为 r_h。那么，相应的固定费用为 $F_h = \Pi_2(c - \varepsilon_h, r_h) - \Pi_2(c - \varepsilon_h, \varepsilon_l)$。

情形③：如果有 $r_h \leq 0$。在此情况下，最优单位提成率为 $r_h = 0$。那么，相应的固定费用为 $F_h = \Pi_2(c - \varepsilon_h, 0) - \Pi_2(c - \varepsilon_h, \varepsilon_l)$。

因此，对于成本下降规模较小的创新技术，情形②和情形③下的分离许可合约可能成为最优。所以，接下来，比较这些情况下企业 1 的期望总利润与混同许可合约下的总利润。

由于 $\Pi_1^S(\varepsilon_l, r_h) > \Pi_1^S(\varepsilon_l, \varepsilon_l) = \Pi_1^P$，所以情形①下的分离许可合约要优于混同许可合约。基于命题 6.2 的分析可知，还需比较分离许可合约中在情形②下企业 1 的最优总利润与混同合约下的总利润。令

$$\Pi_2(c - \varepsilon_h, \varepsilon_l) - \Pi_2(c - \varepsilon_h, c) = M \quad (6-29)$$

显然，对于 $M > 0$，存在

$$\theta_s^* = \frac{M}{M + \varepsilon_l \cdot q_2(c - \varepsilon_l, c)} \quad (6-30)$$

使得对于 $\theta > \theta_S^*$，有 $\Pi_1^S(\varepsilon_l, r_h) > \Pi_1^P(r)$。那么，分离许可合约在情形②下要优于混同许可合约，反之亦然。而对于 $\theta = \theta_S^*$，企业 1 在这两种形式许可合约下的总利润是相同的。

综上所述，可得如下命题。

命题 6.3 在关于新技术的创新规模存在信息不对称的条件下，如果技术创新企业采用分离式两部制费用许可合同，那么，关于最优许可模式，具体情况如下：

1) 如果创新技术的创新规模较大，那么，最优许可模式是混同许可合约。

145

2) 如果创新技术的创新规模较小且 $\varepsilon_h \leq (a-c+3\varepsilon_l)/4$，那么，最优许可模式是混同合约。反之，当 $\theta > \theta_S^*$ 时，最优许可模式是分离合约；当 $\theta < \theta_S^*$ 时，最优许可模式是分离合约。

（二）创新价值信息不对称下的成本降低型创新技术许可

本小节在被许可方对创新技术可能带来的商业价值有私有信息情况下，讨论古诺双寡头竞争企业的技术许可决策问题，包括在此种情况下的许可前均衡、混同许可合约均衡、和分离许可合约均衡。

1. 基本模型假设及未许可情况

考虑同质古诺双寡头市场中两家企业，企业1和企业2。成本降低型技术创新企业1的单位边际生产成本为 c，为公共信息。而企业2的单位边际生产成本 c' 是私有信息，且有 $0 < c < c' < a$。两家企业的固定成本均为0。记企业1和企业2的单位边际成本之差为 ε，其反映了企业1的创新技术对于企业2的商业价值。由于企业2的实际生产成本信息是私有信息，所以其可能取值为 ε_l 和 ε_h 两个值。为了保证企业2无论与否接受技术许可均不会被挤出市场，在此假设 $0 < \varepsilon_l < \varepsilon_h < (a-c)/2$。对于 $t \in \{l, h\}$，成本差 ε_t 对应于 t 型企业2。企业1认为企业2的 ε 取值为 ε_h 的概率为 θ，取值为 ε_l 的概率为 $(1-\theta)$，其中 $0 < \theta < 1$ 且 θ 为公共信息。企业1追求期望收益最大化，其收益包括许可收益和古诺竞争收益两部分。另外，假设市场反需求函数为 $p = a - Q$，其中 p 表示产品价格，Q 表示市场的总产量。

基于以上假设，企业1和企业2之间所构建的扩展型博弈模型如下。首先，自然选择两家企业的成本差 ε 为 ε_h 或者 ε_l，概率分别为 θ 和 $(1-\theta)$。企业2被告知 ε 的具体取值，而企业1不被告知。企业1决定是否许可其创新技术给企业2，以及在许可发生的情况下是提供单个许可合约（又称混同许可合约），还是提供一组许可合约（又称分离许可合约）。如果企业1提供混同许可合约且企业2接受，那么企业2运用新技术进行生产，并且按合约支付许可费用；如果企业1提供混同许可合约但企业2不接受，那么企业2运用旧技术生产；如果企业1提供分离许可合约且企业2从中选择并接受其中一项,那么企业2运用新技术进行生产,且按许可合同支付费用;如果企业1提供分离许可合同且企业2不接受任意一项合同,那么企业2运用旧技术生产。假设创新企业1和企业2均是风险中性的,且企业2的产出是可观测的,那么企业1和企业2之间不存在重新谈判。本小节运用逆向归纳法寻求博弈均衡。

在此,首先给出两家企业进行古诺竞争的一般均衡。如果进行古诺双寡头竞争的企业1和企业2的单位生产成本分别为c_1和c_2,那么,可以得出相应的均衡产量$q_i(c_1,c_2)$和均衡利润$\Pi_i(c_1,c_2)$分别为

$$\begin{cases} q_1(c_1,c_2) = \dfrac{a-2c_1+c_2}{3}, q_2(c_1,c_2) = \dfrac{a-2c_2+c_1}{3} \\ \Pi_1(c_1,c_2) = \dfrac{(a-2c_1+c_2)^2}{9}, \Pi_2(c_1,c_2) = \dfrac{(a-2c_2+c_1)^2}{9} \end{cases} \quad (6-31)$$

2. 混同许可合约及其均衡

混同均衡是指在企业1提供混同许可合约的情况下,亦即不通过合同区分企业2的类型,创新企业1和被许可企业2之间的所达到的技术许可博弈均衡。此时,许可合同中的参数设置应该满足参与性约束条件,即创新企业1收取的许可费用不能超过企业2愿意支付的许可费用的最大值,也就是许可前后企业2的均衡利润之差。接下来,将分析固定费用许可和两部制费用许可两种情况。

(1) 固定费用许可

在实践中,由于存在被许可方在获得许可技术之后对于许可技术存在模仿效应,或者在许可技术基础上的再研发,以及许可后被许可方的产出信息不可观测等因素使得单独使用单位提成费用许可不可行。因此,有必要单独讨论固定费用许可。在研究技术价值非对称信息下创新企业的许可策略之前,首先研究对称信息框架下的许可问题,其结论是分析非对称信息下创新企业的进行技术许可的策略基础。

引理6.1 在对称信息框架下,对于创新规模为ε的成本降低型创新技术,在位创新企业以固定费用形式进行技术许可的充要条件是$\varepsilon \leq 2(a-c)/5$,其

中 c 为创新企业的原始边际生产成本。

证明：在进行技术许可前，创新企业1和企业2的边际生产成本分别为 c 和 $(c+\varepsilon)$，则根据（6-31）式可知，企业1和企业2的古诺均衡利润分别为 $\Pi_1^{NL}(c,c+\varepsilon)$ 和 $\Pi_2^{NL}(c,c+\varepsilon)$，其中，上标"NL"表示未许可的情况。

在进行固定费用许可后，创新企业1和企业2的边际生产成本均为 c，企业1和企业2的古诺均衡利润分别为 $\Pi_1^F(c,c)$ 和 $\Pi_2^F(c,c)$，注意到 $\Pi_2^F(c,c) \geq \Pi_2^{NL}(c,c+\varepsilon)$，其中，上标"F"表示固定费用许可的情况。

创新企业可收取的固定费用应满足参与性约束条件，即企业1通过固定费用许可收取的固定费用 F 不能超过企业2许可前后的古诺均衡利润差，即

$$F \leq \Pi_2^F(c,c) - \Pi_2^{NL}(c,c+\varepsilon) \qquad (6-32)$$

企业1的总收益为许可收益和古诺均衡利润之和，即 $F + \Pi_1^F(c,c)$。其中，最大固定费用为

$$F = \Pi_2^F(c,c) - \Pi_2^{NL}(c,c+\varepsilon) \qquad (6-33)$$

那么，许可后企业1的最大总收益为 $\Pi_1^F(c,c) + \Pi_2^F(c,c) - \Pi_2^{NL}(c,c+\varepsilon)$。技术许可发生的充要条件是许可后企业1的总收益不小于其在许可前的古诺均衡利润，即

$$\Pi_1^F(c,c) + \Pi_2^F(c,c) - \Pi_2^{NL}(c,c+\varepsilon) \geq \Pi_1^{NL}(c,c+\varepsilon) \qquad (6-34)$$

依据（6-31）式，将相应的值代入上式并化简比较可得可得，创新规模 ε 须满足 $\varepsilon \leq \dfrac{2(a-c)}{5}$。

证明完毕。

接下来分析在信息不对称的情况下的最优固定费用许可合同。为此，有如下定理。

定理6.1 在技术创新价值信息不对称的框架下，从创新企业的角度出发，最优固定费用许可策略有如下三种情况：

(1) 若 $\varepsilon_h \leq \dfrac{2(a-c)}{5}$，则存在 $0 < \theta_1^* < 1$，使得当 $\theta \geq \theta_1^*$ 时，固定费用为 $F(\varepsilon_h)$ 许可合同最优；当 $\theta < \theta_1^*$ 时，固定费用为 $F(\varepsilon_l)$ 的许可合同最优。

(2) 若 $\varepsilon_l \leq \dfrac{2(a-c)}{5} < \varepsilon_h < \dfrac{a-c}{2}$，则存在 $0 < \theta_2^* < 1$，使得当且仅当 $\theta \leq \theta_2^*$ 时，固定费用 $F(\varepsilon_l)$ 的许可合同最优；否则，不进行技术许可最优。

(3) 若 $\varepsilon_l > \dfrac{2(a-c)}{5}$，不进行技术许可最优。

证明：根据被许可对象类型的不同，将分三种情况进行讨论。

(1) 若许可对象为 h 型的企业 2，则最大固定费用为 $F(\varepsilon_h)$，且创新企业 1 的最大期望收益为

$$\Pi_1^{F1} = \theta \cdot (\Pi_1(c,c) + F(\varepsilon_h)) + (1-\theta) \cdot \Pi_1(c, c+\varepsilon_l) \qquad (6-35)$$

根据引理 6.1 可知，当 $\varepsilon_h \leq \dfrac{2(a-c)}{5}$ 时，企业 1 的期望总利润大于不许可时的期望总利润，即

$$\Pi_1^{F1} > \Pi_1^{NL} = \theta \cdot \Pi_1(c, c+\varepsilon_h) + (1-\theta) \cdot \Pi_1(c, c+\varepsilon_l) \qquad (6-36)$$

若许可对象为 h, l 型的企业 2，则最大许可固定费用为 $F(\varepsilon_l)$。那么，企业 1 的总收益是 $\Pi_1^{F2} = \Pi_1(c, c) + F(\varepsilon_l)$。比较 Π_1^{F1} 和 Π_1^{F2} 可得

$$\Pi_1^{F1} - \Pi_1^{F2} = \theta(\Pi_1(c,c) + F(\varepsilon_h) - \Pi_1(c, c+\varepsilon_l)) - (\Pi_1(c,c) + F(\varepsilon_l) - \Pi_1(c, c+\varepsilon_l)) \qquad (6-37)$$

令 $\theta_1^* = \dfrac{\Pi_1(c,c) + F(\varepsilon_l) - \Pi_1(c, c+\varepsilon_l)}{\Pi_1(c,c) + F(\varepsilon_h) - \Pi_1(c, c+\varepsilon_l)}$，根据引理 6.1 可知，当 $\varepsilon_h \leq \dfrac{2(a-c)}{5}$ 时，有

$$\Pi_1(c,c) + F(\varepsilon_l) > \Pi_1(c, c+\varepsilon_l), \Pi_1(c,c) + F(\varepsilon_h) > \Pi_1(c, c+\varepsilon_l), F(\varepsilon_l) < F(\varepsilon_h) \qquad (6-38)$$

因此，可以验证 $0 < \theta_1^* < 1$，且当 $\theta \geq \theta_1^*$ 时，固定费用为 $F(\varepsilon_h)$ 的许可合同最优；而当 $\theta < \theta_1^*$ 时，固定费用为 $F(\varepsilon_l)$ 的许可合同最优。

(2) 当 $\varepsilon_l \leq \dfrac{2(a-c)}{5} < \varepsilon_h < \dfrac{a-c}{2}$ 时，从企业 1 的角度来看，只对 h 型的企业 2 进行技术许可，其最大期望总利润为

$$\Pi_1^{F1} = \theta \cdot (\Pi_1(c,c) + F(\varepsilon_h)) + (1-\theta) \cdot \Pi_1(c, c+\varepsilon_l) \qquad (6-39)$$

易验证，有 $\Pi_1^{F1} > \Pi_1^{NL} = \theta \cdot \Pi_1(c, c+\varepsilon_h) + (1-\theta) \cdot \Pi_1(c, c+\varepsilon_l)$ 成立。

若许可对象为 h, l 型的企业 2，那么，企业 1 的总利润为 $\Pi_1^{F2} = \Pi_1(c, c) + F(\varepsilon_l)$。此时，比较企业 1 在许可前后的总利润可知

$$\Pi_1^{NL} - \Pi_1^{F2} = \theta(\Pi_1(c, c+\varepsilon_h) - \Pi_1(c, c+\varepsilon_l)) - \\ (\Pi_1(c,c) + F(\varepsilon_l) - \Pi_1(c, c+\varepsilon_l)) \tag{6-40}$$

令 $\theta_2^* = \dfrac{\Pi_1(c, c) + F(\varepsilon_l) - \Pi_1(c, c+\varepsilon_l)}{\Pi_1(c, c+\varepsilon_h) - \Pi_1(c, c+\varepsilon_l)}$，同样，根据引理 6.1，在满足 $\varepsilon_l \leq \dfrac{2(a-c)}{5} < \varepsilon_h < \dfrac{a-c}{2}$ 条件下，可以验证当 $0 < \theta_2^* < 1$ 且 $\theta > \theta_2^*$ 时，企业 1 在不进行技术许可情况下的期望利润较高。而当 $\theta < \theta_2^*$ 时，采用固定费用为 $F(\varepsilon_l)$ 许可合同最优。

(3) 根据引理 6.1，结论 3) 自然成立。

证明完毕。

(2) 两部制费用许可

在两部制费用许可方式下 (F, r)，企业 1 在收取一笔固定费用 F 后再通过设置单位提成率 r 后而将其创新技术许可给企业 2。因此，F 和 r 就分别变成了企业 2 的固定成本和单位生产成本。在技术许可发生后，企业 2 的产品的单位生产成本也增加 r。同样地，在研究技术价值非对称信息下创新企业的许可策略之前，首先研究对称信息框架下的许可问题，其结论是分析非对称信息下创新企业的进行技术许可的策略基础。

引理 6.2 在对称信息框架下，对于创新规模为 $\varepsilon < (a-c)/2$ 的成本降低型创新技术，在位创新企业以两部制许可 $(0, \varepsilon)$ 合同进行技术许可最优。

证明：在进行技术许可前，企业 1 和企业 2 的均衡利润分别为 $\Pi_1^{NL}(c, c+\varepsilon)$ 和 $\Pi_2^{NL}(c, c+\varepsilon)$，其中，上标 "NL" 表示未许可的情况。

如果企业 1 按两部制费用许可方式 (F, r) 进行许可后，企业 1 和企业 2 的边际生产成本分别为 c 和 $(c+r)$，相应的企业 1 和企业 2 的均衡产量和均衡利润分别为 $q_1^{FR}(c, c+r)$ 和 $q_2^{FR}(c, c+r)$，以及 $\Pi_1^{FR}(c, c+r)$ 和 $\Pi_2^{FR}(c,$

$c+r$)。

企业1可提取的固定费用应满足参与性约束条件,也就是它所收取的固定费用 F 不能超过企业2在许可前后的均衡利润差,即 $F \leq \Pi_2^{FR}(c, c+r) - \Pi_2^{NL}(c, c+\varepsilon)$。

此时,企业1的总利润为许可收入和古诺均衡利润之和,即为 $\Pi_1^{FR}(c, c+r) + r \cdot q_2^{FR}(c, c+r) + F$。令 $F(r) = \Pi_2^{FR}(c, c+r) - \Pi_2^{NL}(c, c+\varepsilon)$,那么在技术许可后企业1的最大总收益为

$$\Pi_1^{FR}(c,c+r) + r \cdot q_2^{FR}(c,c+r) + F(r) \quad (6-41)$$

对上式关于 r 求导可知,当 $\varepsilon < \dfrac{a-c}{2}$ 时,得使得企业1总利润最大化的单位提成费用为 $r=\varepsilon$,相应的固定费用 $F(\varepsilon)=0$。此时,企业1的总利润变为

$$\Pi_1^{FR}(c,c+\varepsilon) + \varepsilon \cdot q_2^{FR}(c,c+\varepsilon) \quad (6-42)$$

显然,企业1在此时的总利润大于其未进行技术许可时的古诺均衡利润 $\Pi_1^{NL}(c, c+\varepsilon)$。因此,在两部制费用许可下,单位提成率设为 ε,固定费用设为0的许可合同是最优的。

证明完毕。

由于固定费用许可等价于单位提成率为0的两部制费用许可。因此根据引理6.2可知,有如下推论。

推论6.1 在完全信息框架下,对于创新规模不大的降低成本型技术许可,从创新企业的角度出发,单位提成费用许可要优于固定费用许可。

接下来分析在信息不对称的情况下的最优两部制费用许可合同。为此,有如下定理。

定理6.3 在技术创新价值信息不对称的框架下,从创新企业的角度出发,存在 $0 < \theta_3^* < 1$,使得当 $\theta \geq \theta_3^*$ 时,两部制费用为 $(\varepsilon_h, 0)$ 的许可合同最优;而当 $\theta < \theta_3^*$ 时,两部制费用为 $(\varepsilon_l, 0)$ 的许可合同最优。

证明:在两部制费用许可下,若许可对象为 h 型的企业2,那么,企业1的期望总利润为

$$\Pi_1^{FR} = \theta \cdot (\Pi_1(c,c+r) + F(r) + r \cdot q_2(c,c+r)) + (1-\theta) \cdot \Pi_1(c,c+\varepsilon_l)$$

(6-43)

根据引理 6.2 可知，上式前半部分最大化时，对应两部制费用为 $(\varepsilon_h, 0)$ 的许可合同。此时，企业 1 总利润为

$$\Pi_1^{FR1} = \theta \cdot \begin{pmatrix} \Pi_1(c,c+\varepsilon_h) + F(\varepsilon_h) + \varepsilon_h \cdot \\ q_2(c,c+\varepsilon_h) \end{pmatrix} + (1-\theta) \cdot \Pi_1(c,c+\varepsilon_l)$$

(6-44)

若许可对象为 h, l 型的企业 2，那么。企业 1 的期望收益是

$$\Pi_1^{FR2} = \Pi_1(c,c+r) + F(r) + r \cdot q_2(c,c+r) \quad (6-45)$$

根据引理 6.2 可知，上式前半部分最大化时，对应两部制费用为 $(\varepsilon_l, 0)$ 的许可合同。此时，企业 1 总利润为

$$\Pi_1^{FR2} = \Pi_1(c,c+\varepsilon_l) + F(\varepsilon_l) + r \cdot q_2(c,c+\varepsilon_l) \quad (6-46)$$

比较企业 1 在上述两种情况下的总利润，可知

$$\Pi_1^{FR1} - \Pi_1^{FR2} = \theta \cdot \begin{pmatrix} \Pi_1(c,c+\varepsilon_h) + \varepsilon_h \cdot q_2(c,c+\varepsilon_h) - \\ \Pi_1(c,c+\varepsilon_l) \end{pmatrix} - \varepsilon_l \cdot q_2(c,c+\varepsilon_l)$$

(6-47)

令 $\theta_3^* = \dfrac{\varepsilon_l \cdot q_2(c,c+\varepsilon_l)}{\Pi_1(c,c+\varepsilon_h) + \varepsilon_h \cdot q_2(c,c+\varepsilon_h) - \Pi_1(c,c+\varepsilon_l)}$，根据引理 6.2，可以验证，当 $0 < \theta_3^* < 1$ 且 $\theta \geq \theta_3^*$ 时，有

$$\Pi_1^{FR1} > \Pi_1^{FR2}, \Pi_1^{FR1} > \Pi_1^{NL} = \theta \cdot \Pi_1(c,c+\varepsilon_h) + (1-\theta) \cdot \Pi_1(c,c+\varepsilon_l)$$

(6-48)

此时，两部制费用为 $(\varepsilon_h, 0)$ 的许可合同最优。而当 $\theta < \theta_3^*$ 时，有

$$\Pi_1^{FR1} < \Pi_1^{FR2}, \Pi_1^{FR2} > \Pi_1^{NL} = \theta \cdot \Pi_1(c,c+\varepsilon_h) + (1-\theta) \cdot \Pi_1(c,c+\varepsilon_l)$$

(6-49)

此时，两部制费用为 $(\varepsilon_l, 0)$ 的许可合同最优。

证明完毕。

另外，根据定理 6.3，可得关于非对称信息框架下的创新企业的许可均衡策

略如下。

命题6.4 在技术创新价值信息不对称的框架下，如果采用两部制混同许可合约，从创新企业的角度出发，当创新技术高经济价值的可能性比较大时，两部制费用为 $(\varepsilon_h, 0)$ 的许可合同最优；当创新技术低经济价值可能性比较大时，两部制费用为 $(\varepsilon_l, 0)$ 的许可合同最优。

注意到，结合推论6.1，命题6.4与信息对称框架下的在位创新企业的技术许可策略保持一致。事实上，当 $\theta=1$ 时，即对应完全信息下技术高经济价值的情况，单位提成率为 ε_h 许可合同最优；当 $\theta=0$ 时，即对应完全信息下技术低经济价值的情况，单位提成率为 ε_l 许可合同最优。

3. 分离许可合约及其均衡

分离均衡是指企业1对于不同类型的企业2提供不同的分离许可合约 (F_l, r_l) 和 (F_h, r_h) 时两家企业的许可博弈均衡。除了参与性约束条件（PC）之外，分离合约还需要满足另外两个约束条件，即激励相容性约束条件（IC），即企业2只能选择与自己原始边际成本类型相同的许可方案，否则，其所能获得的净收益将小于0。注意，仅仅当合约满足激励相容性约束条件时，分离合约才有意义。根据模型假设，此处企业2所满足的激励相容性约束表示为

$$\Pi_2(c, c+r_l) - F_l \geq \Pi_2(c, c+r_h) - F_h \quad (IC1)$$

$$\Pi_2(c, c+r_h) - F_h \geq \Pi_2(c, c+r_l) - F_l \quad (IC2)$$

由上述两式可知，需满足

$$\Pi_2(c, c+r_h) - F_h = \Pi_2(c, c+r_l) - F_l \quad (6-50)$$

此时，企业2的参与性约束条件为

$$F_h \leq \Pi_2(c, c+r_h) - \Pi_2(c, c+\varepsilon_h) \quad (PC1)$$

$$F_l \leq \Pi_2(c, c+r_l) - \Pi_2(c, c+\varepsilon_l) \quad (PC2)$$

结合（6-50）式可知，在 (r_l, r_h) 一定的情况下，$F_l(r_l, r_h)$ 和 $F_h(r_l, r_h)$ 的最大值应需满足如下条件

$$F_h = \Pi_2(c, c+r_h) - \Pi_2(c, c+\varepsilon_h), F_l = \Pi_2(c, c+r_l) - \Pi_2(c, c+\varepsilon_l)$$

$$(6-51)$$

在分离许可合约下,企业 1 的期望总利润为

$$\Pi_1^S = \theta \cdot (\Pi_1(c, c + r_h) + F_h(r_l, r_h) + r_h \cdot q_2(c, c + r_h)) \\ + (1 - \theta) \cdot (\Pi_1(c, c + r_l) + F_l(r_l, r_h) + r_l \cdot q_2(c, c + r_l)) \quad (6-52)$$

显然,Π_1^S 是关于 r_l 和 r_h 的函数。注意到,为保证 $F_h(r_l, r_h) \geq 0$,由(6-51)式可知,须满足 $r_h \leq \varepsilon_l$。

由引理 6.2 可知,最大化此情况下企业 1 的期望总利润,得到 $r_h = r_l = \varepsilon_l$,以及 $F_h = F_l = 0$。所以,此时两部制分离许可合约退化为两部制混同许可合约 $(\varepsilon_h, 0)$。

综上所述,可得如下命题。

命题 6.5 在技术创新价值信息不对称的框架下,如果采用两部制分离许可合约,从创新企业的角度出发,许可方和被许可方之间不存在分离均衡。

(三) 生产成本信息不对称下的成本降低型创新技术许可

本小节在许可前被许可方对于其边际生产成本拥有私有信息情况下,讨论同质斯塔克伯格双寡头竞争企业的技术许可决策问题,包括在此种情况下的许可前均衡、混同许可合约均衡、和分离许可合约均衡。

1. 基本模型假设及未许可情况

考虑同质斯塔克伯格双寡头市场中两家企业,企业 1 和企业 2。企业 1 的初始边际成本为 c。假设企业 1 拥有一项新技术,能够使其边际生产成本降低 ε。也就是说,则企业 1 在使用新技术后的边际生产成本为 $(c - \varepsilon)$。但是,企业 2 对其最初的边际生产成本拥有私人信息,使得企业 1 并不知道这个边际生产成本的真实值,只能根据分布概率来进行预测。这里假设企业 2 的边际生产成本可能为高边际生产成本 c_{21} 和低边际生产成本 c_{22},并且两者服从二点分布,即

$$c_2 = \begin{cases} c_{21} & \text{概率为 } \theta, \\ c_{22} & \text{概率为 }(1 - \theta), \end{cases} \quad \text{且 } c_{21} > c_{22} \quad (6-53)$$

其中,$\theta \in [0, 1]$ 为两家企业的公共知识。

另外,假设市场反需求函数为 $p = a - Q$,其中 p 表示产品价格,Q 表示市场

<<< 第六章 考虑多种信息不对称条件的企业成本降低型创新技术许可策略分析

的总产量。此时假设许可方为企业 1（产量领导者），被许可方为企业 2（产量追随者），在非对称信息条件下，企业 1 对于企业 2 的边际生产成本并不完全知道，只知道企业 2 的边际生产成本服从概率为 θ 的二点分布。此时，企业 2 的相应产量为：

$$q_2 = \begin{cases} q_{21} & \text{概率为 } \theta \\ q_{22} & \text{概率为 }(1-\theta) \end{cases} \quad (6-54)$$

那么，两家企业各自的利润函数为：

$$\begin{cases} \pi_{21}(q_{21},q_1) = (a - q_{21} - q_1 - c_{21}) \cdot q_{21} \\ \pi_{22}(q_{22},q_1) = (a - q_{22} - q_1 - c_{22}) \cdot q_{22} \end{cases} \quad (6-55)$$

$$\pi_1(q_1,q_{21},q_{22}) = \theta \cdot (a - q_1 - q_{22} - c)q_1 + (1-\theta) \cdot (a - q_1 - q_{22} - c)q_1 \quad (6-56)$$

基于以上假设，所构建的三阶段博弈模型如下。第一阶段，企业 1 决定是否进行技术许可，以及具体的技术许可合同方式。第二阶段，企业 2 决定是否接受该技术许可合同。在此假设，企业 2 接受许可合同的条件是其在接受许可后的期望利润不小于其在许可前的利润。如果企业 1 提供混同许可合约且企业 2 接受，那么企业 1 和企业 2 在市场上斯塔克伯格竞争，且企业 2 运用新技术进行生产，并且按合约支付许可费用；如果企业 1 提供混同许可合约但企业 2 不接受，那么企业 2 运用旧技术生产；如果企业 1 提供分离许可合约且企业 2 从中选择并接受其中一项，那么企业 2 运用新技术进行生产，且按许可合同支付费用；如果企业 1 提供分离许可合同且企业 2 不接受任意一项合同，企业 2 运用旧技术生产。第三阶段，在第二阶段所做决策的基础上，两家企业在市场中通过同时确定其产量而进行竞争。

由于企业 1 是市场中的领导者，企业 2 为市场中的追随者。那么，企业 2 在企业 1 做出产量决策的承诺后进行其产量决策。所以，由 $\dfrac{\partial \pi_{21}}{\partial q_{21}} = 0$ 和 $\dfrac{\partial \pi_{22}}{\partial q_{22}} = 0$ 求解 $q_{21}(q_1)$ 和 $q_{21}(q_1)$ 后，代入企业 1 的期望利润函数（6-56）式中，根据利润最大化原则，求解可知

$$q_1^{NL} = \frac{a - 2c + \theta c_{21} + (1-\theta)c_{22}}{2}$$

$$\begin{cases} q_{21}^{NL} = \dfrac{a + 2c - (2+\theta)c_{21} - (1-\theta)c_{22}}{4} \\ q_{22}^{NL} = \dfrac{a + 2c - \theta c_{21} - (3-\theta)c_{22}}{4} \end{cases} \quad (6-57)$$

其中,"*NL*"代表没有许可的情况。相应地,两家企业的均衡利润为

$$\pi_1^{NL} = \frac{1}{2}\left(\frac{a - 2c + \theta c_{21} + (1-\theta)c_{22}}{2}\right)^2$$

$$\begin{cases} \pi_{21}^{NL} = \left(\dfrac{a + 2c - (2+\theta)c_{21} - (1-\theta)c_{22}}{4}\right)^2 \\ \\ \pi_{22}^{NL} = \left(\dfrac{a + 2c - \theta c_{21} - (3-\theta)c_{22}}{4}\right)^2 \end{cases} \quad (6-58)$$

2. 混同许可合约及其均衡

混同均衡是指在企业 1 提供混同许可合约的情况下,亦即不通过合同区分企业 2 的类型,创新企业 1 和被许可企业 2 之间所达到的技术许可博弈均衡。此时,许可合同中的参数设置应该满足参与性约束条件,即创新企业 1 收取的许可费用不能超过企业 2 愿意支付的许可费用的最大值,也就是为许可前后企业 2 的均衡利润之差。接下来,将分析固定费用许可和两部制费用许可两种情况。

(1) 固定费用许可

在固定费用许可方式下,企业 1 通过一次性收取固定费用 F 后而将其创新技术许可给企业 2。在技术许可发生后,企业 1 与企业 2 的边际生产成本均为 $(c-\varepsilon)$。那么,将其代入 (6-58) 式中可得

$$q_1^F = \frac{a - c + \varepsilon}{2}, \quad q_{21}^F = q_{22}^F = \frac{a - c + \varepsilon}{4} \quad (6-59)$$

$$\pi_1^F = \frac{1}{2}\left(\frac{a - c + \varepsilon}{2}\right)^2, \quad \pi_{21}^F = \pi_{22}^F = \left(\frac{a - c + \varepsilon}{4}\right)^2 \quad (6-60)$$

如果企业 1 对企业 2 仅通过收取固定费用而进行技术许可,其或者收取固

定费用 T_l，在这种情况下对于边际生产成本为 c_{21} 和 c_{22} 的两类被许可方均接受许可；或者收取固定费用 T_h，在这种情况下只有企业 2 在许可前边际生产成本高时会接受许可。如果企业 1 收取 T_l，那么其所获得总许可收入是 T_l。相反，如果企业 1 收取 T_h，企业 2 只有在原来边际生产成本高时接受许可，而在原来边际生产成本时不接受许可，那么企业 1 的期望许可收入为 $\theta T_h + (1-\theta) \cdot 0 = \theta T_h$。

此时，企业 1 的总利润为

$$\Pi_{1P}^F = \pi_1^F + max\{T_l, \theta T_h\} = \frac{1}{2}\left(\frac{a-c+\varepsilon}{2}\right)^2 + max\{T_l, \theta T_h\} \quad (6-61)$$

这里，固定费用的最大值为

$$\begin{cases} T_l = \pi_{22}^F - \pi_{22}^{NL} = \left(\frac{a-c+\varepsilon}{4}\right)^2 - \left(\frac{a+2c_1-\theta c_{21}-(3-\theta)c_{22}}{4}\right)^2 \\ T_h = \pi_{21}^F - \pi_{21}^{NL} = \left(\frac{a-c+\varepsilon}{4}\right)^2 - \left(\frac{a+2c_1-(\theta+2)c_{21}-(1-\theta)c_{22}}{4}\right)^2 \end{cases}$$

$$(6-62)$$

显然，存在 $\theta_1^* = \frac{T_l}{T_h}$，使得当 $\theta \leq \theta_1^*$ 时，两类边际成本的企业 2 均接受许可，且此时企业 1 的固定许可收入为 T_l；当 $\theta > \theta_1^*$ 时，企业 2 只有原来边际生产成本高时会接受许可。但是，如果企业 2 原来边际生产成本实际上很低，那么市场中将没有技术许可发生，因而不会有新技术服务于市场。也就是，企业 1 的预测与企业 2 的实际边际生产成本不符，从而会导致低效率生产。

命题6.1 在关于被许可方边际生产成本存在信息不对称的条件下，如果技术创新企业通过固定费用混同合约进行技术许可，那么，当 $\theta \leq \theta_1^*$ 时，所收取的固定费用为 T_l，且被许可方一定会接受许可。而当 $\theta > \theta_1^*$ 时，所收取的固定费用为 T_h，但被许可方以概率 θ 接受许可。

（2）两部制费用许可

在两部制费用许可方式下 (F, r)，企业 1 在收取一笔固定费用 F 后再通过设置单位提成率 r 后而将其创新技术许可给企业 2。因此，F 和 r 就分别变成了企业2的固定成本和单位生产成本。在技术许可发生后，企业1和企业2的边际成本分别为 $(c-\varepsilon)$ 和 $(c-\varepsilon+r)$。代入两家企业各自利润函数中，求解可知均衡状态下企业1和企业2的产量和利润分别为

$$q_1^{FR} = \frac{a-c+\varepsilon+r}{2}, q_{21}^{FR} = q_{22}^{FR} = \frac{a-c+\varepsilon-3r}{4}.$$

$$\pi_1^{FR} = \frac{1}{2}\left(\frac{a-c+\varepsilon+r}{2}\right)^2, \pi_{21}^{FR} = \pi_{22}^{FR} = \left(\frac{a-c+\varepsilon-3r}{4}\right)^2 \quad (6-63)$$

在两部制费用许可下，企业1的总利润为

$$\Pi_{1P}^{FR} = \pi_1^{FR} + \theta \cdot (F + r \cdot q_{21}^{FR}) + (1-\theta) \cdot (F + r \cdot q_{22}^{FR}). \quad (6-64)$$

同时，边际生产成本高、低两类企业2需满足下面的参与性约束条件

$$\left(\frac{a-c+\varepsilon-3r}{4}\right)^2 - F \geqslant \left(\frac{a+2c-(2+\theta)c_{21}-(1-\theta)c_{22}}{4}\right)^2 \quad (\text{PC1})$$

$$\left(\frac{a-c+\varepsilon-3r}{4}\right)^2 - F \geqslant \left(\frac{a+2c-\theta c_{21}-(3-\theta)c_{22}}{4}\right)^2 \quad (\text{PC2})$$

此时，最优的固定费用应为

$$F = \left(\frac{a-c+\varepsilon-3r}{4}\right)^2 - \left(\frac{a+2c-\theta c_{21}-(3-\theta)c_{22}}{4}\right)^2 \quad (6-65)$$

将上述各式代入企业1的利润函数中并最大化可以得到无约束条件下的最优单位提成率为 $r_1 = a - c + \varepsilon$。由于 $c < a$ 以及 $r \leqslant \varepsilon$，所以最优单位提成率应为 $r_1^* = \varepsilon$。此时，单位提成费用取最大值。两类企业2均会接受许可。相应地，企业1的固定费用 $F(r_1^*)$ 和总利润 $\Pi_{1P}^{FR}(r_1^*)$ 分别为

$$F = \left(\frac{a-c-2\varepsilon}{4}\right)^2 - \left(\frac{a+2c-\theta c_{21}-(3-\theta)c_{22}}{4}\right)^2 \quad (6-66)$$

$$\Pi_{1P}^{FR}(r_1^*=\varepsilon) = \frac{1}{2}\left(\frac{a-c-2\varepsilon}{2}\right)^2 + \left(\frac{a-c-2\varepsilon}{4}\right)^2 -$$

$$\left(\frac{a+2c-\theta c_{21}-(3-\theta)c_{22}}{4}\right)^2 + \varepsilon \cdot \frac{a-c-2\varepsilon}{4} \quad (6-67)$$

接下来，将分成两步与固定费用许可进行比较来确定最优许可合同。首先，将其与混同合约下固定费用许可发生时两种类型的企业2均接受许可时的企业1

<<< 第六章 考虑多种信息不对称条件的企业成本降低型创新技术许可策略分析

总利润相比较可知，有 $\Pi_{1P}^{FR} > \Pi_{1P}^{F} = \frac{1}{2}\left(\frac{a-c+\varepsilon}{2}\right)^2 + T_l$ 成立。这说明，企业 1 在混同合约下提供技术给两种类型的企业 2 时，与固定费用许可相比，其使用两部制费用许可可获利更多。

然后，将其与混同合约下固定费用许可发生时只有原边际成本高的企业 2 接受许可时的企业 1 总利润相比较可知，存在

$$\theta_2^* = \frac{1}{T_h}\Pi_{1P}^{FR}(r_1^*) - \frac{1}{2T_h}\left(\frac{a-c+\varepsilon}{2}\right)^2 < 1 \quad (6-68)$$

从而可知，当 $\theta < \theta_2^*$ 时，有 $\Pi_{1P}^{FR}(r_1^*) > \Pi_{1P}^{F} = \frac{1}{2}\left(\frac{a-c+\varepsilon}{2}\right)^2 + \theta \cdot T_h$ 成立。而当 $\theta > \theta_2^*$ 时，$\Pi_{1P}^{FR}(r_1^*) < \Pi_{1P}^{F} = \frac{1}{2}\left(\frac{a-c+\varepsilon}{2}\right)^2 + \theta \cdot T_h$ 成立。这说明，当 $\theta < \theta_2^*$ 时，企业 1 向两种类型的企业 2 提供两部制费用许可要比单一地高成本类型的企业 2 提供固定费用许可获利更多。反之，当 $\theta > \theta_2^*$ 时，企业 1 单一地向高成本类型的企业 2 提供固定费用要比两种类型的企业 2 提供两部制费用许可获利更多。

另外，易验证 $\theta_2^* > \theta_1^*$。这说明，如果两部制费用许可可用时，市场无效率发生的概率要降低，即企业 1 预测可以提供给对两种类型的企业 2 进行许可的概率更大。

综上所述，有如下命题。

命题 6.2 在关于被许可方边际生产成本存在信息不对称的条件下，如果技术创新企业仅通过混同合约进行技术许可，那么，当 $\theta < \theta_2^*$ 时，收取两部制费用 $[F(\varepsilon), \varepsilon]$ 最优，且被许可方一定会接受许可。而当 $\theta > \theta_2^*$ 时，收取固定费用 T_h 最优，但被许可方以概率 θ 接受许可。

根据命题 6.2 的结果，接下来，考虑两种极端情况。

1) 当 $\theta = 1$ 时，即企业 1 确定企业 2 原来为高边际生产成本。此时，企业 1 只收取固定费用，其总利润为

$$\pi_1^T = \frac{1}{2}\left(\frac{a-c+\varepsilon}{2}\right)^2 + \theta \cdot T_h = \frac{1}{2}\left(\frac{a-c+\varepsilon}{2}\right)^2 + T_h \quad (6-69)$$

159

2) 当 $\theta=0$ 时，即企业1确定企业2原来为低边际生产成本。此时，企业1收取两部制费用。这其中，单位提成率和固定费用分别为 $r_1^* = \varepsilon$ 和 $F(\varepsilon) = \left(\dfrac{a-c-2\varepsilon}{4}\right)^2 - \left(\dfrac{a+2c_1-3c_{22}}{4}\right)^2$。相应地，企业1的总利润为

$$\Pi_{1P}^{FR}(r_1^* = \varepsilon) = \frac{1}{2}\left(\frac{a-c+2\varepsilon}{2}\right)^2 + \varepsilon \cdot \frac{a-c-2\varepsilon}{4} +$$

$$\left(\frac{a-c-2\varepsilon}{4}\right) - \left(\frac{a+2c-3c_{22}}{4}\right)^2 \quad (6-70)$$

更进一步，当 $c_{21} = c_{22}$ 时，上式（6-70）退化为企业1在完全信息情况下的均衡利润。

3. 分离许可合约及其均衡

分离均衡是指企业1对于不同类型的企业2提供不同的分离许可合约（F_{21}，$r_2 1$）和（F_{22}，$r_2 2$）时两家企业所达到的技术许可博弈均衡。除了参与性约束条件（PC）之外，分离合约还需要满足激励相容性约束条件（IC），即企业2只能选择与自己原始边际成本类型相同的许可方案。否则，其所能获得的净收益将小于0。注意，仅仅当合约同时满足激励相容性约束条件时，分离合约才有意义。

首先，将（F_{21}，$r_2 1$）和（F_{22}，$r_2 2$）代入两家企业中的利润函数求解可知，均衡状态下的产量为

$$q_1^{FR}(r_{21}, r_{22}) = \frac{a-c+\varepsilon+\theta r_{21}+(1-\theta)r_{22}}{2}$$

$$\begin{cases} q_{21}^{FR}(r_{21}, r_{22}) = \dfrac{a-c+\varepsilon-(2+\theta)r_{21}-(1-\theta)r_{22}}{4} \\ q_{22}^{FR}(r_{21}, r_{22}) = \dfrac{a-c+\varepsilon-\theta r_{21}-(3-\theta)r_{22}}{4} \end{cases} \quad (6-71)$$

相应地，两家企业的均衡利润为

<<< 第六章 考虑多种信息不对称条件的企业成本降低型创新技术许可策略分析

$$\pi_1^{FR}(r_{21}, r_{22}) = \frac{1}{2}\left(\frac{a - c + \varepsilon + \theta r_{21} + (1 - \theta)r_{22}}{2}\right)^2$$

$$\pi_{21}^{FR}(r_{21}, r_{22}) = \left(\frac{a - c + \varepsilon - (2 + \theta)r_{21} - (1 - \theta)r_{22}}{4}\right)^2 \quad (6-72)$$

$$\pi_{22}^{FR}(r_{21}, r_{22}) = \left(\frac{a - c + \varepsilon - \theta r_{21} - (3 - \theta)r_{22}}{4}\right)^2$$

此时，两种类型的企业2所需要满足的激励相容性约束条件为

$$\left(\frac{a - c + \varepsilon - (2 + \theta)r_{21} - (1 - \theta)r_{22}}{4}\right)^2 -$$

$$F_{21} - \left(\frac{a + 2c - \theta c_{21} - (3 - \theta)c_{22}}{4}\right)^2 \leq 0 \quad (IC1)$$

$$\left(\frac{a - c + \varepsilon - \theta r_{21} - (3 - \theta)r_{22}}{4}\right)^2 - F_{22} -$$

$$\left(\frac{a + 2c - (2 + \theta)c_{21} - (1 - \theta)c_{22}}{4}\right)^2 \leq 0 \quad (IC2)$$

由于 $\pi_{22}^{NL} > \pi_{21}^{NL}$，所以，在满足参与性约束条件下，在分离许可合约下，企业1最优的固定费用应为

$$F_{21} = \left(\frac{a - c + \varepsilon - (2 + \theta)r_{21} - (1 - \theta)r_{22}}{4}\right)^2 - \left(\frac{a + 2c - \theta c_{21} - (3 - \theta)c_{22}}{4}\right)^2$$

$$F_{22} = \left(\frac{a - c + \varepsilon - \theta r_{21} - (3 - \theta)r_{22}}{4}\right)^2 - \left(\frac{a + 2c - (2 + \theta)c_{21} - (1 - \theta)c_{22}}{4}\right)^2$$

$$(6-73)$$

此时，企业1的总利润为

$$\Pi_{1S}^{FR} = \pi_1^{FR}(r_{21}, r_{22}) + \theta \cdot (F_{21} + r_{21} \cdot q_{21}^{FR}(r_{21}, r_{22})) +$$

$$(1 - \theta) \cdot (F_{22} + r_{22} \cdot q_{22}^{FR}(r_{21}, r_{22})) \quad (6-74)$$

显然，当企业2的原始边际生产成本为 c_{22} 时，在技术许可后，其所能获得的利润要小于未进行许可时的利润。所以，一方面，为了区分两种类型的企业2，并且还要保证企业2能够接受技术许可，另一方面，为了降低由于设置单位提成率对于企业2生产成本所造成的扭曲效应，企业1在这种情况下倾向于降

低单位提成费用，而增加固定费用。那么，在（IC2）条件的约束下，将 r_{22} 减少到 0 而增加 F_{22}，代入到（6–71）至（6–74）式中，对于 Π_{1S}^{FR} 关于 r_{21} 最大化求解可知，有 $r_{21} = \dfrac{a-c+\varepsilon}{4-3\theta}$。考虑到单位提成率约束条件，那么，最优单位提成率应为 $r_{21}^{*} = \min\left\{\dfrac{a-c+\varepsilon}{4-3\theta}, \varepsilon\right\}$。此时，存在 $\theta_{3}^{*} = 1 - \dfrac{a-c}{3\varepsilon}$，使得当 $\theta > \theta_{3}^{*}$ 时，有 $r_{21}^{*} = \varepsilon$。那么，固定费用为

$$\begin{cases} F_{21}(r_{21}^{*})_1 = \left(\dfrac{a-c-(1-\theta)\varepsilon}{4}\right)^2 - \left(\dfrac{a+2c-(\theta+2)c_{21}-(1-\theta)c_{22}}{4}\right)^2 \\ F_{22}(r_{21}^{*})_1 = \left(\dfrac{a-c+(1-\theta)\varepsilon}{4}\right)^2 - \left(\dfrac{a+2c-(\theta+2)c_{21}-(1-\theta)c_{22}}{4}\right)^2 \end{cases}$$

(6 – 75)

此时，企业 1 的总利润为

$$\Pi_{1S}^{FR}(r_{21}^{*})_1 = \dfrac{1}{2}\left(\dfrac{a-c+(1-\theta)\varepsilon}{2}\right)^2 + \theta\left(\dfrac{a-c-(1+\theta)\varepsilon}{4}\right)^2 +$$

$$(1-\theta)\left(\dfrac{a-c+(1+\theta)\varepsilon}{4}\right)^2$$

$$-\left(\dfrac{a+2c-(\theta+2)c_{21}-(1-\theta)c_{22}}{4}\right)^2 + \theta\varepsilon\cdot\left(\dfrac{a-c-(1+\theta)\varepsilon}{4}\right)$$

(6 – 76)

当 $\theta < \theta_{3}^{*}$ 时，有 $\dfrac{a-c+\varepsilon}{4-3\theta}$。那么，固定费用为

$$\begin{cases} F_{21}(r_{21}^{*})_2 = \left(\dfrac{(a-c+\varepsilon)(1-2\theta)}{2(4-3\theta)}\right)^2 - \left(\dfrac{a+2c_1-(\theta+2)c_{21}-(1-\theta)c_{22}}{4}\right)^2 \\ F_{21}(r_{21}^{*})_2 = \left(\dfrac{(a-c+\varepsilon)(1-\theta)}{(4-3\theta)}\right)^2 - \left(\dfrac{a+2c_1-(\theta+2)c_{21}-(1-\theta)c_{22}}{4}\right)^2 \end{cases}$$

(6 – 77)

此时，企业 1 的总利润为

$$\Pi_{1S}^{FR}(r_{21}^{*})_2 = \left(\dfrac{a-c+\varepsilon}{4-3\theta}\right)^2 \cdot \left(\dfrac{3}{2}\theta^2 - \dfrac{17}{4}\theta + 3\right) -$$

<<< 第六章 考虑多种信息不对称条件的企业成本降低型创新技术许可策略分析

$$\left(\frac{a+2c-(\theta+2)c_{21}-(1-\theta)c_{22}}{4}\right)^2 \tag{6-78}$$

从前文的讨论中可知，在混同许可合约下，企业 1 的总利润函数 $\Pi_{1P}^{FR}(r_1^*)$ 随着 θ 的增加而增加，并且在 $\theta=1$ 处取最大值，即

$$\Pi_{1P}^{FR}(r_1^*) = \frac{1}{2}\left(\frac{a-c+2\varepsilon}{2}\right)^2 + \left(\frac{a-c-2\varepsilon}{4}\right)^2 -$$

$$\left(\frac{a+2c-c_{21}-2c_{22}}{4}\right)^2 + \varepsilon\frac{a-c-2\varepsilon}{4} \tag{6-79}$$

而当 $\theta=1$ 时，在分离许可合约下企业 1 的总利润函数分别为

$$\begin{cases}\Pi_{1S}^{FR}(r_{21}^*)_1 = \frac{1}{2}\left(\frac{a-c+2\varepsilon}{2}\right)^2 + \left(\frac{a-c-2\varepsilon}{4}\right)^2 - \left(\frac{a+2c-3c_{21}}{4}\right)^2 + \varepsilon\frac{a-c-2\varepsilon}{4} \\ \Pi_{1S}^{FR}(r_{21}^*)_2 = \frac{1}{4}(a-c+\varepsilon)^2 - \left(\frac{a+2c-3c_{21}}{4}\right)^2\end{cases}$$

$$\tag{6-80}$$

那么，相减可知，有

$$\Pi_{1S}^{FR}(r_{21}^*)_1 - \Pi_{1P}^{FR}(r_1^*) = \left(\frac{a+2c_1-c_{21}-2c_{22}}{4}\right)^2 - \left(\frac{a+2c-3c_{21}}{4}\right)^2$$

$$= \frac{2a+4c-4c_{21}-2c_{22}}{4} \cdot \frac{2c_1-2c_{22}}{4} > 0 \tag{6-81}$$

以及

$$\Pi_{1S}^{FR}(r_{21}^*)_2 - \Pi_{1P}^{FR}(r_1^*) = \frac{1}{4}(a-c+\varepsilon)^2 - \left(\frac{a-c-2\varepsilon}{4}\right)^2 -$$

$$\left(\frac{1}{2}\left(\frac{a-c+2\varepsilon}{2}\right)^2 + \varepsilon\frac{a-c-2\varepsilon}{4}\right)$$

$$+ \left(\frac{a+2c_1-c_{21}-2c_{22}}{4}\right)^2 - \left(\frac{a+2c_1-3c_{21}}{4}\right)^2 \tag{6-82}$$

$$= \frac{(a-c)^2}{16} + \frac{(a+2c-2c_1-c_{22})}{2} \cdot \frac{(c_{21}-c_{22})}{2} > 0$$

因此，对于所有 $\theta \in [0,1]$，有 $\Pi_{1S}^{FR}(r_{21}^*)_1 > \Pi_{1P}^{FR}(r_1^*)$ 以及 $\Pi_{1S}^{FR}(r_{21}^*)_2 >$

$\Pi_{1P}^{FR}(r_1^*)$ 成立。这说明,对于企业 1 来说,如果收取两部制许可费用,那么,不论单位提成率是 $r_{21}^* = \varepsilon$ 还是 $r_{21}^* = \dfrac{a-c+\varepsilon}{4-3\theta}$,采用分离许可合约总是优于收取低固定费用的混同许可合约。

易验证,对于所有 $\theta \in [0, 1]$,有 $\Pi_{1S}^{FR}(r_{21}^*)_1 > \Pi_{1P}^{FR}(r_1^*) = \dfrac{1}{2}\left(\dfrac{a-c+\varepsilon}{2}\right)^2 + T_l$ 以及 $\Pi_{1S}^{FR}(r_{21}^*)_2 > \Pi_{1P}^{FR}(r_1^*) = \dfrac{1}{2}\left(\dfrac{a-c+\varepsilon}{2}\right)^2 + T_l$ 成立。这说明,对于企业 1 来说,采用收取两部制费用的分离许可合约进行技术许可要优于仅收取固定费用为 T_l 的混同许可合约。

另外,在前文的讨论中,可以求得在混同许可合约下企业 1 可能收取的固定费用的最大值为 $T_h = \left(\dfrac{a-c+\varepsilon}{4}\right)^2 - \left(\dfrac{a+2c-(\theta+2)c_{21}-(1-\theta)c_{22}}{4}\right)^2$。那么,可以证明,$T_h$ 是随着 θ 的增加而增加,并且在 $\theta = 1$ 处取得最大值,即

$$T_h(\theta = 1) = \left(\dfrac{a-c+\varepsilon}{4}\right)^2 - \left(\dfrac{a+2c-3c_{21}}{4}\right)^2 \qquad (6-83)$$

此时,企业 1 在混同合约下的总利润变成为

$$\Pi_{1P}^{F} = \dfrac{1}{2}\left(\dfrac{a-c+\varepsilon}{2}\right)^2 + T_h \qquad (6-84)$$

接下来,在 $\theta = 1$ 处同样需要分别比较 $\Pi_{1S}^{FR}(r_{21}^*)_1$、$\Pi_{1S}^{FR}(r_{21}^*)_2$ 与 Π_{1P}^{F} 的大小。将 (6-80) 式与 Π_{1P}^{F} 相减可知

$$\Pi_{1S}^{FR}(r_{21}^*)_1 - \Pi_{1P}^{F} = \dfrac{2(a-c)^2 + 6\varepsilon(a-c) + 3\varepsilon^2}{16} - \dfrac{1}{2}\left(\dfrac{a-c+2\varepsilon}{2}\right)^2$$

$$= \dfrac{\varepsilon(2a-2c+\varepsilon)}{16} > 0$$

$$(6-85)$$

$$\Pi_{1S}^{FR}(r_{21}^*)_2 - \Pi_{1P}^{F} = \dfrac{3(a-c+\varepsilon)^2}{16} - \dfrac{1}{2}\left(\dfrac{a-c+2\varepsilon}{2}\right)^2 = \dfrac{(a-c+\varepsilon)^2}{16} > 0$$

$$(6-86)$$

因此,对于所有 $\theta \in [0, 1]$,有 $\Pi_{1S}^{FR}(r_{21}^*)_1 > \Pi_{1P}^{F}$ 以及 $\Pi_{1S}^{FR}(r_{21}^*)_2 > \Pi_{1P}^{F}$ 成立。

这说明，对于企业 1 来说，如果收取两部制许可费用，那么不论单位提成率是 $r_{21}^* = \varepsilon$ 还是 $r_{21}^* = \dfrac{a-c+\varepsilon}{4-3\theta}$，采用分离许可合约总是优于收取高固定费用的混同许可合约。

总结上述讨论，可得如下命题。

命题 6.3 在关于被许可方边际生产成本存在信息不对称的条件下，如果技术创新企业要进行技术许可，那么采用通过收取两部制费用的分离许可合约总是优于混同许可合约，不论在混同许可合约中收取两部制费用还是收取单一的固定费用。

（四）本章小结

本章分别从不同的角度来考虑在技术许可过程中所遇到的信息不对称因素，通过假设创新规模信息不对称、创新价值信息不对称、以及生产成本信息不对称，来分析成本降低性创新技术的相关技术许可问题。

首先，对于创新企业对创新规模具有私有信息所引起的信息不对称条件下的技术许可，其研究表明，从创新技术持有企业的角度来看，最优许可策略依赖于新技术的创新程度和被许可企业对于创新企业的新技术认识程度。具体地讲，当创新规模较小时，如果被许可企业认为创新规模较小，那么采用混同许可合约最优；如果被许可企业认为其创新规模交较大，那么采用分离许可合约最优。但是，对于创新规模较大的情形，混同许可合约总是最优。另外，不管采用哪种许可方式，收取两部制费用都要优于单一地收取固定费用。

然后，对于被许可企业对创新技术价值具有私有信息所引起的信息不对称条件下的技术许可，其研究结果表明，如果采用两部制混同许可合约，从创新企业的角度出发，当创新技术高经济价值的可能性比较大时，采用高单位提成率的两部制费用许可合约最优；当创新技术低经济价值可能性比较大时，采用低单位提成率的两部制费用许可合约最优。但是，在模型假设框架下，创新企业并不会采用分离许可合约来进行技术许可。

最后，对于在许可前被许可企业对于其边际生产成本拥有私有信息所引起的信息不对称条件下的技术许可，本章构建了具有领导——追随结构斯塔克伯格竞争模型来分析其许可均衡。其研究结果表明，当技术创新企业仅通过混同合约进行技术许可时，如果被许可企业是高原始边际成本类型的概率较小，那么，收取两部制费用最优，且被许可企业一定会接受许可。否则，收取高固定费用最优，但被许可企业以一定概率接受许可。当技术创新企业通过分离合约进行技术许可时，那么，采用通过收取两部制费用的分离许可合约总是优于混同许可合约，不论在混同许可合约中收取两部制费用还是收取单一的固定费用。

第七章

考虑多种不确定性条件的企业创新技术许可策略分析

无论是技术研发创新还是应用新技术生产后对于新产品的市场需求,均存在一定的不确定性。在技术研发创新阶段,一般来说,新技术并不是在某一阶段或某一时期来集中研发完成,而是分阶段来进行。这主要是因为,在研发过程中,研发工艺和研发手段在不断更新,再加上消费者对于已有产品的需求在不断变化,这使得在研发的初始阶段,产品的性能水平往往不能一次性达到消费者对于产品所需要的性能。一种产品在生产技术上越是要求先进,那么这种生产技术在研发阶段的不确定性就会越强。所以,进行技术研发创新时,研发结果一直是一个不确定的变量。另外,对于应用新技术生产的产品,其市场需求一般来说也是不确定的。这种需求的不确定性恰恰反映了消费者对某种产品预期的不确定性。与此同时,其他企业也可能在同步进行类似的产品技术研发,那么,某种程度上的技术替代性也会影响到技术创新企业自身产品的市场竞争,从而使其市场需求呈现出明显的不确定性。所以,本章重点讨论在研发创新结果和市场需求不确定条件下的创新技术许可决策问题。

(一) 研发结果不确定下私有制企业创新技术许可

本小节首先来研究进行价格竞争的私有制技术创新企业在面对研发结果不确定以及技术溢出时,它是否以及如何将其非显著创新技术许可给竞争对手。考虑研发创新结果的不确定性是为了使技术创新企业的许可方案能够更接近现实世界的情况,而在价格竞争下研究技术许可的大多数文献都没有考虑这一点。

除了对于内部创新者，固定费用许可是否优于单位提成费用许可这一经典问题的探讨之外，本小节还考虑了之前大多数文献并没有在价格竞争中进行深入研究的两部制费用许可。

1. 基本模型假设及未许可的情况

考虑生产单一产品的两家企业（企业1和企业2）在双寡头价格竞争的伯川德市场上生产异质的替代产品。假设市场需求函数是线性的，且其具体形式如下：

$$q_i = \frac{(1-\theta)a - p_i + \theta p_j}{1-\theta^2} \quad (7-1)$$

其中，p_i 和 q_i 分别表示企业 i 的产品产量和价格；q_j 表示企业 j 的产量；a 是一个正常数；$\theta \in [0, 1)$ 表示两个企业之间的产品替代率：θ 值越小，表示两个企业之前的产品差异度越大。这里，$\theta=0$ 表示两家企业生产完全异质的产品①。

起初，两家企业拥有相同的生产成本 c（$0 < c < a$）。企业1进行研发创新，以期降低其生产成本。但是，研发结果是不确定的。如果企业1研发成功，其生产成本将变为0；如果研发失败，其生产成本将保持不变。不同于以往许多将研发成功概率视为外生变量的研究，在这里，考虑企业1可以通过研发投资选择来影响企业研发成功概率的情况。按照 Choi（1993）和 Mukherjee（2002）[129,130]，假设研发成功率会随着企业的研发投资的增加而增大，且其具体函数为 $x = \sqrt{I/v}$，其中，I 是企业1的研发投资额，v 是一个正常数②。显然，企业1对研发进行投资 vx^2 后，能够将其边际成本降为0的成功率为 x。所以，常数 v 可定义为企业1的研发效率，从而使研发投资额 vx^2 整体符合规模报酬递减规律。另外，假设在企业1研发创新成功后存在技术溢出，使得企业2的边

---

① 由 Singh 和 Vives（1984）研究可知[128]，当 $\theta=1$ 时，无法定义市场需求函数。因此，在分析中不考虑两家企业生产完全同质产品的情况。

② 注意到，这里的研发成功率函数 $x = \sqrt{I/v}$，最初是由 Mukherjee（2002）给出的。很容易验证，此函数 $x(I)$ 满足在 Choi（1993），Mukherjee（2002）以及其他涉及研发结果不确定的研究中提出的关于研发成功率函数所必须满足的基本假设，即 $x'(I) > 0$，$x''(I) < 0$，$x'(0) = \infty$ 和 $x'(\infty) = 0$。

<<< 第七章 考虑多种不确定性条件的企业创新技术许可策略分析

际成本降为 $(1-\beta)c$。此处，参数 $\beta \in (0,1)$ 表示新技术溢出程度。

此外，本章还进一步假设，只要有利可图，在研发创新成功后就有可能发生技术许可，并且两家企业都会参与到技术许可协议当中。根据协议，企业 1 通过提供一个许可合同而将其新技术转移给企业 2。这个许可合同以"要么接受要么放弃"为基础，可以仅包括固定费用，或者仅包括单位提成费用，或者包括两者的组合。然后，通过考虑在该许可合同下是否可以提高自身利润，企业 2 决定是否接受该许可合同。在此，本章给出一个常规假设，即如果企业 2 在接受许可合同时的自身利润和拒绝许可合同时的相同，那么它仍然选择接受合同。此外，为了排除两家公司进行串谋的可能性，本章还假设许可合同中可能涉及的固定费用以及单位提成率都是非负的。

在伯川德价格竞争中，在竞争阶段，两家企业通过同时且互相独立地设定其产品价格而在市场中进行竞争。基于以上模型假设，本章首先考虑许可不发生这个最基本的情况。

如果企业 1 以概率 x 研发成功，但是技术许可没有发生。此时，两家企业的边际成本分别为 0 和 $(1-\beta)c$。在产量竞争阶段，两家企业的目标函数分别为：

$$\pi_1^S = p_1 \frac{(1-\theta)a - p_1 + \theta p_2}{1-\theta^2}, \pi_2^S = [p_2 - (1-\beta)c] \frac{(1-\theta)a - p_2 + \theta p_1}{1-\theta^2}$$
(7-2)

其中，上标"S"表示研发成功但是没有技术许可的情形。那么，两家企业的均衡价格和均衡利润如下所示：

$$p_1^S = \frac{1}{4-\theta^2}[(1-\theta)(2+\theta)a + \theta(1-\beta)c]$$

$$p_2^S = \frac{1}{4-\theta^2}[(1-\theta)(2+\theta)a + 2(1-\beta)c]$$

$$\pi_1^S = \frac{1}{1-\theta^2}\left[\frac{(1-\theta)(2+\theta)a + \theta(1-\beta)c}{4-\theta^2}\right]^2$$

$$\pi_2^S = \frac{1}{1-\theta^2}\left[\frac{(1-\theta)(2+\theta)a - (2-\theta^2)(1-\beta)c}{4-\theta^2}\right]^2$$
(7-3)

在本小节中，假定企业 1 的创新是非显著的，也就是保证企业 2 在市场竞争中始终能够获得利润。所以，由 $q_2^S > 0$ 可知 $\beta > \beta_0 = 1 - \frac{(1-\theta)(2+\theta)}{(2-\theta^2)} \frac{a}{c}$。

如果企业 1 以概率 x 研发失败，两家企业的边际成本保持不变，均为 c。那么，两家企业在产量竞争阶段的目标函数为：

$$p_1^S = \frac{1}{4-\theta^2}[(1-\theta)(2+\theta)a + \theta(1-\beta)c]$$

$$p_2^S = \frac{1}{4-\theta^2}[(1-\theta)(2+\theta)a + 2(1-\beta)c]$$

$$\pi_1^S = \frac{1}{1-\theta^2}\left[\frac{(1-\theta)(2+\theta)a + \theta(1-\beta)c}{4-\theta^2}\right]^2 \quad (7-5)$$

$$\pi_2^S = \frac{1}{1-\theta^2}\left[\frac{(1-\theta)(2+\theta)a - (2-\theta^2)(1-\beta)c}{4-\theta^2}\right]^2$$

其中，上标"NS"表示研发失败的情形。由此可知，其均衡解为：

$$p_1^{NS} = \frac{(1-\theta)a+c}{2-\theta}, p_2^{NS} = \frac{(1-\theta)a+c}{2-\theta}$$

$$\pi_1^{NS} = \frac{(1-\theta)(a-c)^2}{(1+\theta)(2-\theta)^2}, \pi_2^{NS} = \frac{(1-\theta)(a-c)^2}{(1+\theta)(2-\theta)^2} \quad (7-6)$$

那么，在没有技术许可的情况下，企业 1 在研发创新前（事前）的期望利润为：

$$E(\Pi_1^N(x)) = x\pi_1^S + (1-x)\pi_1^{NS} - vx^2$$

$$= \frac{x}{1-\theta^2}\left[\frac{(1-\theta)(2+\theta)a + \theta(1-\beta)c}{4-\theta^2}\right]^2 + \quad (7-7)$$

$$(1-x)\frac{(1-\theta)(a-c)^2}{(1+\theta)(2-\theta)^2} - vx^2$$

在研发创新阶段，企业 1 通过确定最优投资额 $I(=vx^2)$ 来其最大化其期利润。所以，将 $x = \sqrt{I/v}$ 代入 $E(\Pi_1^N(x))$ 中，可得 $E(\Pi_1^N(I)) = \sqrt{I/v} \cdot \pi_1^S + (1-\sqrt{I/v}) \cdot \pi_1^{NS} - I$。对 $E(\Pi_1^N(I))$ 关于 I 求导可知，

$$\frac{\partial E(\Pi_1^N(I))}{\partial I} = \frac{1}{2\sqrt{Iv}}(\pi_1^S - \pi_1^{NS}) - 1 = \frac{\partial x}{\partial I}((\pi_1^S - \pi_1^{NS}) - 2vx) =$$

$$x'(I)\left(\frac{\partial E(\Pi_1^N(x))}{\partial x}\right) \qquad (7-8)$$

由于 $x'(I) > 0$，那么 $\partial E(\Pi_1^N(I))/\partial I = 0$ 等价于 $\partial E(\Pi_1^N(x))/\partial x = 0$。由此可知，研发阶段的最优投资额可以根据研发成功率来确定。所以，为了计算方便，本章按照 Zhang 等（2016）的处理方法[131]，将研发成功率 x 作为主要变量，从而来确定其在第一阶段的最佳投资额 vx^2。求解 $\partial E(\Pi_1^N(x))/\partial x = 0$，可得

$$x^N = \frac{1}{2v(1-\theta^2)}\left[\frac{(1-\theta)(2+\theta)a + \theta(1-\beta)c}{4-\theta^2}\right]^2 - \frac{(1-\theta)(a-c)^2}{2v(1+\theta)(2-\theta)^2}$$

$$(7-9)$$

下面的小节中，首先讨论两种主要许可方式：固定费用许可和单位提成费用许可，并以此来分析创新企业的最佳许可合同。然后，再拓展讨论一种更为通用的许可方式——两部制费用许可，它是前两种许可方式的组合，在现实世界中得到了广泛的应用。

2. 固定费用许可

在固定费用许可下，企业1通过一次性收取一定的费用 $F \geq 0$ 从而将新技术许可给企业2，并且此费用与企业2用新技术进行生产的产量无关。在技术许可后，两家企业以相同的边际成本 0 进行生产。

固定费用许可的博弈过程如下：第一阶段，企业1确定最优研发投资额，以期最大化其研发投资前的利润（也就是最大化期望利润）；第二阶段，如果企业1研发成功，那么它将提供一个固定费用许可合同给企业2，而企业2决定是否接受这个许可合同；如果企业1研发失败，则没有任何事情发生；第三阶段，在第二阶段的决策基础上，两家企业同时确定其产品价格后在市场上进行竞争。整个博弈过程通过反向归纳法来进行求解。

如果企业1以概率 x 研发成功并且固定费用许可发生。那么，在价格竞争阶段，两家企业的目标函数分别为：

$$\Pi_1^F = \pi_1^F + F = p_1 \frac{(1-\theta)a - p_1 + \theta p_2}{1-\theta^2} + F$$

$$(7-10)$$

$$\Pi_2^F = \pi_2^F - F = p_2 \frac{(1-\theta)a - p_2 + \theta p_1}{1-\theta^2} - F$$

其中，上标"F"表示固定费用许可的情形。那么，其均衡解如下所示：

$$p_1^F = p_2^F = \frac{(1-\theta)(2+\theta)a}{4-\theta^2}$$

$$\pi_1^F = \frac{1}{1-\theta^2}\left[\frac{(1-\theta)(2+\theta)a}{4-\theta^2}\right]^2, \pi_2^F = \frac{1}{1-\theta^2}\left[\frac{(1-\theta)(2+\theta)a}{4-\theta^2}\right]^2 \quad (7-11)$$

在许可阶段，企业1通过固定费用许可合同将新技术转移到企业2，并且通过收取最优的固定费用来最大化其研发创新后的利润。因此，带有约束的最大值问题可描述如下：

$$\underset{F}{Max}\Pi_1^F$$

$$s.t. \ \Pi_2^F - \pi_2^S \geqslant 0 \ and \ F \geqslant 0 \quad (7-12)$$

可以看到，在固定费用许可下，企业2的边际成本为0，与企业1所收取的固定许可费用无关。所以，企业1会收取尽可能高的固定许可费用，以增加自身的利润，从而使其在研发创新前获得更多的期望利润。因此，在保证企业2接受许可合同的前提下，企业1能够收取的最大许可费用就是企业2在接受许可后其自身利润的增量。而这表明，对于企业2的参与性约束，此时变成紧约束。所以，求解 $\Pi_2^F - \pi_2^S = 0$，可知

$$F = \pi_2^F - \pi_2^S = \frac{1}{1-\theta^2}\left[\frac{(1-\theta)(2+\theta)a}{4-\theta^2}\right]^2 -$$

$$\frac{1}{1-\theta^2}\left[\frac{(1-\theta)(2+\theta)a - (2-\theta^2)(1-\beta)c}{4-\theta^2}\right]^2 \quad (7-13)$$

那么，将式（7-13）带入到利润函数中，可得

$$\Pi_1^F = \frac{2}{1-\theta^2}\left[\frac{(1-\theta)(2+\theta)a}{4-\theta^2}\right]^2 - \frac{1}{1-\theta^2}\left[\frac{(1-\theta)(2+\theta)a - (2-\theta^2)(1-\beta)c}{4-\theta^2}\right]^2$$

$$\Pi_2^F = \frac{1}{1-\theta^2}\left[\frac{(1-\theta)(2+\theta)a - (2-\theta^2)(1-\beta)c}{4-\theta^2}\right]^2 \quad (7-14)$$

如果企业1以概率$(1-x)$研发失败，那么，其在研发创新后的利润仍为π_1^{NS}。所以，在固定费用许可下，企业1在研发创新前的期望利润为

$$E(\Pi_1^F(x)) = x\Pi_1^F + (1-x)\pi_1^{NS} - vx^2$$

$$= x \left\{ \frac{2}{1-\theta^2} \left[\frac{(1-\theta)(2+\theta)a}{4-\theta^2} \right]^2 - \frac{1}{1-\theta^2} \left[\frac{(1-\theta)(2+\theta)a - (2-\theta^2)(1-\beta)c}{4-\theta^2} \right]^2 \right\}$$

$$+ (1-x) \frac{(1-\theta)(a-c)^2}{(1+\theta)(2-\theta)^2} - vx^2 \qquad (7-15)$$

在研发创新阶段，根据研发成功率 x 的最优值，企业 1 确定其最优研发投资额，以期最大化研发创新前的期望利润。所以，由一阶条件可知，

$$x^F = \frac{[(4-\theta-2\theta^2)-(2-\theta^2)\beta]ac}{v(2-\theta)^2(2+\theta)(1+\theta)} - \frac{[(2-\theta-\theta^2)^2+(2-\theta^2)^2(1-\beta)^2]c^2}{2v(4-\theta^2)^2(1-\theta^2)}$$

$$(7-16)$$

通过比较企业 1 在许可前后的期望利润，可得到如下引理。

引理 7.1 在企业 1 研发创新成功后，如果 $0 < \theta < 0.6522$，那么对于所有的 $\beta \in (\beta_0, 1)$，固定费用许可必然发生；如果 $0.6522 < \theta < 1$，那么当且仅当 $\beta \in (\beta^F, 1)$，固定费用许可才会发生。

证明：将在固定费用许可和不许可情况下相应的研发成功率进行相减可知，

$$x^F - x^N = \frac{c^2(4-3\theta^2+\theta^4)(1-\beta)}{2v(4-\theta^2)^2(1-\theta^2)} \left(\beta - \left(1 - \frac{2(2+\theta)^2(1-\theta)^2}{4-3\theta^2+\theta^4} \frac{a}{c}\right) \right)$$

$$(7-17)$$

记 $\beta^F = 1 - \frac{2(2+\theta)^2(1-\theta)^2}{4-3\theta^2+\theta^4} \frac{a}{c}$。那么，当 $\beta > \beta^F$ 时，有 $x^F - x^N > 0$。由于本章假设企业 1 进行的是非显著技术创新，因此应该保证企业 2 在市场中的利润始终为正，此时可得 $\beta > \beta_0$。因此，应该确定 β^F 和 β_0 之间的大小关系。通过比较两者大小可知，当 $\theta \in (0, 0.6522)$，有 $\beta_0 > \beta^F$；而当 $\theta \in (0.6522, 1)$，有 $\beta_0 < \beta^F$。

所以，根据引理 A7.1，可得到如下结果①：

---

① 引理 A7.1 是在本章相关引理和命题证明过程中都会使用到的一个重要引理，其具体内容及证明过程参见附录。

(1) 如果 $\theta \in (0, 0.6522)$，那么，对于所有的 $\beta \in (\beta_0, 1)$，有 $x^F > x^N$ 和 $E(\Pi_1^F(x^F)) > E(\Pi_1^N(x^N))$；

(2) 如果 $\theta \in (0.6522, 1)$，那么，当且仅当 $\beta \in (\beta^F, 1)$，有 $x^F > x^N$ 和 $E(\Pi_1^F(x^F)) > E(\Pi_1^N(x^N))$。

证明完毕。

引理 7.1 表示，当企业 1 从事成本降低的研发创新并获得成功时，如果两家企业的产品替代率较低时（即 $0 < \theta < 0.6522$），那么它始终都会通过固定费用许可将新技术许可给企业 2，而不用考虑新技术的溢出程度。

3. 单位提成费用许可

在单位提成费用许可下，企业 1 通过设置以一定的产品提成率 $r \geq 0$ 而将新技术许可给企业 2。当产品提成率为正时，企业 1 的技术许可费用与企业 2 用新技术进行生产的产量密切相关。在技术许可后，两家企业分别以不同的边际成本 0 和 r 进行生产。

单位提成费用许可的博弈过程如下：第一阶段，企业 1 确定最优研发投资额，以期最大化其研发投资前的利润（也就是最大化期望利润）；第二阶段，如果企业 1 研发成功，那么它将提供一个单位提成费用许可合同给企业 2，而企业 2 决定是否接受这个许可合同；如果企业 1 研发失败，则没有任何事情发生；第三阶段，在第二阶段的决策基础上，两家企业同时确定其产品价格后在市场上进行竞争。整个博弈过程通过反向归纳法来进行求解。

如果企业 1 以概率 x 研发成功并且单位提成费用许可发生。那么，在价格竞争阶段，两家企业的目标函数分别为：

$$\Pi_1^R = \pi_1^R + rq_2 = p_1 \frac{(1-\theta)a - p_1 + \theta p_2}{1-\theta^2} + r \frac{(1-\theta)a - p_2 + \theta p_1}{1-\theta^2}$$

$$\Pi_2^R = \pi_2^R - rq_2 = (p_2 - r) \frac{(1-\theta)a - p_2 + \theta p_1}{1-\theta^2}$$

(7-18)

其中，上标"R"表示固定费用许可的情形。那么，求解均衡价格和均衡产量

如下:

$$p_1^R = \frac{(1-\theta)(2+\theta)a + 3\theta r}{4-\theta^2}, p_2^R = \frac{(1-\theta)(2+\theta)a + (2+\theta^2)r}{4-\theta^2}$$

$$q_1^R = \frac{(1-\theta)(2+\theta)a - \theta(1-\theta^2)r}{(1-\theta^2)(4-\theta^2)}, q_2^R = \frac{(1-\theta)(2+\theta)a - 2(1-\theta^2)r}{(1-\theta^2)(4-\theta^2)} \quad (7-19)$$

注意到,企业 1(企业 2)的均衡产量要低于(高于)在 Wang 和 Yang (1999) 中非显著创新令 $\varepsilon = c$ 的情况①。将 (7 - 19) 式代入到利润函数 (7 - 18) 式中,有

$$\Pi_1^R = \frac{[(1-\theta)(2+\theta)a + 3\theta r][(1-\theta)(2+\theta)a - \theta(1-\theta^2)r]}{(1-\theta^2)(4-\theta^2)^2}$$

$$+ r \frac{[(1-\theta)(2+\theta)a - 2(1-\theta^2)r]}{(1-\theta^2)(4-\theta^2)^2}$$

$$\Pi_2^R = \frac{[(1-\theta)(2+\theta)a - 2(1-\theta^2)r]^2}{(1-\theta^2)(4-\theta^2)^2} \quad (7-20)$$

在许可阶段,企业 1 通过单位提成费用许可合同将新技术转移到企业 2,并且通过设置产品单位提成率 r 来最大化其研发创新后的利润。因此,带有约束的最优化问题可描述如下:

$$\underset{r}{Max}\Pi_1^R$$

$$s.t. \ \Pi_2^R - \pi_2^S \geq 0 \text{ and } r \geq 0 \quad (7-21)$$

注意到,在单位提成费用许可下,企业 2 的边际成本变成 r,并且其相应的产量反应函数也与此提成率有关。这说明,单位提成率的变动不仅影响企业 2 的利润,还影响企业 1 研发创新后的总利润。因此,不同于固定费用许可的情形,对于企业 1 来说,设置企业 2 可接受许可合同的单位提成率可能不是企业 1 所期望的最优提成率。换句话说,可能会出现企业 2 的参与性约束不是紧约束的情况(Lin 和 Kulatilaka,2006)[13]。所以,此带有约束的最大值问题可分成以

---

① 这主要是因为,Wang 和 Yang (1999) 在单位提成费用许可中没有考虑许可方所设定的均衡价格也会影响被许可方的产量,进而影响许可方的总利润[19]。Colombo (2015) 首次指出这个问题,具体细节参见此文献[132]。

下两步来求解。

首先,如果不考虑企业 2 对所提供的技术许可合同的态度,而只关注能够使企业 1 研发创新成功后利润最大化的最优单位提成率。那么,求解 $\partial \Pi_1^R / \partial r = 0$,可得其内部解为

$$r^{iR} = \frac{(8+\theta^3)a}{2(8+\theta^2)} \qquad (7-22)$$

其次,注意到,在式 (7-20) 中,企业 2 的利润随着提成率 r 的增加而减少。因此,企业 1 可设定的最大单位提成率应满足其能够使企业 2 不管是接受还是拒绝许可合同,利润都保持一致。那么,求解 $\Pi_2^R - \pi_2^S = 0$,可知其角解为

$$r^{cR} = \frac{(2-\theta^2)(1-\beta)c}{2(1-\theta^2)} \qquad (7-23)$$

由此可知,企业 1 的最优提成率应是在这两个解 r^{iR} 和 r^{cR} 之间取最小值,即 $r^* = \min\{r^{iR}, r^{cR}\}$。记 $\beta^R = 1 - \frac{(8+\theta^3)(1-\theta^2)}{(8+\theta^2)(2-\theta^2)} \cdot \frac{a}{c}$,那么,比较可知,当 $\beta \lessgtr \beta^R$ 时,有 $r^{iR} \lessgtr r^{cR}$。显然,β^R 是决定企业 1 将内部解还是角解作为最优提成率的一个关键值。如果技术溢出程度较小 ($\beta_0 < \beta < \beta^R$),企业 1 仍然享有技术创新所带来的成本优势,此时两家公司之间的竞争并不是十分激烈。所以,企业 1 可以通过设定相对较低的单位提成率来增加企业 2 的产量,从而获得更多的许可收入。相反,如果技术溢出程度较大 ($\beta^R < \beta < 1$),企业 1 必须最大限度地提高单位提成率,以增加企业 2 的边际成本,来缓解激烈的市场竞争,同时获得较多的提成收入。基于上述分析,可得到如下结果。

(1) 对于 $\beta_0 < \beta < \beta^R$,最优提成率为 $r^* = r^{iR}$。那么,两家企业的事后利润为

$$\Pi_1^{iR} = \frac{(2+\theta)(\theta^2-\theta+6)a^2}{4(1+\theta)(8+\theta^2)}, \Pi_2^{iR} = \frac{(1-\theta)(2+\theta^2)a^2}{(1+\theta)(8+\theta^2)^2} \qquad (7-24)$$

(2) 对于 $\beta^R < \beta < 1$,最优提成率为 $r^* = r^{cR}$。那么,两家企业的事后利润为

$$\Pi_1^{cR} = \frac{(1-\theta)(2+\theta)^2 a^2}{(4-\theta^2)^2(1+\theta)} + \frac{(2-\theta^2)(4-2\theta+\theta^2)(1-\beta)ac}{2(2-\theta)^2(2+\theta)(1-\theta^2)}$$

$$- \frac{(8+\theta^2)(2-\theta^2)(1-\beta)^2 c^2}{4(1-\theta^2)^2(4-\theta^2)^2}$$

$$\Pi_2^{cR} = \frac{1}{1-\theta^2}\left[\frac{(1-\theta)(2+\theta)a + \theta(1-\beta)c}{4-\theta^2}\right]^2 \qquad (7-25)$$

如果企业 1 以概率 $(1-x)$ 研发失败，那么，其在研发创新后的利润仍为 π_1^{NS}。所以，在单位提成费用许可下，企业 1 在研发创新前的期望利润为

$$E(\Pi_1^R(x)) = \begin{cases} x\Pi_1^{iR} + (1-x)\pi_1^{NS} - vx^2 \text{ for } \beta_0 < \beta < \beta^R \\ xU_1^{cR} + (1-x)\pi_1^{NS} - vx^2 \text{ for } \beta^R < \beta < 1 \end{cases} \qquad (7-26)$$

在研发创新阶段，根据研发成功率 x 的最优值，企业 1 确定其最优研发投资额，以期最大化上述期望利润。所以，由式（7-26）的一阶条件可知，

$$x^R = \begin{cases} x^{iR} \text{ for } \beta_0 < \beta < \beta^R \\ x^{cR} \text{ for } \beta^R < \beta < 1 \end{cases} \qquad (7-27)$$

其中，

$$x^{iR} = \frac{(2+\theta)(\theta^2-\theta+6)a^2}{8v(1+\theta)(8+\theta^2)} - \frac{(1-\theta)(a-c)^2}{2v(1+\theta)(2-\theta)^2}$$

$$x^{cR} = \frac{1}{2v}\left[\frac{(1-\theta)(2+\theta)^2 a^2}{(4-\theta^2)^2(1+\theta)} + \frac{(2-\theta^2)(4-2\theta+\theta^2)(1-\beta)ac}{2(2-\theta)^2(2+\theta)(1-\theta^2)} - \frac{(8+\theta^2)(2-\theta^2)(1-\beta)^2 c^2}{4(1-\theta^2)^2(4-\theta^2)^2}\right]$$

$$- \frac{(1-\theta)(a-c)^2}{2v(1+\theta)(2-\theta)^2}.$$

同样地，仍需要分析企业 1 是否愿意通过单位提成费用合同来将新技术许可给企业 2。因此，通过比较许可前后企业 1 相应的期望利润，有如下引理。

引理 7.2 在企业 1 研发创新成功后，对于所有的 $\theta \in (0,1)$ 和 $\beta \in (\beta_0, 1)$，单位提成费用许可总是以正的单位提成率发生。

证明：整个证明过程将分成两种情况来完成。

情况（1）：对于 $\beta_0 < \beta < \beta^R$，最优单位提成率为 r^{iR}。那么，将在单位提成

费用许可和不许可情况下相应的研发成功率进行相减可知,

$$x^{iR} - x^N = \frac{F_1(\beta)}{8v(4-\theta^2)^2(1-\theta^2)(8+\theta^2)} \quad (7-28)$$

其中,

$$\begin{aligned}F_1(\beta) &= -4c^2\theta^2(8+\theta^2)\beta^2 + 8\theta(8+\theta^2)[(2-\theta-\theta^2)ac+\theta c^2]\beta \\ &\quad + (1-\theta^2)(^2+\theta)2(4-2\theta+\theta^2)a^2 \\ &\quad - 8\theta(1-\theta)(2+\theta)(8+\theta^2)ac - 4\theta^2(8+\theta^2)c^2\end{aligned}$$

易验证,对于所有的 $\beta_0 < \beta < \beta^R$,均有 $F_1(\beta) > 0$。所以,在此种情况下,有 $x^{iR} - x^N > 0$。

情况(2):对于 $\beta^R < \beta < 1$,最优单位提成率为 r^{cR}。那么,将在单位提成费用许可和不许可情况下相应的研发成功率进行相减可知,

$$x^{cR} - x^N = \frac{(8-4\theta^2-\theta^4)c}{8v(1-\theta^2)^2(4-\theta^2)}[\beta - (1 - \frac{2(1-\theta^2)(2+\theta)(2-2\theta+\theta^2)}{(8-4\theta^2-\theta^4)} \cdot \frac{a}{c})]$$

$$(7-29)$$

比较可知,$\beta^R - [1 - \frac{2(1-\theta^2)(2+\theta)(2-2\theta+\theta^2)}{(8-4\theta^2-\theta^4)} \cdot \frac{a}{c}] > 0$ 成立。所以,对于所有的 $\beta^R < \beta < 1$,有 $x^{cR} - x^N > 0$。

所以,根据引理 A7.1,可得如下结果:

(1) 如果 $\beta_0 < \beta < \beta^R$,有 $x^{iR} > x^N$ 和 $E(\Pi_1^R(x^{iR})) > E(\Pi_1^N(x^N))$;

(2) 如果 $\beta^R < \beta < 1$,有 $x^{cR} > x^N$ 和 $E(\Pi_1^R(x^{cR})) > E(\Pi_1^N(x^N))$。

证明完毕。

引理 7.2 指出,当企业 1 在研发创新成功后,如果仅有单位提成费用许可是可用的,它总是会通过这种方式其将非显著创新技术许可给企业 2,而不考虑两家企业之间的产品差异程度。这与以往在价格竞争中研究企业技术许可的相关文献所得的结论保持一致。而至于新技术溢出程度,它只在技术许可发生时确定最佳单位提成率时才发挥作用。

4. 最优许可合同分析

在之前的两小节中,已经得到在固定费用许可和单位提成费用许可下的两

家企业的均衡产量和利润，以及相应的研发成功率。所以，本小节将讨论哪种许可合同是私有制企业在研发创新成功后的最优选择。

前面的研究结果已经表明，在固定费用许可下企业1可以将创新技术许可给企业2，也可以不许可。然而，在单位提成费用许可下，企业1一定会将创新技术许可给企业2。由于使用这两种方法进行技术许可所要满足的约束条件有所差异，所以，整个对比分析将在两种情况下进行。

首先，考虑只有一种许可方法对于企业1是可用的情况。注意到，如果两家企业的产品差异度和技术溢出程度分别满足 $0.6522 < \theta < 1$ 和 $\beta_0 < \beta < \beta^F$，也就是企业1在固定费用许可下不进行技术许可的情况。此时，企业1在固定费用许可和单位提成费用许可下的期望利润分别为 $E(\Pi_1^N(x^N))$ 和 $E(\Pi_1^R(x^{iR}))$（或者 $E(\Pi_1^R(x^{cR}))$）。此时，由引理7.2可知，有 $E(\Pi_1^R(x^{iR})) > E(\Pi_1^N(x^N))$（和 $E(\Pi_1^R(x^{cR})) > E(\Pi_1^N(x^N))$）。这表明，当 $0.6522 < \theta < 1$ 和 $\beta_0 < \beta < \beta^F$ 时，单位提成费用许可要优于固定费用许可。

接下来，考虑企业1可以自由选择固定费用许可或单位提成费用许可的情况。通过比较这两种许可方法下的研发成功率和相应的期望利润，即可得到相关结果。那么，可得如下引理。

引理7.3 如果企业1研发创新成功，并且通过固定费用或单位提成费用将新技术许可给企业2，那么对于研发成功率和相应的期望利润的比较结果如下：

(1) 对于 $\theta \in (0, 0.5025)$，如果 $\beta < \min\{\tilde{\beta}, \tilde{\tilde{\beta}}\}$，有 $x^F > x^R$ 和 $E(\Pi_1^F(x^F)) > E(\Pi_1^R(x^R))$；如果 $\beta > \max\{\tilde{\beta}, \tilde{\tilde{\beta}}\}$，有 $x^F < x^R$ 和 $E(\Pi_1^F(x^F)) < E(\Pi_1^R(x^R))$。

(2) 对于 $\theta \in (0.5025, 1)$，有 $x^F < x^R$ 和 $E(\Pi_1^F(x^F)) < E(\Pi_1^R(x^R))$。

证明：根据引理A7.1，通过比较 x^F 和 x^R 就可以得到企业1的最优期望利润。考虑到单位提成费用许可有两种不同的研发成功率，所以整个比较过程将分成两步来完成。

步骤一：对于 $\beta_0 < \beta < \beta^R$，有

$$x^F - x^R = x^F - x^{iR} = \frac{F_2(\beta)}{8v(1-\theta^2)(8+\theta^2)(4-\theta^2)^2} \quad (7-30)$$

其中,

$$F_2(\beta) = -4c^2(8+\theta^2)(2-\theta^2)^2\beta^2 +$$
$$8c(2-\theta^2)(8+\theta^2)[(2-\theta^2)c - (2-\theta-\theta^2)a]\beta + M$$

以及

$$M = -(1-\theta^2)(2+\theta)2(\theta^2-2\theta+4)2a^2 + 8(1-\theta)(2+\theta)(2-\theta^2)(8+\theta^2)ac$$
$$-4(8+\theta^2)(2-\theta^2)2c^2.$$

可以看到,对于 $\beta_0 < \beta < \beta^R$,$F_2(\beta)$ 是单调递减的抛物函数,那么,它在整个区间内的值的正负要取决于其端点值的正负。将 β_0 和 β^R 代入 $F_2(\beta)$ 可知,有如下结果:

(1) 对于 $\theta \in (0.5205, 1)$,$F_2(\beta_0) < 0$ 表明,对于所有的 $\beta_0 < \beta < \beta^R$,有 $x^F - x^R < 0$;

(2) 对于 $\theta \in (0.4047, 0.5205)$,$F_2(\beta_0) > 0$ 和 $F_2(\beta^R) < 0$ 表明,存在一个 $\beta \in (\beta_0, \beta^R)$ 使得 $F_2(\tilde{\beta}) = 0$。那么,求解 $F_2(\tilde{\beta}) = 0$,可知 $\tilde{\beta} = 1 - \frac{(2-\theta-\theta^2) - (2+\theta)\sqrt{(1-\theta)(8+\theta^2)(16-32\theta+8\theta^2-12\theta^3+3\theta^4-\theta^5)}}{2-\theta^2} \cdot \frac{a}{c}$。所以,当 $\beta_0 < \beta < \tilde{\beta}$,有 $x^F - x^R > 0$;当 $\tilde{\beta} < \beta < \beta^R$,有 $x^F - x^R < 0$;

(3) 对于 $\theta \in (0, 0.4047)$,$F_2(\beta^R) > 0$ 表明,对于所有的 $\beta_0 < \beta < \beta^R$,有 $x^F - x^R > 0$。

步骤二:对于 $\beta^R < \beta < 1$,有

$$x^F - x^R = x^F - x^{cR} = -\frac{(1-\beta)(2-\theta^2)(8+6\theta^2-5\theta^4)c^2}{8v(1-\theta^2)^2(4-\theta^2)^2}(\beta - \tilde{\beta})$$

$$(7-31)$$

其中,$\tilde{\beta} = 1 - \frac{2\theta(1-\theta^2)(2+\theta)^2}{8+6\theta^2-5\theta^4} \cdot \frac{a}{c}$。这里,要确定 $\tilde{\beta}$ 与 β^R 之间的大小关系。通过计算,有如下结果:

(1) 对于 $\theta \in (0.4049, 1)$，$\beta^R - \tilde{\beta} > 0$ 表明，对于所有的 $\beta^R < \beta < 1$，有 $x^F - x^R < 0$；

(2) 对于 $\theta \in (0, 0.4049)$，$\beta^R - \tilde{\beta} < 0$ 和 $1 - \tilde{\beta} > 0$ 表明，当 $\beta^R < \beta < \tilde{\beta}$，有 $x^F - x^R > 0$；当 $\tilde{\beta} < \beta < 1$，有 $x^F - x^R < 0$。

这里，结合确保固定费用许可发生的约束条件以及引理 7.3 之前的相关讨论，即可得到引理 7.3 的结果。

证明完毕。

由引理 7.3 可以看出，研发成功率越高，企业 1 能够获得的期望利润就会越高。这表明，每一种许可方式所对应的研发成功率在确定企业 1 的最优许可合同过程中起着决定性作用。具体来说，对于 $\theta \in (0, 0.5025)$，如果 $\beta < \min\{\tilde{\beta}, \bar{\beta}\}$，那么，固定费用许可下的研发成功率高于单位提成费用许可下的研发成功率。这说明，此种情况下，固定费用许可优于单位提成费用许可。如果 $\beta > \max\{\tilde{\beta}, \bar{\beta}\}$，那么，情况则相反，表示单位提成费用许可要优于固定费用许可。而对于 $\theta \in (0.5025, 1)$，单位提成费用许可下的研发成功率总是高于固定费用许可下的研发成功率，这说明，此时的单位提成费用许可一直优于固定费用许可。

综上所述讨论，可得如下命题。

命题 7.1 在非显著研发创新成功后，如果技术创新企业可以自由选择固定费用许可或者单位提成费用许可，那么，当产品替代度和技术溢出都较小时，选择固定费用许可最优；而至于其他情况，则选择单位提成费用许可最优。

由命题 7.1 可知，在进行非显著技术创新成功之后，在大多数情况下，技术创新企业更愿意使用单位提成费用许可而不是固定费用许可，而例外只在两家产品的替代程度和新技术溢出程度都很小的情况下才会发生。

5. 拓展分析——两部制费用许可

在本节中，将考虑一种应用更广泛的许可方法——两部制费用许可，即固定费用和单位提成费用的组合。在这种许可机制下，技术创新企业不仅向被许可企业收取一次性固定费用，而且还会获得依赖于被许可企业产出的单位提成许可收入。

与固定费用和单位提成费用许可相同,两部制费用许可的博弈也包括三个阶段。首先,企业 1 根据研发概率 x 的值来确定其最佳的研发投资额。其次,如果企业 1 研发成功,它将提供一个两部制费用许可合同 (F, r),企业 2 决定是否接受这个许可合同。最后,根据在第二阶段所确定的成本配置,两家企业在市场中进行价格竞争。同样地,整个博弈过程仍用反向归纳法来求解。

如果企业 1 以概率 x 研发成功并且两部制费用许可发生,企业 1 和企业 2 的边际成本将变为 0 和 r。那么,在价格竞争阶段,两家企业的目标函数分别为:

$$\Pi_1^T = \pi_1^T + rq_2 = p_1 \frac{(1-\theta)a - p_1 + \theta p_2}{1-\theta^2} + r \frac{(1-\theta)a - p_2 + \theta p_1}{1-\theta^2} + F$$

$$\Pi_2^T = \pi_2^T - rq_2 - F = (p_2 - r) \frac{(1-\theta)a - p_2 + \theta p_1}{1-\theta^2} - F \quad (7-32)$$

其中,上标"T"表示两部制费用许可的情形。那么,其均衡解如下所示:

$$p_1^T = \frac{(1-\theta)(2+\theta)a + 3\theta r}{4-\theta^2}, \quad p_2^T = \frac{(1-\theta)(2+\theta)a + (2+\theta^2)r}{4-\theta^2}$$

$$q_1^T = \frac{(1-\theta)(2+\theta)a - \theta(1-\theta^2)r}{(1-\theta^2)(4-\theta^2)}, \quad q_2^T = \frac{(1-\theta)(2+\theta)a - 2(1-\theta^2)r}{(1-\theta^2)(4-\theta^2)}$$

$$(7-33)$$

将其代入利润函数式 (7-32) 中,可得

$$\Pi_1^T = \frac{[(1-\theta)(2+\theta)a + 3\theta r][(1-\theta)(2+\theta)a - \theta(1-\theta^2)r]}{(1-\theta^2)(4-\theta^2)^2} +$$

$$r \frac{[(1-\theta)(2+\theta)a - 2(1-\theta^2)r]}{(1-\theta^2)(4-\theta^2)^2} + F$$

$$\Pi_2^T = \frac{[(1-\theta)(2+\theta)a + (2+\theta^2)r][(1-\theta)(2+\theta)a - 2(1-\theta^2)r]}{(4-\theta^2)(1-\theta^2)(4-\theta^2)} -$$

$$r \frac{[(1-\theta)(2+\theta)a - 2(1-\theta^2)r]}{(1-\theta^2)(4-\theta^2)} - F \quad (7-34)$$

相应地,在许可阶段,企业 1 通过两部制费用许可合同将新技术转移到企业 2,并且通过设置固定费用 F 和产品单位提成率 r 来最大化其研发创新后的混

<<< 第七章 考虑多种不确定性条件的企业创新技术许可策略分析

合利润。因此，带有约束的最优化问题可描述如下：

$$\max_{F,r} \Pi_1^T$$

$$s.t. \ \Pi_2^T \geqslant \pi_2^S \ and \ r \geqslant 0 \qquad (7-35)$$

在两部制费用许可下，企业 1 在研发创新成功后的利润随着固定费用的增加而增加。那么，和固定费用许可类似，企业 1 会尽可能多地收取固定费用直至企业 2 的参与性约束变成紧约束为止。所以，由 $\Pi_2^T - \pi_2^S = 0$ 可知，

$$F^* = \frac{1}{1-\theta^2}\left[\frac{(1-\theta)(2+\theta)a - 2(1-\theta^2)r}{(4-\theta^2)}\right]^2 -$$

$$\frac{1}{1-\theta^2}\left[\frac{(1-\theta)(2+\theta)a - (2-\theta^2)(1-\beta)c}{4-\theta^2}\right]^2 \qquad (7-36)$$

显然，这个最大化的固定费用是一个关于单位提成率 r 的函数 $F^*(r)$。这表明，可以单独求解使事后利润最大化的 r 值，即可确定最优两部制许可合同。由 $\partial \Pi_1^T / \partial r = 0$，可知其内部解为

$$r^{iT} = \frac{\theta(2+\theta)^2 a}{8 + 10\theta^2} \qquad (7-37)$$

在两部制费用许可下，固定费用的非负性，$F \geqslant 0$，表示企业 1 所能设定的单位提成率应该满足 $r \leqslant \frac{(2-\theta^2)(1-\beta)c}{2(1-\theta^2)}$。所以，可得其角解为

$$r^{cT} = \frac{(2-\theta^2)(1-\beta)c}{2(1-\theta^2)} \qquad (7-38)$$

由此可知，两部制费用许可下的最优单位提成率应满足 $r^* = \min\{r^{iT}, r^{cT}\}$。将 r^{iT} 与 r^{cT} 比较可知，当且仅当 $\beta \lessgtr \beta^T$，有 $r^{iT} \lessgtr r^{cT}$。其中，$\beta^T = 1 - \frac{\theta(1-\theta^2)(2+\theta)^2}{(4+5\theta^2)(2-\theta^2)} \cdot \frac{a}{c}$。那么，许可合同中的最优提成率如下所示：

（1）对于 $\beta_0 < \beta < \beta^T$，最优单位提成率是内部解，$r^* = r^{iT} = \frac{\theta(2+\theta)^2 a}{8 + 10\theta^2}$。那么，将其代入利润函数中可知，

$$\Pi_1^T = \frac{(16 - 16\theta + 24\theta^2 - 12\theta^3 + 5\theta^4 + \theta^5)a^2}{4(1+\theta)(2-\theta)^2(4+5\theta^2)} + \frac{2(2-\theta^2)(1-\beta)ac}{(1+\theta)(2+\theta)(2-\theta)^2} -$$

$$\frac{(2-\theta^2)^2(1-\beta)^2 c^2}{(1-\theta^2)(4-\theta^2)^2}$$

$$\Pi_2^T = \frac{1}{1-\theta^2}\left[\frac{(1-\theta)(2+\theta)a + \theta(1-\beta)c}{4-\theta^2}\right]^2 \qquad (7-39)$$

此时，企业 1 所收取的固定费用应为

$$F = \frac{(1-\theta)(2+\theta^2)^2 a^2}{(1+\theta)(4+5\theta^2)^2} - \frac{1}{1-\theta^2}\left[\frac{(1-\theta)(2+\theta)a - (2-\theta^2)(1-\beta)c}{4-\theta^2}\right]^2 > 0.$$

$$(7-40)$$

（2）对于 $\beta^T < \beta < 1$，最优单位提成率是角解，$r^* = r^{cT} = \frac{(2-\theta^2)(1-\beta)c}{2(1-\theta^2)}$。代入利润函数中可知

$$\Pi_1^T = \frac{(1-\theta)(2+\theta)^2 a^2}{(4-\theta^2)^2(1+\theta)} + \frac{(2-\theta^2)(4-2\theta+\theta^2)(1-\beta)ac}{2(2-\theta)^2(2+\theta)(1-\theta^2)} -$$

$$\frac{(8+\theta^2)(2-\theta^2)(1-\beta)^2 c^2}{4(1-\theta^2)^2(4-\theta^2)^2}$$

$$\Pi_2^T = \frac{1}{1-\theta^2}\left[\frac{(1-\theta)(2+\theta)a + \theta(1-\beta)c}{4-\theta^2}\right]^2 \qquad (7-41)$$

此时，企业 1 所收取的固定费用为 $F = 0$。

如果企业 1 以概率 $(1-x)$ 研发失败，那么，其在研发创新后的利润仍为 π_1^{NS}。所以，在两部制费用许可下，企业 1 在研发创新前的期望利润为 $E(\Pi_1^T(x)) = x\Pi_1^T + (1-x)\pi_1^{NS} - vx^2$

在研发创新阶段，根据研发成功率 x 的最优值，企业 1 确定其最优研发投资额，以期最大化上述期望利润。

（1）当 $\beta_0 < \beta < \beta^T$ 时，企业 1 的期望利润为

$$E(\Pi_1^T(x)) = x\left[\frac{(16-16\theta+24\theta^2-12\theta^3+5\theta^4+\theta^5)a^2}{4(1+\theta)(2-\theta)^2(4+5\theta^2)} + \frac{2(2-\theta^2)(1-\beta)ac}{(1+\theta)(2+\theta)(2-\theta)^2} - \frac{(2-\theta^2)^2(1-\beta)^2 c^2}{(1-\theta^2)(4-\theta^2)^2}\right]$$

$$+ (1-x)\frac{(1-\theta)(a-c)^2}{(1+\theta)(2-\theta)^2} - vx^2 \qquad (7-42)$$

由式 (7-42) 的一阶条件可知,

$$x^T = \frac{1}{2v}\left[\frac{(16-16\theta+24\theta^2-12\theta^3+5\theta^4+\theta^5)a^2}{4(1+\theta)(2-\theta)^2(4+5\theta^2)} + \frac{2(2-\theta^2)(1-\beta)ac}{(1+\theta)(2+\theta)(2-\theta)^2} - \frac{(2-\theta^2)^2(1-\beta)^2c^2}{(1-\theta^2)(4-\theta^2)^2}\right] - \frac{(1-\theta)(a-c)^2}{2v(1+\theta)(2-\theta)^2}$$

(7-43)

(2) 当 $\beta^T < \beta < 1$ 时，企业 1 的期望利润为

$$E(\Pi_1^T(x)) = x\left[\frac{(1-\theta)(2+\theta)^2 a^2}{(4-\theta^2)^2(1+\theta)} + \frac{(2-\theta^2)(4-2\theta+\theta^2)(1-\beta)ac}{2(2-\theta)^2(2+\theta)(1-\theta^2)} - \frac{(8+\theta^2)(2-\theta^2)(1-\beta)^2 c^2}{4(1-\theta^2)^2(4-\theta^2)^2}\right]$$
$$+ (1-x)\frac{(1-\theta)(a-c)^2}{(1+\theta)(2-\theta)^2} - vx^2$$

(7-44)

由式 (7-44) 的一阶条件可知,

$$x^T = \frac{1}{2v}\left[\frac{(1-\theta)(2+\theta)^2 a^2}{(4-\theta^2)^2(1+\theta)} + \frac{(2-\theta^2)(4-2\theta+\theta^2)(1-\beta)ac}{2(2-\theta)^2(2+\theta)(1-\theta^2)} - \frac{(8+\theta^2)(2-\theta^2)(1-\beta)^2 c^2}{4(1-\theta^2)^2(4-\theta^2)^2}\right]$$
$$- \frac{(1-\theta)(a-c)^2}{2v(1+\theta)(2-\theta)^2}$$

(7-45)

由于本章的研究目的是为技术创新企业确定最优的许可方式，因此仍需要讨论技术创新企业是否有动机进行两部制费用许可。通过比较企业 1 在两部制费用许可和未进行技术许可情况下的期望利润和相应的研发成功率，可得如下引理。

引理 7.4 在非显著技术创新结果不确定的情况下，如果企业 1 在创新成功后可以使用两部制费用许可，那么技术许可一定会发生，而这与两家企业的产品的替代程度以及新技术溢出程度无关。

证明：当 $\beta^T < \beta < 1$ 时，两部制费用许可等价于单位提成费用许可中单位提

成率是角解时的情况。所以，由引理 7.2 可知，此时企业 1 在研发创新前的最大期望利润要高于无技术许可的情形。

当 $\beta_0 < \beta < \beta^T$ 时，将在两部制费用许可和不许可情况下相应的研发成功率进行相减可知，

$$x^T - x^N = \frac{F_3(\beta)}{8v(4-\theta^2)^2(1-\theta^2)(4+5\theta^2)} \quad (7-46)$$

其中，

$$F_3(\beta) = -4c^2(4+5\theta^2)(4-3\theta^2+\theta^4)\beta^2 - 8(4+5\theta^2)$$
$$[(2+\theta)2(1-\theta)2ac - (4-3\theta^2+\theta^4)c^2]\beta + \theta^2(1-\theta^2)(2+\theta)^4 a^2$$
$$+ 8(4+5\theta^2)(2+\theta)(1-\theta)2ac - 4(4+5\theta^2)(4-3\theta^2+\theta^4)c^2.$$

易验证，对于 $\beta_0 < \beta < \beta^T$，$F_3(\beta) > 0$ 恒成立，从而有 $x^T - x^N > 0$。那么，由引理 A7.1 可知，$E(\prod_1^T(x^T)) > E(\prod_1^N(x^N))$。

综上所述，即可得到引理结果。

证明完毕。

由于单位提成费用许可可以被看成是两部制费用许可的一种特殊情况。所以，由引理 7.2 可知，企业 1 总是愿意使用两部制费用许可，而不是在两部制费用许可可用的情况下而不进行技术许可。

在上一节中，已经分析了技术创新企业在固定费用许可和单位提成费许可这两者之间的最优选择。接下来，要讨论两部制费用许可与这两种许可方法相比时的最优性问题，也就两部制费用许可是否也可以成为一个最优选择。

首先，对于 $\beta^T < \beta < 1$，两部制费用许可退化成单位提成率是角解的单位提成费用许可。由于 $\beta^T > \max\{\beta^R, \tilde{\beta}\}$，由引理 7.4 可知，此时两部制费用许可要优于固定费用许可。而对于 $\beta_0 < \beta < \beta^T$，最优单位提成率始终为正。因此，当两部制费用许可可用时，固定费用许可不会是最优选择。然后，比较两部制费用许可和单位提成费用许可。通过比较相关结果可知，对于 $\beta_0 < \beta < \beta^T$，有 $x^R <$

x^T 以及 $E(\Pi_1^R(x^R)) < E(\Pi_1^T(x^T))$①。这表明，两部制费用许可下的研发成功率要高于单位提成费用许可下的研发成功率，进而可知企业 1 在两部制费用许可下的期望利润要高于单位提成费用许可下的期望利润。

综上所述，可得如下命题。

命题 7.2 在非显著创新结果不确定的情况下，如果新技术的溢程度较低（即 $\beta_0 < \beta < \beta^T$），那么，对于任意的产品替代程度 $\theta \in (0, 1)$，技术创新企业使用两部制费用许可要优于其他两种许可方式；如果新技术的溢出程度较高（即 $\beta^T < \beta < 1$），对于任意的产品替代程度 $\theta \in (0, 1)$，技术创新企业使用两部制费用许可与单位提成费用许可的效果相同，但都明显优于固定费用许可。

命题 7.2 表明，在非显著创新结果不确定的情况下，如果两部制费用许可是技术创新企业的一种选择，那么，固定费用许可不再会成为其进行技术许可的最优选择。而至于两部制费用许可和单位提成费用许可，两者在某些情况下的技术许可效果是相同的。

（二）研发结果不确定下混合所有制企业创新技术许可

本小节主要研究进行产量竞争的混合所有制技术创新企业在面对研发结果不确定以及技术溢出时，它是否以及如何将其非显著创新技术许可给私有制竞争企业。这里，私有制企业一般被认为是追求企业利润的最大化，而混合所有制企业则不是。由于混合所有制企业是由公私双方共同拥有，所以混合所有制企业的目标是最大化其自身利润和社会福利的加权平均值，并且这个权重会受到其私有制份额的影响。对于混合所有制企业，本小节将讨论固定费用许可、单位提成费用许可以及两部制费用许可等相关问题。

1. 基本模型假设及未许可的情况

考虑一个由两家企业所组成的双寡头竞争模型：一家混合所有制企业（企业 1）和一家完全私有制企业（企业 2）。两家企业在市场中通过生产不完全替

---

① 具体比较过程参见附录。

代产品而在市场中进行古诺竞争。混合所有制企业由私有成分和公有成分共同组成，并且私有成分的占比由 $\lambda \in (0, 1)$ 表示。那么，公有成分的占比即为 $(1-\lambda)$①。另外，市场的反需求函数如下：

$$p_i = a - q_i - \theta q_j, i,j = 1,2; i \neq j \qquad (7-47)$$

其中，p_i 和 q_i 分别表示企业 i 的产品产量和价格；q_j 表示企业 j 的产量；a 是一个正常数；θ 表示两个企业之间的产品替代率：θ 值越小，表示两个企业之前的产品差异度越大。

通常来讲，一个企业的目标函数会受到其所有权结构的影响。所以，遵循 Matsumura（1998）[133]，这里假设企业 2 的目标函数是企业自身利润 Π_2，而企业 1 的目标函数则是其自身利润和社会福利的加权平均值，即

$$U_1 = \lambda \cdot \Pi_1 + (1-\lambda) \cdot SW \qquad (7-48)$$

式中，权由混合所有制企业的私有份额 λ 来确定，社会福利则是两家企业利润和消费者剩余的总和，即 $SW = \Pi_1 + \Pi_2 + CS$。这其中，消费者剩余定义为 $CS = (q_1^2 + q_2^2 + 2\theta q_1 q_2)/2$。

这里，$\lambda = 0$ 表示企业 1 完全公有化并追求社会福利最大化的情形；而 $\lambda = 1$ 表示企业 1 完全私有化并追求企业自身利润最大化的情形。很明显，随着私有份额的变化，该目标函数可以连续不断地从一种极端情形转换到另一种极端情形，这与现有许多关于混合寡头垄断的研究保持一致。同时，考虑到一个不争的事实，即现有的一些公共部门在确定混合所有制企业的目标方面，和公有制企业一样，起着非常关键的作用，上述目标函数在一定程度上能够反映出私有合伙人与公共部分就企业利润方面进行议价的能力。另外，该目标函数也从侧面说明了如果公共部门对于一个私有制企业失去控制权时，该企业就会将提高企业效率和盈利能力当成其唯一要实现的目标。为了便于说明，在接下来的分析讨论中，将混合所有制企业的目标函数简称为"混合利润"。

起初，两家企业拥有相同的生产成本 $c \in (0, a)$。企业 1 进行研发创新，

---

① 由于本章主要探讨的是混合所有制企业的最优许可策略，所以将混合所有制企业的私有份额视为外生变量而只关注其变化所引起的静态比较。

以期降低其生产成本。但是,研发结果是不确定的。如果企业1研发成功,其生产成本将变为0;如果研发失败,其生产成本将保持不变。不同于以往许多将研发成功概率视为外生变量的研究,在这里,考虑企业1可以通过研发投资选择来影响企业研发成功概率的情况。同样,按照 Choi(1993)和 Mukherjee(2002)[129,130],假设研发成功率会随着企业的研发投资的增加而增大,且其具体函数为 $x = \sqrt{I/v}$,其中,I 是企业1的研发投资额,v 是一个正常数。显然,企业1对研发进行投资 vx^2 后,能够将其边际成本降为0的成功率为 x。所以,常数 v 可定义为企业1的研发效率,从而使研发投资额 vx^2 整体符合规模报酬递减规律。另外,假设在企业1研发创新成功后存在技术溢出,使得企业2的边际成本降为 $(1-\beta)c$。此处,参数 $\beta \in [0, 1]$ 表示新技术溢出程度。

另外,本章还进一步假设,只要有利可图,在研发创新成功后就有可能发生技术许可,并且两家企业都会参与到技术许可协议当中。根据协议,企业1通过提供一个许可合同而将其新技术转移给企业2。这个许可合同以"要么接受要么放弃"为基础,可以仅包括固定费用,或者仅包括单位提成费用,或者包括两者的组合。然后,通过考虑在该许可合同下是否可以提高自身利润,企业2决定是否接受该许可合同。在此,本章给出一个常规假设,即如果企业2在接受许可合同时的自身利润和拒绝许可合同时的相同,那么它仍然选择接受合同。此外,为了排除两家公司进行串谋的可能性,本章还假设许可合同中可能涉及的固定费用以及单位提成率都是非负的。

基于以上假设,所建模型的博弈过程如下:第一阶段,企业1确定最优研发投资额,以期最大化其研发投资前的混合利润(也就是最大化其期望混合利润);第二阶段,如果企业1研发成功,那么它将提供一个许可合同(这个合同可能只包括固定费用,或者只包括单位提成费用,或者是前两者的一个组合)给企业2,而企业2决定是否接受这个许可合同;如果企业1研发失败,则没有任何事情发生;第三阶段,在第二阶段的基础上,两家企业同时确定其产量后在市场上进行古诺竞争。整个博弈过程仍旧通过反向归纳法来进行求解。在此,首先考虑许可不发生这个最基本的情况。

如果企业1以概率x研发成功，但是技术许可没有发生。此时，两家企业的边际成本分别为0和$(1-\beta)c$。在产量竞争阶段，两家企业的目标函数分别为：

$$\begin{aligned}
\Pi_1^S &= (a - q_1 - \theta q_2) q_1 \\
\Pi_2^S &= (a - q_2 - \theta q_1) q_2 - (1-\beta) c q_2 \\
SW^S &= \Pi_1^S + \Pi_2^S + \frac{1}{2}(q_1^2 + q_2^2 + 2\theta q_1 q_2) \\
U_1^S &= \lambda \cdot \Pi_1^S + (1-\lambda) \cdot SW^S.
\end{aligned} \quad (7-49)$$

其中，上标"S"表示研发成功但是没有技术许可的情形。那么，其均衡解如下所示：

$$q_1^S = \frac{(2-\theta)a + \theta(1-\beta)c}{2\lambda - \theta^2 + 2}, q_2^S = \frac{(\lambda + 1 - \theta)a - (1+\lambda)(1-\beta)c}{2\lambda - \theta^2 + 2}$$

$$\Pi_1^S = \lambda \cdot \left(\frac{(2-\theta)a + \theta(1-\beta)c}{2\lambda - \theta^2 + 2}\right)^2, \Pi_2^S = \left(\frac{(\lambda + 1 - \theta)a - (1+\lambda)(1-\beta)c}{2\lambda - \theta^2 + 2}\right)^2$$

$$(7-50)$$

在本小节中，假定企业1的创新是非显著的，也就是保证企业2在市场竞争中始终能够获得利润。所以，由$q_2^S > 0$可知$\beta > \beta_0 = 1 - \frac{1+\lambda-\theta}{1+\lambda} \cdot \frac{a}{c}$。那么，企业1在研发创新后（事后）的混合利润为：

$$U_1^S = \begin{aligned}
&\frac{(-3\lambda^3 + (2\theta^2 + 2\theta - 3)\lambda^2 - (2\theta^3 - 2\theta^2 + 4\theta - 7)\lambda + 2\theta^3 - 2\theta^2 - 6\theta + 7)}{2(2\lambda - \theta^2 + 2)^2} \cdot a^2 \\
&+ \frac{(1-\beta)(3\lambda^3 - (2\theta^2 + \theta - 3)\lambda^2 + (\theta^3 - \theta^2 + 2\theta - 3)\lambda - \theta^3 + \theta^2 + 3\theta - 3)}{(2\lambda - \theta^2 + 2)^2} \cdot ac \\
&+ \frac{(1-\beta)^2(1+\lambda)(-3\lambda^2 + 2\lambda\theta^2 - \theta^2 + 3)}{2(2\lambda - \theta^2 + 2)^2} \cdot c^2
\end{aligned}$$

$$(7-51)$$

如果企业1以概率x研发失败，两家企业的边际成本保持初始状态不变，均为c。那么，两家企业在产量竞争阶段的目标函数为：

$$\begin{cases} \Pi_1^{NS} = (a - q_1 - \theta q_2)q_1 - cq_1 \\ \Pi_2^{NS} = (a - q_2 - \theta q_1)q_2 - cq_2 \\ SW^{NS} = \Pi_1^{NS} + \Pi_2^{NS} + \frac{1}{2}(q_1^2 + q_2^2 + 2\theta q_1 q_2) \\ U_1^{NS} = \lambda \cdot \Pi_1^{NS} + (1 - \lambda) \cdot SW^{NS} \end{cases} \quad (7-52)$$

其中，上标"NS"表示研发失败的情形。由此可知，其均衡解为：

$$q_1^{NS} = \frac{(2-\theta)(a-c)}{2\lambda - \theta^2 + 2}, q_2^{NS} = \frac{(\lambda + 1 - \theta)(a-c)}{2\lambda - \theta^2 + 2}$$

$$\Pi_1^{NS} = \lambda \cdot \left(\frac{(2-\theta)(a-c)}{2\lambda - \theta^2 + 2}\right)^2, \Pi_2^{NS} = \left(\frac{(\lambda + 1 - \theta)(a-c)}{2\lambda - \theta^2 + 2}\right)^2 \quad (7-53)$$

那么，企业 1 在研发创新后的混合利润为：

$$U_1^{NS} = \frac{(-3\lambda^3 + (2\theta^2 + 2\theta - 3)\lambda^2 - (2\theta^3 - 2\theta^2 + 4\theta - 7)\lambda + 2\theta^3 - 2\theta^2 - 6\theta + 7)(a-c)^2}{2(2\lambda - \theta^2 + 2)^2}.$$

$$(7-54)$$

所以，在没有技术许可发生的情况下，企业 1 在研发创新前（事前）的期望混合利润为：

$$E(U_1^N(x)) = xU_1^S + (1-x)U_1^{NS} - vx^2 \quad (7-55)$$

在研发创新阶段，企业 1 通过确定最优投资额 $I(=vx^2)$ 来其最大化其期望混合利润。所以，将 $x = \sqrt{I/v}$ 代入 $E(U_1^N(x))$ 中，可得 $E(U_1^N(I)) = \sqrt{I/v} \cdot U_1^S + (1 - \sqrt{I/v}) \cdot U_1^{NS} - I$。对 $E(U_1^N(I))$ 关于 I 求导可知，

$$\frac{\partial E(U_1^N(I))}{\partial I} = \frac{1}{2\sqrt{Iv}}(U_1^S - U_1^{NS}) - 1 = \frac{\partial x}{\partial I}((U_1^S - U_1^{NS}) - 2vx) = x'(I)\left(\frac{\partial E(U_1^N(x))}{\partial x}\right).$$

$$(7-56)$$

由于 $x'(I) > 0$，那么 $\partial E(U_1^N(I))/\partial I = 0$ 等价于 $\partial E(U_1^N(x))/\partial x = 0$。由此可知，研发阶段的最优投资额可以根据研发成功率来确定。所以，为了计算方便，本小节同样按照 Zhang 等（2016）的处理方法[131]，将研发成功率 x 作为主要变量，从而来确定其在第一阶段的最佳投资额 vx^2。求解 $\partial E(U_1^N(x))/\partial x = 0$，可得

$$x^N = \cfrac{\begin{pmatrix}-3\beta\lambda^3 + (2\beta\theta^2 + (1+\beta)\theta - 3\beta)\lambda^2 + \begin{pmatrix}(1+\beta)\theta^3 - (1+\beta)\theta^2 \\ + (2+2\beta)\theta - 3\beta - 4\end{pmatrix}\lambda \\ + (1+\beta)\theta^3 - (1+\beta)\theta^2 - (3+3\beta)\theta + 3\beta + 4\end{pmatrix}}{2v(2+2\lambda-\theta^2)^2} \cdot ac$$
$$+ \cfrac{\begin{pmatrix}-(3\beta^2 - 6\beta)\lambda^3 + ((2\beta^2 - 4\beta)\theta^2 - 2\theta - 3\beta^2 + 6\beta)\lambda^2 \\ + (2\theta^3 + (\beta^2 - 2\beta - 1)\theta^2 + 4\theta + 3\beta^2 - 6\beta - 4)\lambda \\ - 2\theta^3 - (\beta^2 - 2\beta - 1)\theta^2 + 6\theta + 3\beta^2 - 6\beta - 4\end{pmatrix}}{4v(2+2\lambda-\theta^2)^2} \cdot c^2$$

(7-57)

2. 固定费用许可

在固定费用许可下，企业 1 通过一次性收取一定的费用 $F \geq 0$ 从而将新技术许可给企业 2，并且此费用与企业 2 用新技术进行生产的产量无关。在技术许可后，两家企业以相同的边际成本 0 进行生产。

如果企业 1 以概率 x 研发成功并且固定费用许可发生。那么，在产量竞争阶段，两家企业的目标函数分别为：

$$\begin{aligned}\Pi_1^F &= (a - q_1 - \theta q_2)q_1 + F \\ \Pi_2^F &= (a - q_2 - \theta q_1)q_2 - F \\ SW^F &= \Pi_1^F + \Pi_2^F + \frac{1}{2}(q_1^2 + q_2^2 + 2\theta q_1 q_2) \\ U_1^F &= \lambda \cdot \Pi_1^F + (1-\lambda)SW^F.\end{aligned} \quad (7-58)$$

其中，上标"F"表示固定费用许可的情形。那么，其均衡解如下所示：

$$q_1^F = \frac{(2-\theta)a}{2\lambda - \theta^2 + 2}, q_2^F = \frac{(\lambda + 1 - \theta)a}{2\lambda - \theta^2 + 2}$$

$$\Pi_1^F = \lambda \cdot \left(\frac{(2-\theta)a}{2\lambda - \theta^2 + 2}\right)^2 + F, \Pi_2^F = \left(\frac{(\lambda + 1 - \theta)a}{2\lambda - \theta^2 + 2}\right)^2 - F \quad (7-59)$$

在许可阶段，企业 1 通过固定费用许可合同将新技术转移到企业 2，并且通过收取最佳的固定费用来最大化其研发创新后的混合利润。因此，带有约束的最大值问题可描述如下：

$$\underset{F}{Max}\ U_1^F$$
$$s.\ t.\ \Pi_2^F - \Pi_2^S \geqslant 0 \ \text{and} \ F \geqslant 0 \tag{7-60}$$

可以看到，在固定费用许可下，企业2的边际成本为0，与企业1所收取的固定许可费用无关。另外，由于固定许可费用是从企业2到企业1的一个利润流，在两家企业利润相加时可以相互抵消，所以此固定费用对于社会福利没有影响。也就是说，均衡状态下的社会福利不会因为固定费用的变化而发生变化。基于此，在不用担心造成社会福利损失的前提下，企业1可以收取尽可能高的固定许可费用，以增加自身的利润，从而使其在研发创新成功后能够获得更多的混合利润。因此，在保证企业2接受许可合同的前提下，企业1能够收取的最大许可费用就是企业2在接受许可后其自身利润的增量。而这就表示对于企业2的参与性约束是紧约束。所以，求解 $\Pi_2^F - \Pi_2^S = 0$，可知

$$F^* = \left(\frac{(\lambda+1-\theta)a}{2\lambda-\theta^2+2}\right)^2 - \left(\frac{(\lambda+1-\theta)a-(1+\lambda)(1-\beta)c}{2\lambda-\theta^2+2}\right)^2 \tag{7-61}$$

那么，相应地，企业1在研发后的混合利润为：

$$U_1^F = \left[\frac{(-3\lambda^3+(2\theta^2+2\theta-3)\lambda^2-(2\theta^3-2\theta^2+4\theta-7)\lambda+2\theta^3-2\theta^2-6\theta+7)}{2(2\lambda-\theta^2+2)^2} \cdot a^2 \right.$$
$$\left. + \frac{2\lambda(1+\lambda)(1+\lambda-\theta)(1-\beta)}{(2\lambda-\theta^2+2)^2} \cdot ac - \frac{\lambda(1+\lambda)^2(1-\beta)^2}{(2\lambda-\theta^2+2)^2} \cdot c^2 \right] \tag{7-62}$$

如果企业1以概率 $(1-x)$ 研发失败，那么，其在研发创新后的混合利润仍为 U_1^{NS}。所以，在固定费用许可下，企业1在研发创新前的期望混合利润为 $E(U_1^F(x)) = xU_1^F + (1-x)U_1^{NS} - vx^2$。

在研发创新阶段，根据研发成功率 x 的最优值，企业1确定其最优研发投资额，以期最大化研发创新前总的期望混合利润。所以，由式（7-62）一阶条件可知，

$$x_1^F = \left[\frac{-(1+2\beta)\lambda^3+(2\theta^2+2\beta\theta-4\beta+1)\lambda^2-(2\theta^3-2\theta^2+(6-2\beta)\theta+2\beta-9)\lambda+2\theta^3-2\theta^2-6\theta+7}{2v(2+2\lambda-\theta^2)^2} \cdot ac \right.$$
$$\left. + \frac{-(2\beta^2-4\beta-1)\lambda^3-(2\theta^2+2\theta+4\beta^2-8\beta+1)\lambda^2+(2\theta^3-2\theta^2+4\theta-2\beta^2+4\beta-9)\lambda-2\theta^2+2\theta^2+6\theta-7}{4v(2+2\lambda-\theta^2)^2} \cdot c^2 \right]$$

193

(7-63)

在这里，有必要讨论混合所有制企业是否愿意通过固定费用来进行技术许可。通过比较企业 1 在许可前后的期望混合利润，可得到如下引理。

引理 7.5　在企业 1 研发创新成功后，如果 $0 < \lambda < \lambda^F$，那么对于所有的 $\beta \in (\beta_0, 1)$，固定费用许可必然发生；如果 $\lambda^F < \lambda < 1$，那么当且仅当 $\beta \in (\beta^F, 1)$，固定费用许可才会发生。

证明：将在固定费用许可和不许可情况下相应的研发成功率进行相减可知，

$$x^F - x^N = \frac{c^2(1+\lambda)(1-\beta)(-\lambda^2 + (2+2\theta^2)\lambda - \theta^2 + 3)}{2v(2\lambda - \theta^2 + 2)^2}(\beta - \beta^F)$$

(7-64)

其中，

$$\beta^F = \left(1 - \frac{-2\lambda^3 + (4\theta^2 - 2\theta + 2)\lambda^2 - (2\theta^3 - 2\theta^2 + 8\theta - 10)\lambda + 2\theta^3 - 2\theta^2 - 6\theta + 6}{(1+\lambda)(-\lambda^2 + (2+2\theta^2)\lambda - \theta^2 + 3)} \cdot \frac{a}{c}\right)。$$

此时，首先需要确定 β^F 和 β_0 之间的大小关系。通过计算可知，

$$\beta^F - \beta_0 = \frac{\lambda^3 - (2\theta^2 - 3\theta + 1)\lambda^2 - (\theta^2 - 6\theta + 5)\lambda - \theta^3 + \theta^2 + 3\theta - 3}{(1+\lambda)(-\lambda^2 + (2+2\theta^2)\lambda - \theta^2 + 3)} \cdot \frac{a}{c}$$

$$= \frac{C^F(\theta,\lambda)}{(1+\lambda)(-\lambda^2 + (2+2\theta^2)\lambda - \theta^2 + 3)} \cdot \frac{a}{c} \quad (7-65)$$

其中，不等式 $-\lambda^2 + (2\theta^2 + 2)\lambda - \theta^2 + 3 > 0$ 对于所有的 $\theta, \lambda \in (0, 1)$ 均成立。

图 7-1 表示 $(\beta^F - \beta_0)$ 在空间 (θ, λ) 的符号分布情况。其中，粉色曲线表示边界 $C^F(\theta, \lambda) = 0$。显然，整个区域被这条曲线分成两个部分，分别为区域 1 和区域 2。具体来说，

(1) 在区域 1，$\beta^F - \beta_0 > 0$ 表明，对于 $\beta_0 < \beta < \beta^F$，有 $x^F - x^N < 0$；对于 $\beta^F < \beta < 1$，有 $x^F - x^N > 0$。

(2) 在区域 2，$\beta^F - \beta_0 < 0$ 表明，对于所有的 $\beta_0 < \beta < 1$，有 $x^F - x^N > 0$。

这里，如果用 λ^F 表示 $C^F(\theta, \lambda) = 0$ 在 $\lambda \in (0, 1)$ 范围内的解析解，那

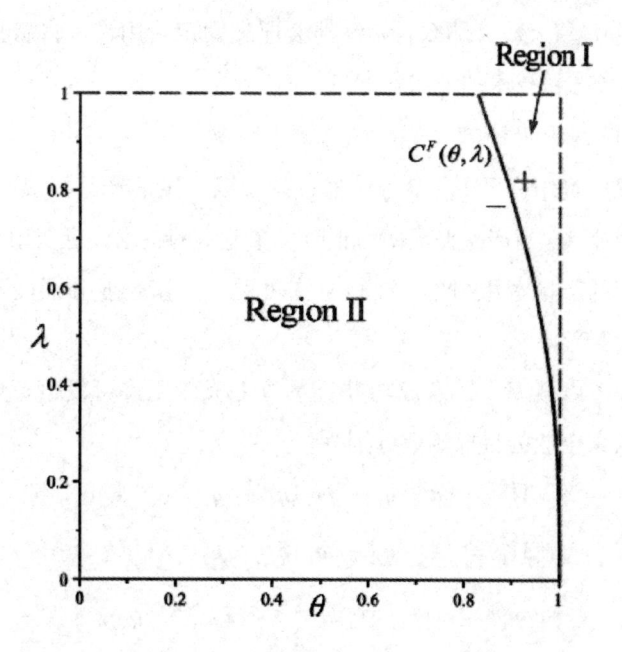

图7-1 ($\beta^F - \beta_0$) 的符号在 (θ, λ) 空间的分布情况

么其具体函数形式如下：

$$\lambda^F = \frac{\frac{1}{3}(1-\theta)(1-2\theta) + \frac{1}{3}\left((1-\theta)(2-\theta)(8\theta^4 - 12\theta^3 + 23\theta^2 - 24\theta + 32) + 3\theta(1-\theta)(2-\theta)\sqrt{3\theta(8\theta^2 + 3\theta + 16)}\right)^+}{\frac{4(1-\theta)(2-\theta)(2+\theta^2)}{3\left((1-\theta)(2-\theta)(8\theta^4 - 12\theta^3 + 23\theta^2 - 24\theta + 32) + 3\theta(1-\theta)(2-\theta)\sqrt{3\theta(8\theta^2 + 3\theta + 16)}\right)^+}}.$$

所以，根据引理 A7.3，可得到如下结果①：

(1) 如果 $0 < \lambda < \lambda^F$，那么，对于所有的 $\beta \in (\beta_0, 1)$ 有 $x^F > x^N$ 和 $E(U_1^F(x^F)) > E(U_1^N(x^N))$；

(2) 如果 $\lambda^F < \lambda < 1$，那么，当且仅当 $\beta \in (\beta^F, 1)$，有 $x^F > x^N$ 和 $E(U_1^F(x^F)) > E(U_1^N(x^N))$。

证明完毕。

引理 7.5 表明，当企业 1 从事成本降低的研发创新并获得成功时，如果其

---

① 引理 A7.3 是在本章相关引理和命题证明过程中都会使用到的一个重要引理，其具体内容及证明过程参见附录。

私有份额满足 $0<\lambda<\lambda^F$，那么它始终都会通过固定费用许可将新技术许可给企业2，而不用考虑新技术的溢出程度。

3. 单位提成费用许可

在单位提成费用许可下，企业1通过设置以一定的产品提成率 $r \geq 0$ 而将新技术许可给企业2。当产品提成率为正时，企业1的技术许可费用与企业2用新技术进行生产的产量密切相关。在技术许可后，两家企业分别以不同的边际成本0和 r 进行生产。

如果企业1以概率 x 研发成功并且单位提成费用许可发生。那么，在产量竞争阶段，两家企业的目标函数分别为：

$$\begin{cases} \Pi_1^R = (a - q_1 - \theta q_2)q_1 + rq_2 \\ \Pi_2^R = (a - q_2 - \theta q_1)q_2 - rq_2 \\ SW^R = \Pi_1^R + \Pi_2^R + \frac{1}{2}(q_1^2 + q_2^2 + 2\theta q_1 q_2) \\ U_1^R = \lambda \cdot \Pi_1^R + (1-\lambda)SW^R. \end{cases} \quad (7-66)$$

其中，上标"R"表示固定费用许可的情形。那么，其均衡解如下所示：

$$q_1^R = \frac{(2-\theta)a + \theta r}{2\lambda - \theta^2 + 2}, q_2^R = \frac{(\lambda + 1 - \theta)a - (\lambda + 1)r}{2\lambda - \theta^2 + 2}$$

$$\Pi_1^R = \lambda \cdot \left(\frac{(2-\theta)a + \theta r}{2\lambda - \theta^2 + 2}\right)^2 + r \cdot \frac{(\lambda + 1 - \theta)a - (\lambda + 1)r}{2\lambda - \theta^2 + 2}$$

$$\Pi_2^R = \left(\frac{(\lambda + 1 - \theta)a - (\lambda + 1)r}{2\lambda - \theta^2 + 2}\right)^2 \quad (7-67)$$

在许可阶段，企业1通过单位提成费用许可合同将新技术转移到企业2，并且通过设置产品单位提成率 r 来最大化其研发创新后的混合利润。因此，带有约束的最优化问题可描述如下：

$$\underset{r}{Max} U_1^R$$

$$s.t. \ \Pi_2^R - \Pi_2^S \geq 0 \text{ and } r \geq 0 \quad (7-68)$$

注意到，在单位提成费用许可下，企业2的边际成本变成 r，并且其相应的产量反应函数也与此提成率有关。这说明，单位提成率的变动不仅影响企业2

的利润，还会影响消费者剩余（进而影响社会福利）。因此，不同于固定费用许可的情形，对于企业 1 来说，设置企业 2 可接受许可合同的单位提成率可能不是企业 1 所期望的最优提成率。换句话说，可能会出现企业 2 的参与性约束不是紧约束的情况（Lin 和 Kulatilaka, 2006）[13]。因此，在下文中，类似于第四章，仍将使用三步法来解决上述带约束的最大值问题。

首先，如果不考虑企业 2 对所提供的技术许可合同的态度，而只关注能够使企业 1 研发创新成功后混合利润最大化的最优单位提成率。那么，求解 $\partial U_1^R / \partial r = 0$，可得，

$$r^{RI} = \frac{a(3\lambda^3 - (2\theta^2 + \theta - 5)\lambda^2 + (\theta^3 - 2\theta^2 + 1)\lambda + \theta - 1)}{(1+\lambda)(3\lambda^2 - (2\theta^2 - 4)\lambda - \theta^2 + 1)} \quad (7-69)$$

另外，对于所有的 $\lambda, \theta \in (0, 1)$，有 $\dfrac{\partial^2 U_1^R}{\partial r^2} = -\dfrac{(1+\lambda)(3\lambda^2 + (4-2\theta^2)\lambda + 1 - \theta^2)}{2(2\lambda + 2 - \theta^2)^2} < 0$ 成立。所以，该最大值问题的二阶条件能够保证将内部解 r^{RI} 代入后最大化企业 1 的事后混合利润。

其次，考虑到最优单位提成率应该总是非负的，所以需要确定 r^{RI} 与约束条件 $r \geq 0$ 之间的关系。求解 $r^{RI} = 0$，可得到企业 1 的私有份额满足 $\lambda = \lambda^R$①。显然，对于所有的 $0 < \lambda < \lambda^R$, $r^{RI} < 0$ 说明企业 1 的最优单位提成率应为 $r^* = 0$，此时意味着单位提成许可以零单位提成率发生。

最后，在限定范围 $\lambda^R < \lambda < 1$ 内来确定企业 1 的最优提成率。注意到，参与性约束条件要求企业 2 在接受技术许可后的利润不应小于许可前的利润。另外，式 (7-67) 表示，在单位提成许可下，企业 2 的利润随着提成率 r 的增加而减少。因此，企业 1 可以设置的最大正单位提成率需满足其能够使企业 2 不管是接受还是拒绝许可合同，利润都保持一致。那么，求解 $\Pi_2^R - \Pi_2^S = 0$，可得其角解为 $r^{RC} = (1-\beta)c$。由此可知，企业 1 的最优提成率应是在这两个解 r^{RI} 和 r^{RC} 之间取最小值，即 $r^* = min\{r^{RI}, r^{RC}\}$。这主要是因为，当 $r^{RI} < r^{RC}$ 时，企业 1 对于单位提成率的最优选择仍是内部解 r^{RI}，而非是角解 r^{RC}。而当 $r^{RI} > r^{RC}$ 时，

---

① 关于 λ^R 的具体求解及讨论过程，请参见附录。

由于受到企业 2 参与性约束条件的限制，企业 1 只能将角解 r^{RC} 作为其最优选择。

这里，

$$r^{RI} - r^{RC} = c \cdot \left(\beta - \left(1 - \frac{3\lambda^3 - (2\theta^2 + \theta - 5)\lambda^2 + (\theta^3 - 2\theta^2 + 1)\lambda + \theta - 1}{(1+\lambda)(3\lambda^2 - (2\theta^2 - 4)\lambda - \theta^2 + 1)} \cdot \frac{a}{c} \right) \right)$$

$= c \cdot (\beta - \beta^R)$。比较可知，当 $\beta \lesseqgtr \beta^R$ 时，有 $r^{RI} \lesseqgtr r^{RC}$。显然，β^R 是决定企业 1 将内部解还是角解作为最优提成率的一个关键值。如果技术溢出程度较小（$\beta_0 < \beta < \beta^R$），企业 1 仍然享有技术创新所带来的成本优势，此时两家公司之间的竞争并不是十分激烈。所以，企业 1 可以通过设定相对较低的单位提成率来增加企业 2 的产量，从而获得更多的许可收入。相反，如果技术溢出程度较大（$\beta^R < \beta < 1$），企业 1 必须最大限度地提高单位提成率，以增加企业 2 的边际成本，来缓解激烈的市场竞争，同时获得较多的提成收入。基于上述分析，可得到如下结果。

(1) 对于 $0 < \lambda < \lambda^R$，最优提成率为 $r^* = 0$。那么，企业 1 的事后混合利润为

$$U_1^{R0} = \frac{[-3\lambda^3 + (2\theta^2 + 2\theta - 3)\lambda^2 + (2\theta^3 - 2\theta^2 + 4\theta - 7)\lambda + 2\theta^3 - 2\theta^2 - 6\theta + 7] \cdot a^2}{2(2\lambda + 2 - \theta^2)^2}$$

(7 - 70)

(2) 对于 $\lambda^R < \lambda < 1$，如果 $\beta_0 < \beta < \beta^R$，那么最优提成率为 $r^* = r^{RI}$。相应地，企业 1 的事后混合利润为

$$U_1^{RI} = \frac{((\theta^2 - 2\theta + 4)\lambda^2 - (4\theta - 6)\lambda - 2\theta + 2) \cdot a^2}{2(1+\lambda)(3\lambda^2 - (2\theta^2 - 4)\lambda - \theta^2 + 1)} \quad (7 - 71)$$

(3) 对于 $\lambda^R < \lambda < 1$，如果 $\beta^R < \beta < 1$，那么最优提成率为 $r^* = r^{RC}$。相应地，企业 1 的事后混合利润为

$$U_1^{RC} = \begin{cases} \frac{-[3\lambda^3 - (2\theta^2 + 2\theta - 3)\lambda^2 + (2\theta^3 - 2\theta^2 + 4\theta - 7)\lambda - 2\theta^3 + 2\theta^2 + 6\theta - 7] \cdot a^2}{2(2\lambda + 2 - \theta^2)^2} \\ + \frac{(1-\beta)[3\lambda^3 - (2\theta^2 + \theta - 5)\lambda^2 + (\theta^3 - 2\theta^2 + 1)\lambda + \theta - 1] \cdot ac}{(2\lambda + 2 - \theta^2)^2} \\ + \frac{(1-\beta)^2(1+\lambda)[3\lambda^2 - (2\theta^2 - 4)\lambda + 1 - \theta^2] \cdot c^2}{2(2\lambda + 2 - \theta^2)^2} \end{cases}$$

(7 - 72)

>>> 第七章 考虑多种不确定性条件的企业创新技术许可策略分析

如果企业 1 以概率 $(1-x)$ 研发失败，那么，其在研发创新后的混合利润仍为 U_1^{NS}。所以，在单位提成费用许可下，企业 1 在研发创新前的期望混合利润为

$$E(U_1^R(x)) = \begin{cases} xU_1^{R0} + (1-x)U_1^{NS} - vx^2 & \text{for } 0 < \lambda < \lambda^R \\ xU_1^{RI} + (1-x)U_1^{NS} - vx^2 & \text{for } \lambda^R < \lambda < 1 \text{ and } \beta_0 < \beta < \beta^R \\ xU_1^{RC} + (1-x)U_1^{NS} - vx^2 & \text{for } \lambda^R < \lambda < 1 \text{ and } \beta^R < \beta < 1 \end{cases}$$

(7-73)

在研发创新阶段，根据研发成功率 x 的最优值，企业 1 确定其最优研发投资额，以期最大化上述期望混合利润。所以，由式（7-73）的一阶条件可知，

$$x^R = \begin{cases} x^{R0} & \text{for } 0 < \lambda < \lambda^R \\ x^{RI} & \text{for } \lambda^R < \lambda < 1 \text{ and } \beta_0 < \beta < \beta^R \\ x^{RC} & \text{for } \lambda^R < \lambda < 1 \text{ and } \beta^R < \beta < 1 \end{cases}$$

(7-74)

其中，

$$x^{RC} = \begin{bmatrix} \dfrac{3\beta\lambda^3 + (2\beta\theta^2 + (1+\beta)\theta - 5\beta + 2)\lambda^2 - [(1+\beta)\theta^3 - 2\beta\theta^2 + 4\theta + \beta - 8]\lambda + 2\theta^3 - 2\theta^2 - (5+\beta)\theta + \beta + 6}{2v(2\lambda + 2 - \theta^2)^2} \cdot ac \\ \begin{aligned}[t] & \left[-3\beta(2-\beta)\lambda^3 - (2\beta(2-\beta)\theta^2 + 2\theta + 7\beta^2 - 14\beta + 4)\lambda^2 \right. \\ & + [2\theta^3 + (3\beta^2 - 6\beta + 1)\theta^2 + 4\theta - 5\beta^2 + 10\beta - 12]\lambda \\ & \left. + \dfrac{-2\theta^3 + (\beta^2 - 2\beta + 3)\theta^2 + 6\theta - \beta^2 + 2\beta - 8}{4v(2\lambda + 2 - \theta^2)^2} \right] \cdot c^2 \end{aligned} \end{bmatrix}$$

$$x^{RI} = \begin{bmatrix} \dfrac{(3\lambda^3 - (2\theta^2 + \theta - 5)\lambda^2 + (\theta^3 - 2\theta^2 + 1)\lambda + \theta - 1)}{4v(1+\lambda)(2\lambda - \theta^2 + 2)(3\lambda^2 - (2\theta^2 - 4)\lambda - \theta^2 + 1)} \cdot a^2 \\ -\dfrac{3\lambda^3 - (2\theta^2 + 2\theta - 3)\lambda^2 + (2\theta^3 + 2\theta^2 + 4\theta - 7)\lambda - 2\theta^3 + 2\theta^2 - 7}{2v(2\lambda - \theta^2 + 2)^2} \cdot ac \\ +\dfrac{3\lambda^3 - (2\theta^2 + 2\theta - 3)\lambda^2 + (2\theta^3 + 2\theta^2 + 4\theta - 7)\lambda - 2\theta^3 + 2\theta^2 - 7}{4v(2\lambda - \theta^2 + 2)^2} \cdot c^2 \end{bmatrix}$$

以及

$$x^{R0} = \dfrac{(-3\lambda^3 + (2\theta^2 + 2\theta - 3)\lambda^2 + (2\theta^3 - 2\theta^2 + 4\theta - 7)\lambda + 2\theta^3 - 2\theta^2 - 6\theta + 7)}{4v(2\lambda + 2 - \theta^2)^2}$$

$$\cdot (2ac - c^2)$$

同样地，仍需要分析混合所有制企业是否有愿意通过单位提成费用来进行

技术许可。因此，通过比较许可前后相应的期望混合利润，有如下引理。

引理 7.6　在企业 1 研发创新成功后，如果 $0 < \lambda < \lambda^R$，那么单位提成费用许可以零单位提成率发生；如果 $\lambda^R < \lambda < 1$，那么单位提成费用许可以正的单位提成率发生。

证明：整个证明将分成三种情况来进行分析。

情况（1）：对于 $0 < \lambda < \lambda^R$，最优单位提成率为零。那么，将在单位提成费用许可和不许可情况下相应的研发成功率进行相减可知，

$$x^{R0} - x^N = \frac{c(1-\beta)F_0(\beta)}{4v(2\lambda + 2 - \theta^2)^2} \tag{7-75}$$

其中，

$$F_0(\beta) = \begin{pmatrix} c(1+\lambda)(-3\lambda^2 + (2\lambda - 1)\theta^2 + 3)\beta - (6a - 3c)\lambda^3 + ((4\theta^2 + 2\theta - 6)a + (3 - 2\theta^2)c)\lambda^2 \\ - ((2\theta^3 - 2\theta^2 + 4\theta - 6)a + (3 + \theta^2)c)\lambda + (2\theta^3 - 2\theta^2 - 6\theta + 6)a - (3 - \theta^2)c \end{pmatrix}$$

由于 $-3\lambda^2 + (2\lambda - 1)\theta^2 + 3 > 0$ 对于所有的 θ，$\lambda \in (0, 1)$ 均成立。易知，对于 $\beta_0 < \beta < 1$，$F(\beta)$ 是单调递增函数并且有 $F_0(\beta_0) > 0$。所以，有 $x^{R0} - x^N > 0$。

情况（2）：对于 $\lambda^R < \lambda < 1$，如果 $\beta_0 < \beta < \beta^R$，那么最优单位提成率为 r^{RI}。那么，将在单位提成费用许可和不许可情况下相应的研发成功率进行相减可知，

$$x^{RI} - x^N = \frac{F_1(\beta)}{2v(1+\lambda)(2\lambda - \theta^2 + 2)^2(3\lambda^2 - (2\theta^2 - 4)\lambda - \theta^2 + 1)} \tag{7-76}$$

其中，

$$F_1(\beta) = \begin{pmatrix} c^2(1+\lambda)2(3\lambda^2 - 2\theta^2\lambda + \theta^2 - 3)(3\lambda^2 - (2\theta^2 - 4)\lambda - \theta^2 + 1)\beta^2 \\ + 2A_1(1+\lambda)(3\lambda^2 - (2\theta^2 - 4)\lambda - \theta^2 + 1)\beta + M_1 \end{pmatrix}$$

$$A_1 = \begin{pmatrix} (3\lambda^3 - (2\theta^2 + \theta - 3)\lambda^2 + (\theta^3 - \theta^2 + 2\theta - 3)\lambda - \theta^3 + \theta^2 + 3\theta - 3)ac \\ - (1+\lambda)(3\lambda^2 - 2\theta^2\lambda\theta^2 - 3)c^2 \end{pmatrix}$$

以及

$$M_1 = \begin{pmatrix} (3\lambda^3 - (2\theta^2 + \theta - 5)\lambda^2 + (\theta^3 - 2\theta^2 + 1)\lambda + \theta - 1)^2 a^2 \\ - (1+\lambda)(3\lambda^2 - (2\theta^2 - 4)\lambda - \theta^2 + 1)(2A_1 + (1+\lambda)(3\lambda^2 - 2\theta^2\lambda + \theta^2 - 3)c^2) \end{pmatrix}$$

易验证，对于 $\beta_0 < \beta < \beta^R$，$F_1(\beta)$ 是单调递增的抛物函数并且有 $F_1(\beta_0)$ > 0。另外，$3\lambda^2 - (2\theta^2 - 4)\lambda - \theta^2 + 1 > 0$ 对于所有的 $\theta, \lambda \in (0, 1)$ 均成立。所以，有 $x^{RI} - x^N > 0$。

情况（3）：对于 $\lambda^R < \lambda < 1$，如果 $\beta^R < \beta < 1$，那么最优单位提成率为 r^{RC}。那么，将在单位提成费用许可和不许可情况下相应的研发成功率进行相减可知，

$$x^{RC} - x^N = \frac{c^2(1+\lambda)(1-\beta)}{2v(2\lambda - \theta^2 + 2)}\left(\beta - \left(1 - \frac{\lambda + 1 - \theta}{\lambda + 1} \cdot \frac{a}{c}\right)\right)$$

$$= \frac{c^2(1+\lambda)(1-\beta)(\beta - \beta_0)}{2\lambda - \theta^2 + 2} \tag{7-77}$$

易知，对于所有的 $\beta^R < \beta < 1$，有 $x^{RC} - x^N > 0$。所以，根据引理 A7.3，可得如下结果：

(1) 如果 $0 < \lambda < \lambda^R$，那么，对于所有的 $\beta \in (\beta_0, 1)$，有 $x^{RO} > x^N$ 和 $E(U_1^R(x^{RO})) > E(U_1^N(x^N))$；

(2) 如果 $\lambda^F < \lambda < 1$，那么，当且仅当 $\beta \in (\beta_0, \beta^R)$，有 $x^{RI} > x^N$ 和 $E(U_1^{RI}(x^{RI})) > E(U_1^N(x^N))$；

(3) 如果 $\lambda^F < \lambda < 1$，那么，当且仅当 $\beta \in (\beta^R, 1)$，有 $x^{RC} > x^N$ 和 $E(U_1^{RC}(x^{RC})) > E(U_1^N(x^N))$。

证明完毕。

由引理 7.6 可知，当企业 1 研发创新成功后，如果仅有单位提成费用许可是可用的，那么它一定会通过这种许可方式将其非显著创新技术转移给企业 2。从这点来看，它与当前研究私有制企业技术许可的相关文献中一个众所周知的结论是保持一致的，即单位提成费用许可总是优于无技术许可的情形。

4. 最优许可合同分析

在前面的两个小节中，已经得到在固定费用许可和单位提成费用许可下的两家企业的均衡产量和利润，以及研发成功率和社会福利。所以，现在应该分析哪种许可合同是混合所有制企业在研发创新成功后的最优选择。

前面已得到的研究结果表明，在固定费用许可下企业 1 可以将创新技术许

可给企业2，也可以不许可。然而，在单位提成费用许可下，企业1一定会将创新技术许可给企业2。由于使用这两种方法进行技术许可所要满足的约束条件有所差异，所以，整个对比分析将在两种情况下进行。

首先，考虑只有一种许可方法对于企业1而言是可用的情况。注意到，如果企业1的私有份额以及技术溢出程度分别满足$\lambda > \lambda^F$和$\beta_0 < \beta < \beta^F$，也就是企业1在固定费用许可下不进行技术许可的情况。企业1在固定费用许可和单位提成费用许可下的期望混合利润分别为$E(U_1^N(x^N))$和$E(U_1^R(x^{RI}))$（或者$E(U_1^R(x^{RC}))$）。由于$\lambda^F > \lambda^R$，根据引理7.6的证明过程可知，$E(U_1^R(x^{RI})) > E(U_1^N(x^N))$（和$E(U_1^R(x^{RC})) > E(U_1^N(x^N))$）。这表明，当$\lambda > \lambda^F$和$\beta_0 < \beta < \beta^F$时，单位提成费用许可要优于固定费用许可。

接下来，考虑企业1可以自由选择固定费用许可或单位提成费用许可的情况。通过比较这两种许可方法下的研发成功率和相应的期望混合利润，即可得到相关结果。那么，可得如下引理。

引理7.7 如果企业1研发创新成功，并且通过固定费用或单位提成费用将新技术许可给企业2，那么对于研发成功率和相应的期望混合利润的比较结果如下：

(1) 对于$\lambda \in (0, \lambda_1)$，有$x^F > x^R$和$E(U_1^F(x^F)) > E(U_1^R(x^R))$。

(2) 对于$\lambda \in (\lambda_1, \lambda_2)$，如果$\beta_0 < \beta < \tilde{\beta}$，有$x^F > x^R$和$E(U_1^F(x^F)) > E(U_1^R(x^R))$；如果$\tilde{\beta} < \beta < 1$，有$x^F < x^R$和$E(U_1^F(x^F)) < E(U_1^R(x^R))$。

(3) 对于$\lambda \in (\lambda_2, \lambda_3)$，如果$\beta_0 < \beta < \tilde{\beta}$，有$x^F > x^R$和$E(U_1^F(x^F)) > E(U_1^R(x^R))$；如果$\tilde{\beta} < \beta < 1$，有$x^F < x^R$和$E(U_1^F(x^F)) < E(U_1^R(x^R))$。

(4) 对于$\lambda \in (\lambda_3, 1)$，有$x^F < x^R$和$E(U_1^F(x^F)) < E(U_1^R(x^R))$。

证明：首选，注意到在区域$0 < \lambda < \lambda^R$，如果单位提成费用许可发生，那么企业1将以零单位提成率来将其创新技术许可给企业2。这种"免版税"的单位提成许可也可被视为固定费用许可下的一种特殊形式，即企业1向企业2收取零固定费用。由前面的分析可知，此种固定费用的收取方式并不是企业1在固

定费用许可下的最优选择。所以，由此易知，当企业 1 的私有份额满足 $0 < \lambda < \lambda^R$ 时，固定费用许可要优于单位提成费用许可。

现在来分析私有份额满足 $\lambda^R < \lambda < 1$ 的情况。根据引理 A7.3，通过比较 x^F 和 x^R 就可以得到企业 1 最优的期望混合利润。考虑到在区域 $\lambda^R < \lambda < 1$ 内单位提成费用许可有两个不同的研发成功率，所以整个比较过程将分成两步来完成。

步骤一：对于 $\beta_0 < \beta < \beta^R$，有

$$x^F - x^R = \frac{F_2(\beta)}{4v(1+\lambda)(2\lambda - \theta^2 + 2)^2(3\lambda^2 + (4 - 2\theta^2)\lambda - \theta^2 + 1)}$$

(7 - 78)

其中，

$$F_2(\beta) = \begin{pmatrix} -2c^2(1+\lambda)3(3\lambda^2 + (4-2\theta^2)\lambda - \theta^2 + 1)\beta^2 \\ -4\lambda(1+\lambda)2(3\lambda^2 + (4-2\theta^2)\lambda - \theta^2 + 1)((\lambda - \theta + 1)ac - (\lambda + 1)c^2)\beta + M_2 \end{pmatrix}$$

$$M_2 = \begin{pmatrix} A_2 a^2 + 4\lambda(1+\lambda)2(\lambda - \theta + 1)(3\lambda^2 - (2\theta^2 - 4)\lambda - \theta^2 + 1)ac \\ -2\lambda(1+\lambda)3(3\lambda^2 - (2\theta^2 - 4)\lambda - \theta^2 + 1)c^2 \end{pmatrix}$$

以及

$$A_2 = \begin{bmatrix} 9\lambda^6 - (12\theta^2 + 6\theta - 30)\lambda^5 + (4\theta^4 + 10\theta^3 - 31\theta^2 - 10\theta + 31)\lambda^4 \\ + (2 - 2\theta)(2\theta^4 - \theta^3 - 8\theta^2 + 4\theta + 2)\lambda^3 \\ - (1 - \theta)(+\theta^5 - 3\theta^4 + \theta^3 - \theta^2 - 3\theta + 9)\lambda^2 + 2(\theta^2 - \theta - 1)(1 - \theta)2\lambda \end{bmatrix}$$

可以看到，对于 $\beta_0 < \beta < \beta^R$，$F_2(\beta)$ 是单调递减的抛物函数，那么，它在整个区间内的值的正负要取决于其端点值的正负。将 β_0 和 β^R 代入 $F_2(\beta)$ 可知，

$$F_2(\beta_0) = a^2 \begin{bmatrix} -3\lambda^6 + (8\theta^2 - 6\theta - 4)\lambda^5 + (1-\theta)(+4\theta^3 + 6\theta^2 - 17\theta + 13)\lambda^4 \\ - (2 - 2\theta)(2\theta^4 - 3\theta^3 + 10\theta - 16)\lambda^3 \\ + (1 - \theta)(\theta^5 - 3\theta^4 + 7\theta^3 - 11\theta^2 - 13\theta + 23)\lambda^2 \\ - (4\theta^2 - 2\theta - 4)(1-\theta)2\lambda - (1-\theta)2 \end{bmatrix}$$

$$= a^2 \cdot H(\theta, \lambda) \quad (7 - 79)$$

以及

$$F_2(\beta^R) = \frac{a^2(-3\lambda^3 + (2\theta^2 + \theta - 5)\lambda^2 - (\theta^3 - 2\theta^2 + 1)\lambda + 1 - \theta)}{(3\lambda^2 - (2\theta^2 - 4)\lambda - \theta^2 + 1)}$$

$$\begin{bmatrix} 3\lambda^5 - (8\theta^2 - 7\theta - 3)\lambda^4 - (1-\theta)(4\theta^3 + 3\theta^2 - 12\theta + 10)\lambda^3 \\ + (1-\theta)(2\theta^4 - 4\theta^3 + \theta^2 + 6\theta - 18)\lambda^2 \\ + (1-\theta)(\theta^4 - \theta^3 + \theta^2 + 4\theta - 9)\lambda - (1+\theta)(1-\theta)2 \end{bmatrix}$$

$$= \frac{a^2 \cdot I(\theta, \lambda) \cdot J(\theta, \lambda)}{(3\lambda^2 - (2\theta^2 - 4)\lambda - \theta^2 + 1)} \qquad (7-80)$$

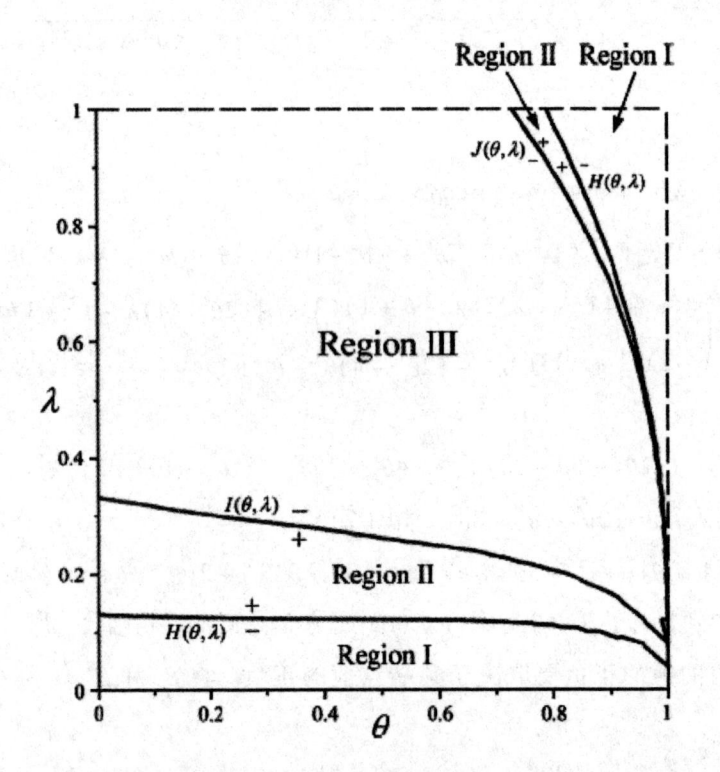

图7-2 F_2 (β_0) 和 F_2 (β^R) 的符号在 (θ, λ) 空间的分布情况

图7-2表示 F_2 (β_0) 和 F_2 (β^R) 在空间 (θ, λ) 的符号分布情况。其中，蓝色和红色曲线分别表示边界 F_2 (β_0) = 0 和 F_2 (β^R) = 0。显然，整个区域被这两条曲线分成三个部分，分别为区域1、区域2和区域3。具体来说，

(1) 对于区域1，F_2 (β_0) < 0 表明，对于所有的 $\beta_0 < \beta < \beta^R$，有 $x^F - x^R$

< 0;

(2) 对于区域2，$F_2(\beta_0) > 0$ 和 $F_2(\beta^R) < 0$ 表明，存在一个 $\beta \in (\beta_0, \beta^R)$，使得 $F_2(\tilde{\beta}) = 0$。那么，求解 $F_2(\tilde{\beta}) = 0$，可知 $\tilde{\beta} = 1 - \left(\dfrac{\lambda+1-\theta}{\lambda+1} - \dfrac{1}{(1+\lambda)} \sqrt{\dfrac{H(\theta,\lambda)}{2\lambda(1+\lambda)(3\lambda^2 - (2\theta^2-4)\lambda - \theta^2+1)}} \right) \cdot \dfrac{a}{c} = \beta_0 + \dfrac{1}{(1+\lambda)} \sqrt{\dfrac{H(\theta,\lambda)}{2\lambda(1+\lambda)(3\lambda^2 - (2\theta^2-4)\lambda - \theta^2+1)}} \cdot \dfrac{a}{c}$。所以，当 $\beta_0 < \beta < \tilde{\beta}$，有 $x^F - x^R > 0$；当 $\tilde{\beta} < \beta < \beta^R$，有 $x^F - x^R < 0$；

(3) 对于区域3，$F_2(\beta^R) > 0$ 表明，对于所有的 $\beta_0 < \beta < \beta^R$，有 $x^F - x^R > 0$。

步骤二：对于 $\beta^R < \beta < 1$，有

$$x^F - x^R = -\frac{c^2(1+\lambda)(\lambda^2 - (2\theta^2-2)\lambda - \theta^2+1)}{4v(2\lambda - \theta^2+2)^2}(\beta - \tilde{\tilde{\beta}}) \quad (7-81)$$

其中，

$$\tilde{\tilde{\beta}} = \left(1 - \frac{2\lambda^3 - (4\theta^2 - 2\theta - 2)\lambda^2 + (2\theta^3 - 4\theta^2 + 4\theta - 2)\lambda - 2\theta + 2}{(1+\lambda)(\lambda^2 - (2\theta^2 - 2)\lambda - \theta^2 + 1)} \cdot \frac{a}{c} \right)$$

这里，首先要确定 $\tilde{\tilde{\beta}}$ 与 β^R, 1 之间的大小关系。通过计算，可得

$$\beta^R - \tilde{\tilde{\beta}} = \frac{J(\theta,\lambda)}{(1+\lambda)(\lambda^2 - (2\theta^2 - 2)\lambda - \theta^2 + 1)(3\lambda^2 - (2\theta^2 - 4)\lambda - \theta^2 + 1)} \cdot \frac{a}{c}$$

$$(7-82)$$

以及

$$1 - \tilde{\tilde{\beta}} = \frac{2\lambda^3 - (4\theta^2 - 2\theta - 2)\lambda^2 + (2\theta^3 - 4\theta^2 + 4\theta - 2)\lambda + 2\theta - 2}{(1+\lambda)(\lambda^2 - (2\theta^2 - 2)\lambda - \theta^2 + 1)} \cdot \frac{a}{c}$$

$$= \frac{K(\theta,\lambda)}{(1+\lambda)(\lambda^2 - (2\theta^2 - 2)\lambda - \theta^2 + 1)} \cdot \frac{a}{c} \quad (7-83)$$

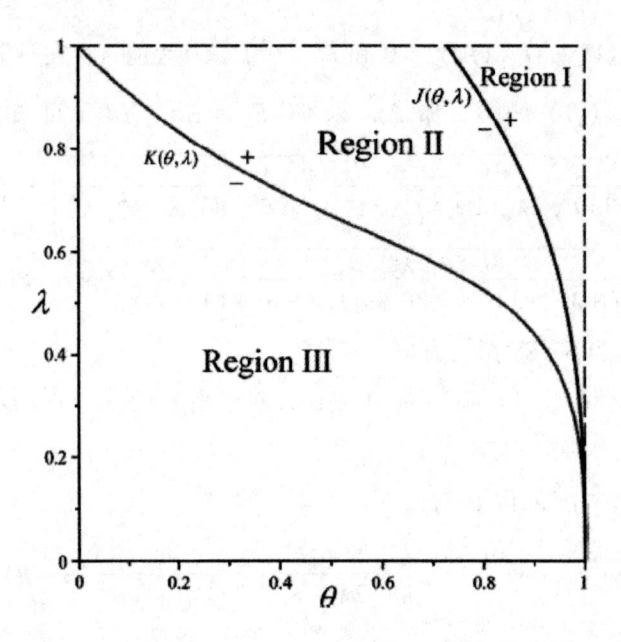

图7-3 $(\beta^R - \tilde{\beta})$ 和 $(1-\tilde{\beta})$ 的符号在 (θ, λ) 空间的分布情况

图7-3表示 $(\beta^R - \tilde{\beta})$ 和 $(1-\tilde{\beta})$ 在空间 (θ, λ) 的符号分布情况。其中,红色和绿色曲线分别表示边界 $J(\theta, \lambda)=0$ 和 $K(\theta, \lambda)=0$。显然,整个区域被这两条曲线分成三个部分,分别为区域1、区域2和区域3。具体来说,

(1) 对于区域1,$\beta^R - \tilde{\beta} > 0$ 表明,对于所有的 $\beta^R < \beta < 1$,有 $x^F - x^R < 0$;

(2) 对于区域2,$\beta^R - \tilde{\beta} < 0$ 和 $1 - \tilde{\beta} > 0$ 表明,当 $\beta^R < \beta < \tilde{\beta}$,有 $x^F - x^R > 0$;当 $\tilde{\beta} < \beta < 1$,有 $x^F - x^R < 0$;

(3) 对于区域3,$1 - \tilde{\beta} < 0$ 表明,对于所有的 $\beta^R < \beta < 1$,有 $x^F - x^R > 0$。

这里,结合确保固定费用许可发生的约束条件以及引理5.3之前的相关讨论,即可得到引理7.7的结果。

注意:

(1) 步骤一中的边界函数 $I(\theta, \lambda)$ 与单位提成费用许可下的边界函数 $C^R(\theta, \lambda)$ 完全相同。因此,$I(\theta, \lambda)=0$ 的解析解为 λ^R。

<<< 第七章 考虑多种不确定性条件的企业创新技术许可策略分析

(2) 如果用 λ_1 表示 $K(\theta, \lambda) = 0$ 在 $\lambda \in (0, 1)$ 范围内的解析解,那么其具体函数形式如下:

$$\lambda_1 = \begin{bmatrix} \dfrac{2}{3}\left(\dfrac{(1-\theta)(-16\theta^5+26\theta^4-7\theta^3+16\theta^2-8\theta+16)+}{3\theta(1-\theta)\sqrt{3\theta(-4\theta^5+16\theta^4-33\theta^3+16\theta^2+32)}}\right)^{1/3} - \dfrac{1}{3}(1-\theta)(1+2\theta) \\ + \dfrac{2(1-\theta)(-4\theta^3+3\theta^2+4)}{3\left(\dfrac{4(1-\theta)(-16\theta^5+26\theta^4-7\theta^3+16\theta^2-8\theta+16)+}{12\theta(1-\theta)\sqrt{3\theta(-4\theta^5+16\theta^4-33\theta^3+16\theta^2+32)}}\right)^{1/3}} \end{bmatrix}$$

$J(\theta, \lambda)$ 和 $H(\theta, \lambda)$ 分别是关于 λ 的 5 阶和 6 阶多项式。在数学上,已经证明 5 阶及 5 阶以上的多项式不存在解析解。这里,为了便于表述主要结果,用 $\lambda_2(\theta)$ 和 $\lambda_3(\theta)$ 分别表示 $J(\theta, \lambda) = 0$ 和 $H(\theta, \lambda) = 0$ 在区间 $\theta, \lambda \in (0, 1)$ 范围内的隐式解。同时,要注意到,当且仅当 $\theta > 0.78$ 时,有 $\lambda_3(\theta) < 1$ 成立。

(4) 对于所有 $\theta, \lambda \in (0, 1)$,$\tilde{\beta} - \bar{\beta} < 0$ 恒成立。

证明完毕。

由引理 7.7 可以看出,研发成功率越高,企业 1 能够获得的期望混合利润越高。这表明,每一种许可方式所对应的研发成功率在确定企业 1 的最优许可合同过程中起着决定性作用。具体来说,对于 $\lambda \in (0, \lambda_1)$,固定费用许可下的研发成功率总是高于单位提成费用许可下的研发成功率,而与新技术的溢出程度无关。这说明,此种情况下,固定费用许可是一直优于单位提成费用许可。对于 $\lambda \in (\lambda_1, \lambda_2)$(或者 $\lambda \in (\lambda_2, \lambda_3)$),如果 $\beta_0 < \beta < \bar{\beta}$(或 $\beta_0 < \beta < \tilde{\beta}$),固定费用许可下的研发成功率高于单位提成费用许可下的研发成功率,表示固定费用许可优于单位提成费用许可;如果 $\bar{\beta} < \beta < 1$(或 $\tilde{\beta} < \beta < 1$),情况则相反,表示单位提成费用许可优于固定费用许可。对于 $\lambda \in (\lambda_3, 1)$,单位提成费用许可下的研发成功率总是高于固定费用许可下的研发成功率,这说明,此时单位提成费用许可一直优于固定费用许可。

所以,由引理 7.3 的结果可知,对于固定费用许可和单位提成费用许可而言,如果混合所有制企业的公有制份额较高,那么最优许可合同应该总是固定费用许可。反之，如果混合所有制企业的私有制份额较高，并且和私有制企业之间的产品替代率也很高时（这是因为只有当 $\theta>0.78$ 时，有 $\lambda_3<1$），那么最优许可合同应该总是单位提成费用许可。至于其他情形，固定费用许可是否优于单位提成费用许可还要取决于新技术的溢出程度。

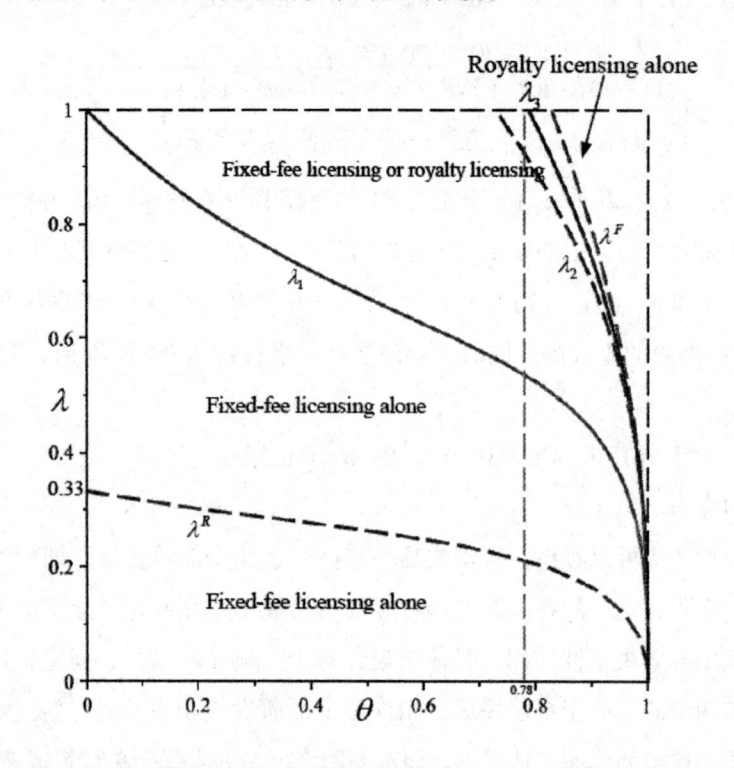

图 7-4　固定费用许可和单位提成费用许可在 θ, λ 空间的比较结果

图 7-4 直观地展示了引理 7.7 在 (θ, λ) 空间的分布情况。其中，由绿色、红色和蓝色所表示的边界曲线 λ_1、λ_2 和 λ_3 被定义为两家企业的产品差异度 θ 的函数。可以看到，整个可行区域被分成三个部分：其中两个是一种许可方法绝对优于另一种的区域，而另外一个则是这两种许可方法都可以是最优的过渡区域。此外，单独使用单位提成费用许可的区域要明显小于其他两个区域，而且只有当 $\lambda>\lambda_3$ 和 $\theta>0.78$ 时存在。这恰好说明了当混合所有制企业表现得更像一个私有制企业，并且在高同质的产品市场中面临技术许可问题时，单位

提成费用许可对于混合所有制企业的重要性。这主要是因为两家企业的产品越同质，混合所有制企业所面临的竞争就越激烈。相反，单独使用固定费用的区域是整个可行区域中最大的区域。该区域的上边界 λ_1 随着 θ 的递减而呈指数形式的增加（从右向左看），并且有最大值 λ_1 $(\theta=0)$ $=1$。这表明，使用固定费用许可的最大允许私有份额会随着两家企业产品差异化程度的增加而增加。其极端情况是，在完全异质的古诺双寡头竞争市场中，即使混合所有制企业只关注自身利润而不考虑社会福利，其仍然可以只通过用固定费用来进行技术许可。在这一点上，该结果与许多现有研究外部创新者许可策略的文献所得到的结论是一致的。

综上所述，可得如下命题。

命题 7.3 当混合所有制企业研发成功时，如果其私有份额和两家企业的产品替代性都足够高，那么，它会选择单位提成费用许可来转移其非显著创新技术。然而，随着公有份额的不断增长，混合所有制企业会更加依赖于固定费用许可。在这种许可方式下，它能获得更多的期望混合利润，从而在第一阶段投入更多，以增加研发创新成功的可能性。

命题 7.3 充分反映出固定费用许可与单位提成费用这两种许可方式的不同特点。另外，该命题也提醒部分公有化的企业，其不仅应该通过先进的生产技术在市场中生产出更多的产品，而且还应该以能促进私有制企业生产更多产品的方式来许可这种创新技术。

5. 拓展分析——两部制费用许可

在本节中，将考虑一种应用更广泛的许可方法——两部制费用许可，即固定费用和单位提成费用的组合。在这种许可机制下，混合所有制企业不仅向私有制企业收取一次性固定费用，而且还会获得依赖于私有制企业产量的单位提成许可收入。

与固定费用和单位提成费用许可相同，两部制费用许可的博弈也包括三个阶段。首先，企业 1 根据研发概率 x 的值来确定其最佳的研发投资额。其次，如果企业 1 研发成功，它将提供一个两部制费用许可合同 (F, r)，企业 2 决定是否接受这个许可合同。最后，考虑到在第二阶段所确定的成本配置，两家企业在市场中进行产量竞争。整个博弈过程仍用反向归纳法来求解。

如果企业1以概率x研发成功并且两部制费用许可发生，企业1和企业2的边际成本将变为0和r。那么，在产量竞争阶段，两家企业的目标函数分别为：

$$\begin{aligned} \Pi_1^T &= (a - q_1 - \theta q_2)q_1 + rq_2 + F \\ \Pi_2^T &= (a - q_2 - \theta q_1)q_2 - rq_2 - F \\ SW^T &= \Pi_1^T + \Pi_2^T + \frac{1}{2}(q_1^2 + q_2^2 + 2\theta q_1 q_2) \\ U_1^T &= \lambda \cdot \Pi_1^T + (1 - \lambda)SW^T. \end{aligned} \quad (7-85)$$

其中，上标"T"表示两部制费用许可的情形。那么，其均衡解如下所示：

$$q_1^T = \frac{(2 - \theta)a + \theta r}{2\lambda - \theta^2 + 2}, \quad q_2^T = \frac{(\lambda + 1 - \theta)a - (\lambda + 1)r}{2\lambda - \theta^2 + 2}$$

$$\Pi_1^T = \lambda \cdot \left(\frac{(2 - \theta)a + \theta r}{2\lambda - \theta^2 + 2}\right)^2 + r \cdot \frac{(\lambda + 1 - \theta)a - (\lambda + 1)r}{2\lambda - \theta^2 + 2} + F$$

$$\Pi_2^T = \left(\frac{(\lambda + 1 - \theta)a - (\lambda + 1)r}{2\lambda - \theta^2 + 2}\right)^2 - F \quad (7-86)$$

相应地，在许可阶段，企业1通过两部制费用许可合同将新技术转移到企业2，并且通过设置固定费用F和产品单位提成率r来最大化其研发创新后的混合利润。因此，带有约束的最优化问题可描述如下：

$$\underset{(F,r)}{Max} U_1^T$$

$$s.t. \ \Pi_2^T - \Pi_2^S \geqslant 0 \ \text{and} \ F, r \geqslant 0 \quad (7-87)$$

在两部制费用许可下，企业1研发创新成功后的混合利润随着固定费用的增加而增加。那么，企业1会尽可能多地收取固定费用来最大化其事后混合利润，直至企业2的参与性约束变成紧约束为止。所以，由$\Pi_2^T - \Pi_2^S = 0$可知，

$$F^*(r) = \left(\frac{(\lambda + 1 - \theta)a - (\lambda + 1)r}{2\lambda - \theta^2 + 2}\right)^2 - \left(\frac{(\lambda + 1 - \theta)a - (\lambda + 1)(1 - \beta)c}{2\lambda - \theta^2 + 2}\right)^2$$

$$(7-88)$$

显然，这个最大化的固定费用$F^*(r)$是一个关于单位提成率r的函数。

这表明，可以由单独求解最大化事后混合利润的 r 值即可确定最优两部制许可合同。由 $\partial U_1^T/\partial r=0$，可知其内部解为

$$r^{TI} = \frac{a(\lambda^3 - (2\theta^2 - \theta - 1)\lambda^2 + (\theta^3 - 2\theta^2 + 2\theta - 1)\lambda + \theta - 1)}{(1+\lambda)(\lambda^2 + (2-2\theta^2)\lambda - \theta^2 + 1)}$$

(7-89)

考虑到两部制费用许可中的单位提成率总应该是非负的这个事实，可知，对于 $r^{TI}<0$，有 $\lambda<\lambda_1$①。这表示，此种情况的最优单位提成率和固定费用分别为 $r^*=0$ 和 $F(r=0)$。那么，企业 1 的事后混合利润就等于在固定费用许可下的最优事后混合利润，即 $U_1^T = U_1^F$。所以，在第一阶段，企业 1 研发成功率的最优值应为 $x^T = x^F$。

现在，考虑对于 $\lambda > \lambda_1$ 有 $r^{TI}>0$ 的情况。在两部制费用许可下，固定费用的非负性，$F \geq 0$，意味着企业 1 所设定的单位提成率应满足 $r \leq (1-\beta)c$。将 r^{TI} 与此约束进行比较可知，当且仅当 $\beta \lessgtr \beta^T$，有 $r^{TI} \lessgtr (1-\beta)c$。其中，$\beta^T = 1 - \frac{a(\lambda^3 - (2\theta^2 - \theta - 1)\lambda^2 + (\theta^3 - 2\theta^2 + 2\theta - 1)\lambda + \theta - 1)}{(1+\lambda)(\lambda^2 + (2-2\theta^2)\lambda - \theta^2 + 1)} \cdot \frac{a}{c}$。那么，许可合同中的最优提成率如下所示：

（1）如果 $\beta^T < \beta < 1$，最优单位提成率和固定费用分别为 $r^* = (1-\beta)c$ 和 $F=0$。那么，企业 1 的事后混合利润就等于在单位提成费用许可下的最优事后混合利润，即 $U_1^T = U_1^{RC}$。所以，在第一阶段，企业 1 研发成功率的最优值应为 $x^T = x^{RC}$。

（2）如果 $\beta_0 < \beta < \beta^T = 1 - \frac{\lambda^3 + (-2\theta^2 + \theta + 1)\lambda^2 + (\theta^3 - 2\theta^2 + 2\theta - 1)\lambda + \theta - 1}{(1+\lambda)(\lambda^2 + (2-2\theta^2)\lambda + 1 - \theta^2)}$

$\cdot \frac{a}{c}$，最优单位提成率和固定费用分别为

---
① 注意到等式 $\lambda^3 - (2\theta^2 - \theta - 1)\lambda^2 + (\theta^3 + 2\theta^2 + 2\theta - 1)\lambda + \theta - 1 = K(\theta, \lambda)/2 = 0$ 的解析解为 λ_1，其具体形式在引理 7.7 的证明过程中已给出。

$$r^* = r^{TI} = \frac{a(\lambda^3 + (-2\theta^2 + \theta + 1)\lambda^2 + (\theta^3 - 2\theta^2 + 2\theta - 1)\lambda + \theta - 1)}{(1+\lambda)(\lambda^2 + (2-2\theta^2)\lambda + 1 - \theta^2)} \text{和} F = F(r$$

$$= r^{TI}) = \left(\frac{(1+\lambda)(1-\theta)a}{\lambda^2 + (2-2\theta^2)\lambda + 1 - \theta^2}\right)^2 - \left(\frac{(1+\lambda-\theta)a - (1-\beta)(1+\lambda)c}{2+2\lambda-\theta^2}\right)^2 \text{。}$$

那么，企业 1 在研发创新后的混合利润为

$$U_1^{TI} = \begin{bmatrix} 2\lambda^6 - (4\theta^2 + 4\theta - 10)\lambda^5 + (8\theta^3 - 16\theta^2 - 8\theta + 12)\lambda^4 + (12\theta^3 - 12\theta^2 + 8\theta - 12)\lambda^3 \\ -(\theta^6 - 2\theta^5 + 4\theta^4 + 8\theta^3 - 16\theta^2 - 32\theta + 38)\lambda^2 - 2(1-\theta)(2\theta^4 - \theta^3 \\ -11\theta^2 + \theta + 15)\lambda - (2-2\theta)(2-\theta^2)2 \\ \hline (1+\lambda)(2\lambda + 2 - \theta^2)^2(\lambda^2 + (2-2\theta^2)\lambda + 1 - \theta^2) \end{bmatrix} \cdot a^2$$

$$- \frac{4\lambda(1+\lambda)(1+\lambda-\theta)(1-\beta)}{(2\lambda+2-\theta^2)^2} \cdot ac + \frac{2\lambda(1+\lambda)^2(1-\beta)^2c^2}{(2\lambda+2-\theta^2)^2} \cdot c^2$$

(7 - 90)

如果企业 1 以概率 $(1-x)$ 研发失败，那么，其在研发创新后的混合利润仍为 U_1^{NS}。所以，在研发创新阶段，企业 1 的期望混合利润为 $E(U_1^T(x)) = xU_1^{TI} + (1-x)U_1^{NS} - vx^2$。由其一阶条件可知，

$$x^T = x^{TI} \begin{bmatrix} \frac{(\lambda^3 + (1+2\theta)(1-\theta)\lambda^2 - (1-\theta)(1-\theta+\theta^2)\lambda + \theta - 1)^2 \cdot a^2}{4v(1+\lambda)(2\lambda+2-\theta^2)(\lambda^2+(2-2\theta^2)\lambda+1-\theta^2)} \\ -\frac{(1+2\beta)\lambda^2 - (2-\theta^2+2\beta\theta+1-4\beta)\lambda + (2-\theta^3-2\theta^2+(6-2\beta)\theta+2\beta-9)\lambda - 2\theta^3+2\theta^2+6\theta-7}{2v(2\lambda+2-\theta^2)^2} \cdot ac \\ -\frac{(2\beta^2-4\beta-1)\lambda^3 + (2\theta^2+2\theta+1+4\beta-8\beta)\lambda^2 + (-2\theta^3+2\theta^2-4\theta+2\theta^2-4\beta+9)\lambda + 2\theta^3-2\theta^2-6\theta+7}{4v(2\lambda+2-\theta^2)^2} \cdot c^2 \end{bmatrix}$$

(7 - 91)

由于本章的研究目的是为混合所有制企业确定最优的许可方式，因此仍旧需要讨论两部制费用许可与无许可情形以及其他两种许可方法相比时的最优性问题。经比较后，可得到如下结果。

引理 7.8 如果企业 1 在进行非显著研发创新成功后，可以使用两部制费用许可，那么，技术许可一定会发生，这与新技术溢出程度以及企业 1 的私有份额无关。

证明：首先，对于只收取固定费用和只收取单位提成费用这两种极端情况，引理 7.6 和 7.7 已经证明，企业 1 的期望混合利润大于其在没有许可下的期望混合利润。那么，只需考虑企业 1 收取两部制费用的情况。在约束范围 $\lambda > \lambda_1$ 和

$\beta_0 < \beta < \beta^T$ 内，将在两部制费用许可和不许可情况下相应的研发成功率进行相减可知，有

$$x^{TI} - x^N = \frac{F_3(\beta)}{2v(1+\lambda)(2\lambda - \theta^2 + 2)^2(\lambda^2 + (2 - 2\theta^2)\lambda - \theta^2 + 1)}$$

(7-92)

其中，

$$F_3(\beta) = \begin{pmatrix} c^2(1+\lambda)2(\lambda^2 - (2\theta^2 - 2)\lambda - \theta^2 + 1)(\lambda^2 - (2\theta^2 + 2)\lambda + \theta^2 - 3)\beta^2 \\ + 2cA_3(1+\lambda)(\lambda^2 - (2\theta^2 - 2)\lambda - \theta^2 + 1)\beta + M_3 \end{pmatrix}$$

$$A_3 = \begin{pmatrix} (\lambda^3 - (2\theta^2 - \theta + 1)\lambda^2 + (\theta^3 - \theta^2 + 4\theta - 5)\lambda - \theta^3 + \theta^2 + 3\theta - 3)a \\ -(1+\lambda)(\lambda^2 - (2 + 2\theta^2)\lambda + \theta^2 - 3)c \end{pmatrix}$$

以及

$$M_3 = \begin{bmatrix} (\lambda^3 + (1+2\theta)(1-\theta)\lambda^2 - (1-\theta)(\theta^2 - \theta + 1)\lambda - (1-\theta))a^2 \\ -2(1+\lambda)(\lambda^2 - (2\theta^2 - 2)\lambda - \theta^2 + 1) + \begin{bmatrix} \lambda^3 - (2\theta^2 - \theta + 1)\lambda^2 \\ +(\theta^3 - \theta^2 + 4\theta - 5)\lambda \\ -\theta^3 + \theta^2 + 3\theta - 3 \end{bmatrix} ac \\ +(1+\lambda)2(\lambda^2 - (2\theta^2 - 2)\lambda - \theta^2 + 1)(\lambda^2 - (2\theta^2 + 2)\lambda + \theta^2 - 3)c^2 \end{bmatrix}$$

由于 $\lambda^2 - (2\theta^2 + 2)\lambda + \theta^2 - 3 < 0$ 对于所有的 $\theta, \lambda \in (0, 1)$ 均成立，所以，$F_3(\beta)$ 在区间 $\beta_0 < \beta < \beta^T$ 上是一个关于 β 的开口向下的抛物函数。易证，对于所有的 $\theta, \lambda \in (0, 1)$，$F_3(\beta_0) > 0$ 均成立。但是，当且仅当 $K(\theta, \lambda) > 0$ 时，有 $F_3(\beta^T) > 0$ 成立。这说明，只有当 $\lambda > \lambda_1$ 时，有 $x^{TI} - x^N > 0$ 以及 $E(U_1^T(x^{TI})) - E(U_1^N(x^N)) > 0$ 成立。

总结上述讨论，即可得到引理。

证明完毕。

由引理 7.8 可知，在两部制费用许可下企业 1 的期望混合利润要高于其在无许可情况下的期望混合利润。这说明，当两部制费用许可可用时，它总是会发生。此外，可以进一步证明，在情形（2）下（即 $\beta_0 < \beta < \beta^T$），两部制费用

213

许可要优于固定费用许可和单位提成费用许可①。

综上所述，可得如下命题。

命题7.4 在非显著技术创新结果不确定的情况下，如果混合所有制企业在创新成功后可以使用两部制费用许可，那么技术许可一定会发生，并且相应的许可合同细节如下：

(1) 对于$\lambda \in (0, \lambda_1)$，那么只收取固定费用，即$F(r=0)$，$r=0$；

(2) 对于$\lambda \in (\lambda_1, 1)$，如果$\beta_0 < \beta < \beta^T$，那么收取两部制费用，即$F(r=r^{RI})$，$r=r^{RI}$；

(3) 对于$\lambda \in (\lambda_1, 1)$，如果$\beta^T < \beta < 1$，那么只收取单位提成费用，即$F(r=(1-\beta)c)=0$，$r=(1-\beta)c$。

很显然，由命题7.4可知，即使两部制费用许可是混合所有制企业的一种选择，固定费用许可仍然是其最优许可合同中的一种可能形式。这显然不同于之前已有的结果，即在双寡头竞争市场中，如果在具有事前对称边际成本的完全私有制企业之间进行新技术转移，那么，两部制费用许可总是优于固定费用许可。这背后的原因也很简单。对于混合所有制企业而言，在两部制费用许可下提高产品的单位提成率，会产生两种不同的效应：一种是对自身利润的正效应，一种是对社会福利的负效应。当混合所有制企业的公有份额超过临界值时，负的社会福利效应将始终主导正的利润效应。②此时，设定任何正的单位提成率都不利于获得较高的事后混合利润。因此，混合所有制企业最好只收取固定费用，以便得到更多的期望混合利润，从而获得更高的研发成功率。

另外，结合图7-4可知，在(θ, λ)空间，两部制费用许可的引入并不会改变单独使用固定费用许可的区域范围。作为最优许可方式的一种形式，两部

---

① 为了避免重复计算，这里没有给出两部制费用许可下的期望混合利润以及相应的研发成功率与其他两种许可方法相比较的具体细节。整个证明过程与引理7.7类似，可根据要求来提供。

② 对于$\lambda \in (0, \lambda_1)$，有$\partial \Pi_1^t/\partial r > 0$，$\partial SW^T/\partial r < 0$和$\lambda \cdot \partial \Pi_1^t/\partial r + (1-\lambda) \cdot \partial SW^T/\partial r < 0$。

制费用许可只存在于区域 $\lambda \in (0, \lambda_1)$（具体可见图7-5）。这个结果表明，只有当混合所有制企业更加关注其自身利润时，才能充分地发挥出两部制费用许可的优势，即在许可方享受被许可方的效率增益的同时，还能够控制被许可方的边际成本。

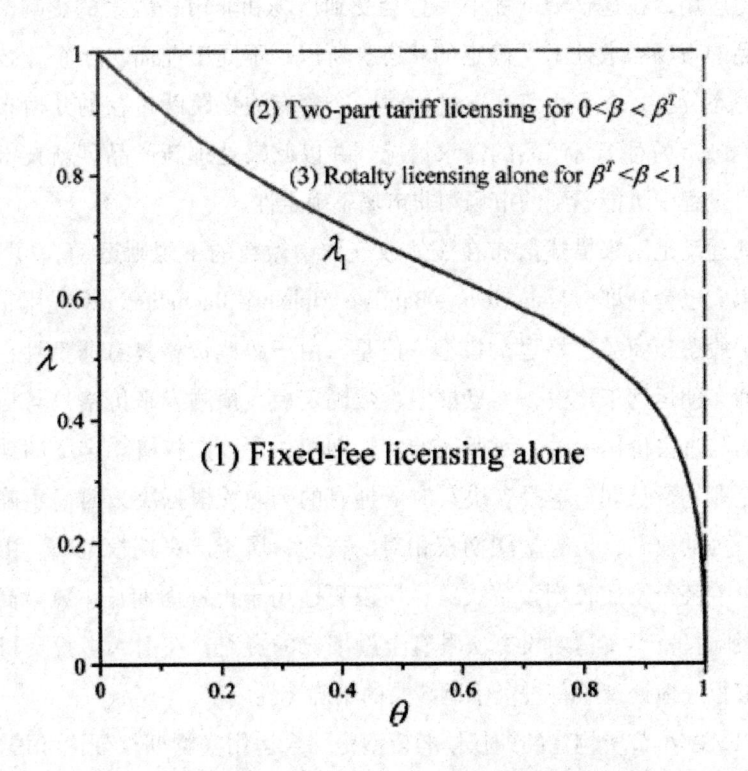

图7-5 最优许可方式在 (θ, λ) 空间的区域分布情况

图中区域说明：
(1) Fixed-fee licensing alone
(2) Two-part tariff licensing for $0 < \beta < \beta^T$
(3) Rotalty licensing alone for $\beta^T < \beta < 1$

从以上分析可以看出，这三种许可方式对市场均衡产量、许可方和被许可方的期望（混合）利润以及相应的研发成功率都有不同的影响。更重要的是，当涉及社会福利，而不仅仅是其自身利润时，混合所有制企业不再愿意将其私有制竞争对手置于竞争劣势地位，而这恰恰是完全私有制企业选择单位提成费用的原始动机。但是，当企业拥有公有份额时，让对手处于竞争劣势的许可方式就可能变得不再那么重要。

(三) 产品市场需求不确定条件下的新产品创新技术许可

本小节主要在产品市场需求不确定的情况下，探讨新产品创新技术的许可决策以及市场均衡等相关问题。通常来讲，一项新产品技术从研发产生到最终的商业化应用，在这整个过程中一直会受到市场和非市场因素的影响，从而导致由产品的市场需求处于不确定的状态。所以，不同于前面对于企业技术许可决策的静态分析，在本小节，通过构建一个含有泊松跳跃过程的几何布朗运动模型来刻画市场对于新产品的需求情况，并以此来处理新产品创新技术应用及技术许可过程中可能遇到的市场和非市场不确定性。

布朗运动是用来描述散布在液体或气体中微粒的不规则运动。20世纪初，法国数学家巴舍利耶（Louis Jean – Baptiste Alphonse Bachelier）率先用布朗运动来构建了股票和商品价格运动模型。但是，由于股票价格具有非负性，所以之后用几何布朗运动来建模，一旦模型参数确定后，预测未来价格只与当前价格有关，而与过去价格无关。而所谓的实物期权，是以期权概念定义的现实选择权，指企业进行长期资本投资决策时所拥有的、能够根据决策时尚不确定的因素改变行为的权利，是与金融期权相对的概念，属于广义期权范畴。由于它能极大地影响甚至改变长期投资决策，所以更适用于投资周期长、风险高、资本密集的风险投资。实物期权方法具有金融期权的特点，在引入了投资机会成本后，能够很好地处理项目投资中所涉及的不确定性因素。

所以，本小节所构建的期权博弈模型是综合运用实物期权理论和博弈理论，在考虑产品需求的不确定性以及企业不同的策略组合的条件下，来分析在产品需求不确定条件下潜在被许可方的战略性均衡，并求解领导者占优策略模型中所包括市场进入阈值和领导者和跟随者的潜在利润值。在此基础之上，对于许可方和被许可方的许可策略进行分析，并用算例进行仿真模拟，从而来探讨产品需求不确定下的固定费用许可的策略问题，并展示不同的不确定性因素对于固定费用许可计划的影响程度。

1. 基本模型假设

假设由拥有某项新产品生产技术的外部创新者和两家潜在被许可企业组成

的新兴产品市场。参照现存文献关于风险投资的相关分析，如果两家企业愿意投资新产品生产的新公司，它们的风险投资是相同的。新公司通过获取增值方式可以获得更多的利润。通过不同的投资策略 $D(N_1, N_2)$ 来表示新公司的额外利润，其具体含义解释如下表7–1所示。

表7–1 两家企业投资行为函数分析

两家企业投资策略	具体解释
$D(0, 0)$	两家企业均不投资，$N_1 = N_2 = 0$
$D(1, 0)$	企业1投资，企业2不投资，$N_1 = 1$，$N_2 = 0$
$D(0, 1)$	企业1不投资，企业2投资，$N_1 = 0$，$N_2 = 1$
$D(1, 1)$	两家企业均投资，$N_1 = N_2 = 1$

其中，N_i 代表企业 i 的投资决策（$i = 1, 2$），并且有

$$\begin{cases} N_1 \text{ 表示企业 1 的投资策略}: 0 \to \text{不投资}; 1 \to \text{投资} \\ N_2 \text{ 表示企业 2 的投资策略}: 0 \to \text{不投资}; 1 \to \text{投资} \end{cases}$$

另外，为保证两家企业进行投资有足够的先动激励，在此，对其投资策略进一步假设 $D(1, 0) > D(1, 1) > D(0, 1) > D(0, 0)$ 和 $D(1, 0) - D(0, 0) > D(1, 1) - D(0, 0)$。

根据 Dias 和 Rocha（1999）的论证分析[134]，企业资源的价格总会倾向于回归到平均值，但其也会以一定概率出现突变，从而演化成带有发生概率的 Poisson 过程。为简化计算，在此规范化两家企业的产量，那么公式化后的新产品价格为 $P(t) = Y(t) \cdot D(N_1, N_2)$，其中，不确定的市场需求冲击函数 $Y(t)$ 服从带泊松跳的几何布朗运动，具体如下：

$$dY(t) = \alpha Y(t)dt + \sigma dY(t)dz - (1 - \theta)Y(t)dq \qquad (7-93)$$

其中，α 是漂流项；σ 是挥发项；dz 是标准 Wiener 过程，且有 $E(dz) = 0$，$Var(dz) = 0$；$dq = 1$ 的概率为 λdt，$dq = 0$ 的概率为 $(1 - \lambda dt)$，其中，λ 为泊松跳参数，泊松跳的规模 q 服从正态分布。另外，dq 和 dz 是两个相互独立的过程。那么，应有 $E(dp/P) = (\alpha - \lambda(1 - \theta))dt$，即期望价格变化依赖跳参数。

外部创新者与此两家企业的博弈关系可描述为以下三阶段期权博弈模型。第一阶段，许可方提出相应的技术许可策略，这其中包括排他性或者非排他性许可合约，以及许可费具体收取方式。第二阶段，在产品需求不确定的条件下，两家企业决定是否接受技术许可以及在哪个合适的时间点进入市场。第三阶段，两家企业参与某种竞争类型的双寡头博弈，并确定两家企业的进入市场相关阈值，以期实现各自的市场期权价值。关于技术许可、企业进入市场以及商品生产的时序关系如图7-5所示：

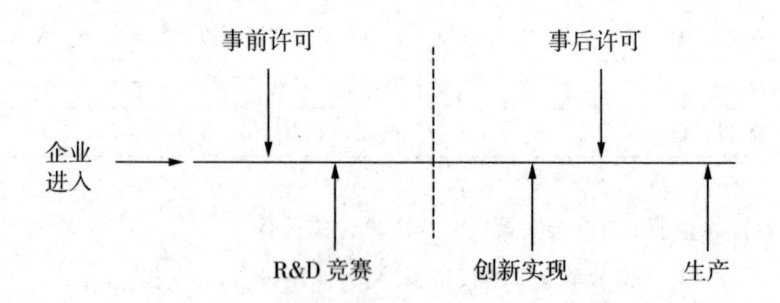

图7-5 技术许可、竞赛和生产决策的时序关系图

2. 跟随者和领导者的进入均衡

首先，通过逆向归纳法求解跟随企业进入市场的均衡阈值。根据已有文献关于期权博弈的相关分析可知，其第一步是求解跟随企业的均衡解。当领导企业投资项目时，如果跟随企业投资项目的初始利润流为 $YD(0,1)$，那么其可获得的潜在利润值为 $F^f(y)$。假设折现率为 $r\ (>\alpha)$，依据Bellman方程，潜在利润值 $F^f(y)$ 应该满足

$$rF^f(Y)dt = E(dF^f(Y) + YD(0,1)dt) \quad (7-93)$$

由伊藤（Itô）引理及推论可知，

$$\frac{1}{2}\sigma^2 Y^2 F^f_{YY}(Y) + \alpha Y F^f_Y(Y) - \lambda(F^f(Y) - F^f(\theta Y)) - rF^f(Y) + YD(0,1) = 0$$

$$(7-94)$$

其中，$F_Y^f(Y) = \dfrac{\partial F^f}{\partial Y}$，以及 $F_{YY}^f(Y) = \dfrac{\partial^2 F^f}{\partial Y^2}$。根据 Dixit 和 Pindyck（1994）的相关分析可知[135]，如果 $F^f(y)$ 的一般解为

$$F^f(Y) = AY^{\beta_1} + BY^{\beta_2} + \frac{YD(0,1)}{r - \alpha + \lambda(1 - \theta)} \quad (7-95)$$

其中，A，B 和 β_1，β_2 是待定系数；$\dfrac{YD(0,1)}{r - \alpha + \lambda(1 - \theta)}$ 是（7-94）的特解。

将（7-95）式代入（7-94）式中可知，有如下方程

$$G(\beta) \triangleq \frac{1}{2}\sigma^2\beta^2 + \left(\alpha - \frac{1}{2}\sigma^2\right)\beta - r + \lambda(\theta^\beta - 1) = 0 \quad (7-96)$$

其中，β_1 和 β_2 是（7-96）式的特解。为了获得（7-94）式的解，现需满足以下三个边界条件。

第一边界条件是，当 $P = 0$ 时，潜在价值为 0。因此，选择 $\beta_1 > 1$，那么（7-95）式将变成

$$F^f(Y) = AY^{\beta_1} + BY^{\beta_2} + \frac{YD(0,1)}{r - \alpha + \lambda(1 - \theta)} \quad (7-97)$$

进一步，跟随企业进入市场的阈值 Y_f 需满足另外两个边界条件，也就是价值匹配条件和光滑粘贴条件。价值匹配条件是指在项目投资前后的阈值的利润值函数相等。而光滑粘贴条件是指项目的边际价值在一阶差分时需满足等价。依据 Dixit 和 Pindyck（1994）中的 VMC 和 SPC 条件[135]，企业进入市场的阈值 Y_f 和参数 A 需满足

$$\begin{cases} F^f(Y_f) = V^f(Y_f) - I \\ F_Y^f(Y_f) = V_Y^f(Y_f). \end{cases} \quad (7-98)$$

其中，$V^f(Y_f)$ 是折现价值，I 是企业投资量。计算得阈值 Y_f 和待定参数 A 如下，

$$Y_f = \frac{\beta_1}{\beta_1 - 1} \cdot \frac{I(r - \alpha + \lambda(1 - \theta))}{D(1,1) - D(0,1)}, A = \frac{(Y_f)^{1-\beta_1}}{\beta_1} \cdot \frac{D(1,1) - D(0,1)}{r - \alpha + \lambda(1 - \theta)}$$

$$(7-99)$$

然后，跟随企业的投资潜在利润值函数 $F^f(y)$ 为

$$F^f(Y) = \begin{cases} \dfrac{YD(1,1)}{r-\alpha+\lambda(1-\theta)} - I, & \text{if } Y \geq Y_f \\ \left(\dfrac{Y}{Y_f}\right)^A \cdot \left(Y_f \cdot \dfrac{(D(1,1)-D(0,1))}{r-\alpha+\lambda(1-\theta)} - I\right) + \dfrac{YD(1,1)}{r-\alpha+\lambda(1-\theta)}, & \text{if } Y \leq Y_f \end{cases}$$

(7 - 100)

现在，通过逆向归纳法求解领导企业进入市场的均衡阈值。在跟随企业项目投资之前，领导企业可以获得的收益为 $YD(1,0)$。然而，投资之后，领导企业的收益变为 $YD(1,1)$。依照 Dias 和 Teixeira（2003）的相关假设可知[136]，$V^l(Y) = F^l(Y) + I$，其中，$F^l(Y)$ 是领导企业的潜在利润值；$V^l(Y)$ 是其总投资价值。根据 Bellman 方程，可知 $V^l(Y)$ 应满足

$$rV^l(Y)dt = E(dV^l(Y) + YD(0,1)dt) \quad (7-101)$$

同样，依照伊藤引理，可得

$$\frac{1}{2}\sigma^2 Y^2 V^l_{YY}(Y) + \alpha Y V^l_Y(Y) - \lambda(V^l(Y) - V^l(\theta Y)) - rV^l(Y) + YD(0,1) = 0$$

(7 - 102)

可以得出，对于 $Y < Y_f$，有

$$F^l(Y) = CY^{\beta_1} + DY^{\beta_2} + \dfrac{YD(0,1)}{r-\alpha+\lambda(1-\theta)} \quad (7-103)$$

其中，C，D 是待定系数；β_1 和 β_2 是（7-96）式的解；$\dfrac{YD(0,1)}{r-\alpha+\lambda(1-\theta)}$ 是（7-102）式的特解。

另外，领导企业需要满足的两个边界条件如下

$$\begin{cases} V^l(0) = 0 \\ V^l(Y_f) = \dfrac{Y_f D(1,1)}{r-\alpha+\lambda(1-\theta)} \end{cases} \quad (7-104)$$

由此可知，领导企业的潜在利润值为

$$F^l(Y) = \begin{cases} \dfrac{YD(1,1)}{r-\alpha+\lambda(1-\theta)} - I, & \text{if } Y \geq Y_f \\ \left(\dfrac{Y}{Y_f}\right)^B \cdot \dfrac{Y_f \cdot (D(1,1)-D(0,1))}{r-\alpha+\lambda(1-\theta)} + \dfrac{YD(0,1)}{r-\alpha+\lambda(1-\theta)} - I, & \text{if } Y < Y_f \end{cases}$$

(7 - 105)

另外，最优市场进入阈值 Y_l 是领导企业和跟随企业潜在利润值的交集。也就是说，对于 $Y < Y_f$，满足等式 $F^l(Y_l) = F^f(Y_l)$，并且可以通过数值计算得到具体值。

3. 技术许可均衡及数值分析

当状态变量 Y 的初始值满足 $Y < Y_l$，那么，两家企业的投资决策者将会选择等待策略，以期出现更好的投资机会。这是因为，此时两家企业的投资者对投资环境持悲观态度。在此种情况下，技术许可不会发生，相应的均衡许可费用为0。当 $Y_l < Y < Y_f$ 时，领导企业可以进入市场，但是两家企业都想以领导者身份进入市场的概率为 $\frac{1-p(0)}{2-p(0)}$，其中 $p(0)$ 指两家企业在0时刻执行投资期权的概率。相应地，此时应是采用独占许可合约最优，且均衡时的固定许可费用为 $F^l(Y)$。

同时，根据 Husiman 和 Kort（1999）可知[137]，两家企业同时进入市场的概率为 $\frac{p(0)}{2-p(0)}$。所以，在此情形下可知，领导企业先进入市场，等到 $Y = Y_f$ 时刻，跟随企业进入市场。而当 $Y \geq Y_f$ 时，两家企业会同时进入市场。此时，采用非独占许可合约最优，且均衡时的固定许可费用为 $F^l(Y) + F^f(Y)$。

接下来，根据上述理论推导结果，进行数值模拟分析。在此部分模拟的具体参数假设如下：

漂流项 $\alpha = 0.23$；挥发项 $\sigma = 0.57$；折现率 $r = 0.36$；沉没成本 $I = 15$。同时，销售额为 $D(0,0) = 1.2$；$D(1,0) = 4.8$；$D(0,1) = 2.2$；$D(1,1) = 2.8$。市场和非市场的需求不确定性的振幅 θ 以及具体化 Possion 跳的规模到达率 λ，以及领导企业和跟随企业进入市场阈值的相应计算结果具体数值列在如下表7-2所示。

表7-2 市场和非市场的不确定性对于进入阈值的影响

σ	$\lambda \& \theta$	Y_f	Y_l
0.57	$\lambda=0$, $\theta=1$	2.2895	0.6842
0.57	$\lambda=0.2$, $\theta=0.6$	2.9765	0.9532
0.57	$\lambda=0.2$, $\theta=0.8$	2.8432	0.6942
0.86	$\lambda=0.2$, $\theta=0.6$	2.3432	3.6842

那么，由此可以推导出不同初始状态下相应的固定许可费。例如，在第一种情况下，如果 $Y=2.53>2.2895$，领导企业和追随企业同时进入市场，那么，均衡状态下进行技术许可所收取的固定许可费为两家企业的期权价值之和，也就是 $F^l(Y)+F^f(Y)=37.4667$。同样地，在不同条件假设下，可得到外部创新者在进行技术许可时所收取不同的固定费用，这其中，可能是排他合约，也可能是非排他合约。

（四）本章小结

本章分别从不同的角度来考虑在技术创新及技术许可过程中可能遇到的多种不确定因素，通过假设技术创新企业研发结果不确定、产品市场需求不确定，来分析私有制企业、混合所有制企业以及外部技术创新者的相关技术许可策略问题。

首先，对于私有制企业在进行技术创新过程中面对研发创新结果不确定并且技术创新成功后存在技术溢出的相关许可决策问题。其研究结果表明，对于以固定费用和单位提成费用进行技术许可的情形，当两家企业的产品替代程度和新技术溢出程度都很小时，最优许可合同是固定费用许可。而至于其他情况，最优许可合同是单位提成费用许可。而当更加一般化的许可方式——两部制费用许可可用时，研究分析得出，当技术溢出程度较小时，两部制费用许可要优于固定费用许可和单位提成费用许可。这一结果印证了Rostoker（1984）的实证

<<< 第七章　考虑多种不确定性条件的企业创新技术许可策略分析

研究结果[151]，并说明，如果条件允许的话，许可方仍然倾向于采用两部制费用许可，而不是其他许可方式。而当技术溢出程度较大时，两部制费用许可等价于单位提成费用许可，但其仍然优于固定费用许可。这意味着，使用具有正的单位提成率的单位提成费用许可合同，是可以在一定程度上缓解激烈的价格竞争的一种有效的解决方式。

然后，对于混合所有制企业在进行技术创新过程中面对研发创新结果不确定并且技术创新成功后存在技术溢出的相关许可决策问题。其研究结果表明，如果混合所有制企业的公有制份额较高，那么最优许可合同应该总是固定费用许可。反之，如果混合所有制企业的私有制份额较高，并且和私有制企业之间的产品替代率也很高时，那么最优许可合同应该总是单位提成费用许可。至于其他情形，固定费用许可是否优于单位提成费用许可还要取决于创新技术的溢出程度。而当更加一般化的许可方式——两部制费用许可可用时，研究分析得出，即使两部制费用许可是混合所有制企业的一种选择，固定费用许可仍然是其最优许可合同中的一种可能形式。特别地，固定费用绝对优于其他许可方法的区域范围并不会因两部制费用许可的引入而发生改变。这个结果表明，随着公有份额的不断增长，混合所有制企业更有愿意采用固定费用而不是单位提成费用（或两部制费用）来许可其非显著创新技术。很明显，这不同于以往许多关于在位企业进行技术许可的理论研究和实证研究所得的结论。

最后，关于需求不确定条件下的新产品创新技术许可决策问题，不同于之前对于企业技术许可决策的静态分析，本章构建了一个含有泊松跳跃过程的几何布朗运动模型来刻画市场对于新产品的需求情况，并以此来处理新产品创新技术应用及技术许可过程中可能遇到的市场和非市场不确定性。通过应用逆向归纳法求出市场均衡，并由此得出领导企业和跟随企业的价值函数和市场进入阈值，最后得出企业进入市场均衡以及最优技术许可费用。其研究结果表明，最优技术许可费用要依赖于产品市场不确定性的初始状态。特别地，当初始状态值较小时，技术许可不会发生；当初始值较大时，排他性许可合约最优；而初始值足够大时,非排他性许可合约最优。并且,在技术许可发生时,外部创新者所收取的技术许可费用均为固定费用。最后,通过具体数值分析,模拟了不确定性状态的初始值对于最优固定费用许可费用的影响,并以此为实践提供一定的理论参考价值。

参考文献

[1] 约瑟夫·熊彼特. 经济发展理论 [M]. 何畏等, 译. 北京: 商务印书馆, 1990.

[2] Prahalad C K, Hamel G. "The core competence of the corporation" [J]. *Harvard Business Review*, 1990, 12: 1 – 13.

[3] Arrow K. "Economic welfare and the allocation of resources for invention" [J]. *Social Science Electronic Publishing*, 1962: 609 – 626.

[4] Kamien M I, Tauman Y. "The private value of a patent: a game theoretic analysis" [J]. *Journal of Economics*, 1983, 4: 93 – 118.

[5] Kamien M I, Tauman Y. "Fees versus royalties and the private value of a patent" [J]. *Quarterly Journal of Economics*, 1986, 101 (3): 471 – 491.

[6] Katz M L, Shapiro C. "On the licensing of an innovation" [J]. *Rand Journal of Economics*, 1985, 16 (4): 504 – 520.

[7] Katz M L, Shapiro C. "How to license intangible property" [J]. *Quarterly Journal of Economics*, 1986, 101 (3): 567 – 590.

[8] Kamien M I, Oren S, Tauman Y. "Optimal licensing of cost reducing innovation" [J]. *Journal of Mathematical Economics*, 1992, 21 (5): 483 – 508.

[9] Kamien M I, Tauman Y. "Patent licensing: the inside story" [J]. *The Manchester School*, 2002, 70 (1): 7 – 15.

[10] Poddar S, Sinha U B. "The role of fixed fee and royalty in patent licen-

sing"[J]. *American Journal of Orthodontics & Dentofacial Orthopedics*, 2002, 121 (1): 53 –66.

[11] Sen D. "Fee versus royalty reconsidered"[J]. *Games and Economic Behavior*, 2005a, 53 (1): 141 –147.

[12] Giebe T, Wolfstetter E, Giebe T. "License auctions with royalty contracts for losers"[R]. *Free University of Berlin*, 2006.

[13] Lin L, Kulatilaka N. "Network effects and technology licensing: managerial decisions for fixed fee, royalty, and hybrid licensing"[J]. *Journal of Management Information Systems*, 2006, 23 (2): 91 –118.

[14] Li C Y, Geng X Y. "Licensing to a durable –good monopoly"[J]. *Economic Modelling*, 2008, 25 (5): 876 –884.

[15] Mukherjee A. "Licensing a new product: Fee vs. royalty licensing with unionized labor market"[J] *Labor Economics*, 2010, 17 (4): 735 –742.

[16] Rockett K E. "Choosing the competition and patent licensing"[J]. *Rand Journal of Economics*, 1990a, 21 (1): 161 –172.

[17] Rockett K E. "The quality of licensed technology"[J]. *International Journal of Industrial Organization*, 1990b, 8 (4): 559 –574.

[18] Wang H. "Fee versus royalty licensing in a Coumot duopoly model"[J]. *Economics Letters*, 1998, 60 (1): 55 –62.

[19] Wang X H, Yang B Z. "On licensing under Bertrand competition"[J]. *Australian Economic Papers*, 1999, 38 (2): 106 –119.

[20] Muto, S. "On licensing policies in Bertrand competition"[J]. *Games and Economic Behavior*, 1993, 5: 257 –267.

[21] Wang H. "Fee versus royalty licensing in a differentiated Cournot duopoly"[J]. *Journal of Economics and Business*, 2002, 54 (2): 253 –266.

[22] Filippini L. "Cost reduction, licensing and incentive to innovate: a note"[J]. *Economics of Innovation & New Technology*, 2002, 11 (11): 51 –59.

[23] Filippini L. "Licensing contract in a Stackelberg model" [J]. *Manchester School*, 2005, 73 (5): 582 – 598.

[24] Kabiraj T. "Technology transfer in a Stackelberg structure: licensing contracts and welfare" [J]. *The Manchester School*, 2005, 73 (1): 1 – 28.

[25] Can E, Yves R. "Licensing a new product with non – linear contracts" [J]. *Canadian Journal of Economics/revue Canadienne D' economique*, 2006, 39 (3): 932 – 947.

[26] Matsumura T, Matsushima N. "On patent licensing in spatial competition with endogenous location choice" [R]. *Working Paper*, University of Tokyo, 2008.

[27] Li Y, Yanagawa T. "Patent licensing of Stackelberg manufacturer in a differentiated product market" [J]. *International Journal of Economic Theory*, 2011, 7 (1): 7 – 20.

[28] Kishimoto S, Muto S. "Fee versus royalty policy in licensing through bargaining: an application of the nash bargaining solution" [J]. *Bulletin of Economic Research*, 2012, 64 (2): 293 – 304.

[29] Ghosh A, Saha S. "Price competition, technology licensing and strategic trade policy" [J]. *Economic Modelling*, 2015, 46 (C): 91 – 99.

[30] Kamien M I, Tauman Y, Zang I. "Optimal license fees for a new product" [J]. *Mathematical Social Sciences*, 1988, 16 (1): 77 – 106.

[31] Kabiraj T, Marjit S. "Technology and price in a non – cooperative framework" [J]. *International Review of Economics & Finance*, 1992, 1 (4): 371 – 378.

[32] Kabiraj T, Marjit S. "International technology transfer under potential threat of entry" [J]. *Journal of Development Economics*, 1993, 42: 75 – 88.

[33] Saggi K. "Entry into a foreign market: foreign direct investment versus licensing" [J]. *Review of International Economics*, 1996, 4 (1): 99 – 104.

[34] Glass A J, Saggi K. "Foreign direct investment and the nature of R&D" [J]. *Iser Discussion Paper*, 1996, 32 (1): 92 – 117.

[35] Mukherjee A, Balasubramanian N. "Technology transfer in a horizontally differentiated product market" [J]. *Research in Economics*, 2001, 55 (3): 257-274.

[36] Li C, Song J. "Technology licensing in a vertically differentiated duopoly" [J]. *Japan & the World Economy*, 2009, 21 (2): 183-190.

[37] Li C, Wang J. "Licensing a vertical product innovation" [J]. *Economic Record*, 2010, 86 (275): 517-527.

[38] Filippini L, Vergari C. "Product innovation in a vertically differentiated model" [J]. *SSRN Electronic Journal*, 2012, 7: 1-21.

[39] Singh N, Vives X. "Price and quantity competition in a differentiated Duopoly" [J]. *Rand Journal of Economics*, 1984, 15 (15): 546-554.

[40] Hackner J. "A note on price and quantity competition in differentiated oligopolies" [J]. *Journal of Economic Theory*, 2000, 93 (2): 233-239.

[41] Erutku C, Richelle Y. "Optimal licensing contract and the value of a patent" [J]. *Journal of Economic Management Strategy*, 2000, 16: 407-436.

[42] Faulí-Oller R, Sandonís J. "Welfare reducing licensing" [J]. *Games & Economic Behavior*, 2002, 41 (2): 192-205.

[43] Poddar S, Sinha U B. "On patent licensing in spatial competition" [J]. *Economic Record*, 2004, 80 (249): 208-218.

[44] Mukherjee A. "Innovation, licensing and welfare" [J]. *The Manchester School*, 2005, 73 (1): 29-39.

[45] Mukherjee A, Mukherjee S. "Entry, licensing and welfare" [J]. *Report of the School of Agriculture University of Nottingham*, 2005, 2 (4390): 1129-1130.

[46] Mukherjee A, Mukherjee S. "Foreign competition with licensing" [J]. *The Manchester School*, 2005b, 73 (6): 653-663.

[47] Liao C H, Sen D. "Subsidy in licensing: optimality and welfare implications" [J]. *The Manchester School*, 2005, 73 (3): 19.

[48] Zanchettin P. "Differentiated Duopoly with asymmetric costs" [J]. Journal of Economics & Management Strategy, 2006, 15 (4): 999 – 1015.

[49] Stamatopoulos G, Tauman Y. "Licensing of a quality – improving innovation" [J]. Mathematical Social Sciences, 2008, 56 (56): 410 – 438.

[50] Mukherjee A. "Competition and welfare: the implications of licensing" [J]. The Manchester school, 2010, 78 (1): 20 – 40.

[51] Colombo S. "A comment on welfare reducing licensing" [J]. Games & Economic Behavior, 2012, 76 (2): 515 – 518.

[52] D'Aspremont C, Jacquemin A. "Cooperative and noncooperative R&D in duopoly with spillovers" [J]. American Economic Review, 1988, 1 (78): 1133 – 1137.

[53] Dasgupta P, Stiglitz J. "Uncertainty, industrial structure, and the speed of R&D" [J]. Bell Journal of Economics, 1980, 11 (1): 1 – 28.

[54] Lee T, Wilde L. "Market structure and innovation: a reformation" [J]. Quarterly Journal of Economics, 1980, 94 (2): 429 – 36.

[55] Gilbert R J, Newbery D M G. "Preemptive patenting and the persistence of monopoly" [J]. American Economic Review, 1982, 72 (3): 514 – 526.

[56] ReinganumB J F. "A dynamic model of R&D: patent protection and competitive behavior" [J]. Econometrica, 1982, 50 (3): 671 – 688.

[57] ReinganumB J F. "Uncertain innovation and the persistence of monopoly: reply" [J]. American Economic Review, 1984, 74 (1): 243 – 46.

[58] Fudenberg D, Gilbert R, Stiglitz J, et al. "Preemption, leapfrogging and competition in patent races" [J]. European Economic Review, 1983, 22 (1): 3 – 31.

[59] Harris C, Vickers J. "Perfect equilibrium in a model of a race" [J]. Review of Economic Studies, 1985a, 52, 193 – 209.

[60] Harris C, Vickers J. "Patent races and the persistence of monopoly"

[J]. *Journal of Industrial Economics*, 1985b, 33 (4): 461 –481.

[61] Tirole J. "The Theory of Industrial Organization" [M]. *Cambridge: The MIT Press*, 1988.

[62] Fishman A, Rob R. "The size of firms and R&D investment" [J]. *International Economic Review*, 1999, 40 (4): 915 –931.

[63] Lu J H, Wang Y. "R&D strategy of high technology industry" [J]. *Wuhan University Journal of Natural Sciences*, 2003, 8 (3A): 775 –778.

[64] Katz M L, Shapiro C. "R&D rivalry with licensing or imitation" [J]. *American Economic Review*, 1987, 77 (77): 402 –420.

[65] Marjit S, Shi H. "Non – cooperative, cooperative, and delegative R&D" [J]. *Group Decision & Negotiation*, 1995, 4 (4): 401 –409.

[66] Grishagin V A, Sergeyev Y D, Silipo D B. "Firms' R&D decisions under incomplete information" [J]. *European Journal of Operational Research*, 2001, 129 (2): 414 –433.

[67] Lin P, Saggi K. "Product differentiation, process R&D, and the nature of market competition" [J]. *European Economic Review*, 2002, 46 (1): 201 –211.

[68] Mukherjee A, Marjit S. "R&D organization and technology transfer" [J]. *Group Decision & Negotiation*, 2004, 13 (3): 243 –258.

[69] Mukherjee A, Pennings E. "Tariffs, licensing and market structure" [J]. *European Economic Review*, 2006, 50 (7): 1699 –1707.

[70] Mukherjee A. "Patent protection and R&D with endogenous market structure" [J]. *Journal of Industrial Economics (Notes and Comments)*, 2008: 862 –868.

[71] Pires A J G. "R&D and endogenous asymmetries between firms" [J]. *Economics Letters*, 2009, 103 (3): 153 –156.

[72] Fershtman C, Markovich S. "Patents, imitation and licensing in an asymmetric dynamic R&D race" [J]. *International Journal of Industrial Organization*, 2010, 28 (2): 113 –126.

[73] Mukherjee A, Mukherjee S. "Technology licensing and innovation" [J]. *Economics Letters*, 2013, 120 (3): 499–502.

[74] Gallini N T, Wright B D. "Technology transfer under asymmetric information" [J]. *Rand Journal of Economics*, 1990, 21 (1): 147–160.

[75] Beggs A W. "The licensing of patents under asymmetric information" [J]. *International Journal of Industrial Organization*, 1992, 10 (2): 171–191.

[76] Choi J P. "Technology transfer with moral hazard" [J]. *International Journal of Industrial Organization*, 2001, 19 (1–2): 249–266.

[77] Macho-Stadler I, Martinez-Giralt X, Pérez-Castrillo J D. "The role of information in licensing contract design" [J]. *Research Policy*, 1996, 25 (1): 43–57.

[78] Schmitz P W. "On monopolistic licensing strategies under asymmetric information" [J]. *Journal of Economic Theory*, 2002, 106 (1): 177–189.

[79] Sen D. "On the coexistence of different licensing schemes" [J]. *International Review of Economics and Finance*, 2005b, 14 (4): 393–413.

[80] Crama P, Reyck B D, Degraeve Z. "Milestone payments or royalties? Contract design for R&D licensing" [J]. *Operations Research*, 2008, 56 (6): 1539–1552.

[81] 于革非. 中国技术市场研究 [M]. 北京: 中国财政经济出版社, 1999.

[82] 霍沛军, 杨娥. 单位成本不对称时的进入与许可策略 [J]. 系统管理学报, 2000, 9 (4): 313–320.

[83] 霍沛军, 陈继祥, 宣国良. 在企业具有单位成本优势时的最优事后许可策略 [J]. 中国管理科学, 2000, 8 (11): 585–592.

[84] 霍沛军, 宣国良. 在位企业最优事后许可策略的比较 [J]. 系统工程理论与实践, 2001, 21 (10): 58–65.

[85] 方世建, 郑南磊. 技术交易中的逆向选择问题研究 [J]. 研究与发展管理, 2001, 13 (6): 55–60.

[86] 方世建, 史春茂. 技术交易中的逆向选择和中介效率分析 [J]. 科研管理, 2003, 24 (3): 45-51.

[87] 岳贤平, 顾海英. 国外企业专利许可行为及其机理研究 [J]. 中国软科学, 2005, 5: 89-92.

[88] 钟德强, 罗定提, 钟伟俊等. 异质产品 Cournot 寡头竞争企业替代技术许可竞争策略分析 [J]. 系统工程理论与实践, 2007, 27 (9): 24-37.

[89] 钟德强, 赵丹, 罗定提. 具有 R&D 溢出时的企业提出许可策略与政府 R&D 补贴激励 [J]. 系统工程, 2008, 29 (6): 111-115.

[90] 郭红珍, 郭瑞英. 创新厂商的技术许可策略研究 [J]. 华北电力大学学报 (社会科学版), 2007 (2): 36-40.

[91] 刘兴, 顾海英. 不同创新类型下的技术许可对象选择策略研究 [J]. 科学学与科学技术管理, 2008, 29 (10): 53-57.

[92] 张元鹏. 科技创新与最优专利转让方式的选择问题 [J]. 经济科学, 2005, 2: 109-118.

[93] 袁立科, 张宗益. 管理激励和最优技术转让分析 [J]. 管理工程学报, 2008, 22 (3): 36-40.

[94] 钟德强, 赵丹, 罗定提. 具有 R&D 溢出时的企业提出许可策略与政府 R&D 补贴激励. 系统工程, 2008b, 29 (6): 111-115.

[95] 周绍东. 企业技术创新与政府 R&D 补贴: 一个博弈 [J]. 产业经济评论, 2008, 7 (3): 38-51.

[96] 冯振中, 吴斌. 政府研发补贴政策的有效性研究 [J]. 技术经济, 2008, 27 (9): 26-29.

[97] 赵丹, 王宗军. 消费者剩余、技术许可选择与双边政府 R&D 补贴 [J]. 科研管理, 2012, 33 (2): 88-96.

[98] 李娟博, 闫庆友, 齐玉霞. 生产成本信息不对称下差异 Bertrand 结构中的许可 [J]. 数学的实践与认识, 2009, 39 (19): 30-38.

[99] 闫庆友, 徐顺青, 朱丽丽. Stackelberg 竞争结构中质量提高型创新技

术授权和企业兼并 [J]. 技术经济, 2010, 29 (12): 22-27.

[100] 赵丹, 王宗军. 在位创新企业讨价还价能力与两部制许可机制博弈 [J]. 管理科学, 2010, 23 (6): 2-10.

[101] 闫庆友, 朱丽丽, 徐顺青. 产品质量差异条件下企业最优技术许可决策研究 [J]. 科技管理研究, 2011, 31 (15): 116-120.

[102] 闫庆友, 朱丽丽. 古诺竞争条件下质量提高型技术许可策略研究 [J]. 科技进步与对策, 2011, 28 (19): 16-19.

[103] 赵丹, 王宗军, 张洪辉. 产品异质性、成本差异与不完全议价能力企业技术许可 [J]. 管理科学学报, 2012, 15 (2): 15-27.

[104] 储雪林, 陈晓剑. 技术转移中的文化因素分析 [J]. 运筹与管理, 1994, (2): 72-76.

[105] 谭红平, 石建民. 浅论跨国公司与国际技术转移 [J]. 经济评论, 1997, (3): 14-17.

[106] 穆荣平. 国际技术转移影响因素分析 [J]. 科学学研究, 1997, 4: 68-73.

[107] 李蜀北. 发展中国家如何获得跨国公司的技术转让 [J]. 经济世界, 2000, (4): 92-93.

[108] 朱桂龙, 李卫民. 国际技术在中国技术转移影响因素分析 [J]. 科学学与科学技术管理, 2004, (6): 31-35.

[109] 潘小军, 陈宏民, 胥莉. 基于网络外部性的固定与比例抽成技术许可 [J]. 管理科学学报, 2008, 11 (6): 12-17.

[110] 王怀祖, 熊中楷, 黄俊. 考虑网络外部性与创新程度的专利许可策略研究 [J]. 科研管理, 2011, 32 (4): 76-85.

[111] Qiu L D. "On the dynamic efficiency of Bertrand and Cournot equilibrium" [J]. Journal of Economic Theory, 1997, 75 (1): 213-329.

[112] Mansfield E, Schwartz M, Wagner S. "Imitation costs and patents: an empirical study" [J]. The Economic Journal, 1981, 91 (364): 907-918.

[113] Mansfield E, Romeo A. "Technology transfer to overseas subsidiaries by U. S. - Based firms" [J]. *Quarterly Journal of Economics*, 1980, 95 (4): 737-750.

[114] Choi J P, Thum M. "Market structure and the timing of technology adoption with network externalities" [J]. *European Economic Review*, 1998, 42: 225-244.

[115] Gallini N T. "Patent policy and costly imitation" [J]. *RAND Journal of Economics*, 1992, 23: 52-63.

[116] Benoit J P. "Innovation and imitation in a duopoly" [J]. *Review of Economic Studies*, 1985, 52: 99-106.

[117] Mendi P. "The structure of payments in technology transfer contracts: Evidence from Spain" [J]. *Journal of Economics and Management Strategy*, 2005, 14 (2): 403-429.

[118] 李长英, 宋娟. 古诺竞争条件下异质品企业之间的兼并与技术转让 [J]. 世界经济, 2006, (7): 74-81.

[119] Faulí-Oller R, Sandonís J. "To merger or to license: implications for competition policy" [J]. *International Journal of Industrial Organization*, 2003, 21 (5): 655-672.

[120] 郭红珍, 周鸣. 创新厂商的技术许可策略 [J]. 统计与决策, 2007, (12): 54-56.

[121] 侯光明, 艾凤义. 基于混合溢出的双寡头横向 R&D 合作. 管理工程学报, 2006, 20 (4): 94-97.

[122] Basu A, Mazumdar T, Raj S P. "Components of optimal price under logit demand" [J]. *European Journal of Operational Research*, 2007, 182 (3): 1084-1106.

[123] Stamatopoulos G. "On the possibility of licensing in a market with logit demand functions" [J]. *Economics Bulletin*, 2008, 4: 1-11.

[124] Anderson S, dePalma A, Thisse J F. "Discrete choice theory of product differentiation" [M]. *Massachusetts*: The MIT Press, 1992.

[125] Petsas I, Giannikos C. "Process versus product innovation in multiproduct firms" [J]. *International Journal of Business and Economics*, 2005, 4 (3): 231 – 248.

[126] Lunn J. "An empirical analysis of process and product patenting: a simultaneous equation framework" [J]. *The Journal of Industrial Economics*, 1986, 34 (3): 319 – 330.

[127] Rostoker M. "A survey of corporate licensing" [J]. *IDEA: The Journal of Law and Technology*, 1984, 24: 59 – 92.

[128] Singh N, Vives X. "Price and quantity competition in a differentiated duopoly" [J]. *Rand Journal of Economics*, 1984, 15 (15): 546 – 554.

[129] Choi J P. "Cooperative R&D with product market competition" [J]. *International Journal of Industrial Organization*, 1993, 11 (4): 553 – 571.

[130] Mukherjee A. "Innovation, licensing and welfare" [R]. *Keele Economics Research Papers*, 2002, 73 (1): 29 – 39

[131] Zhang H, Wang X, Qing P, et. al. "Optimal licensing of uncertain patentsin a differentiated Stackelberg duopolistic competition market" [J]. *International Review of Economics and Finance*, 2016, 45: 215 – 229.

[132] Colombo S. "Licensing under Bertrand competition revisited" [J]. *Australian Economic Papers*, 2015, 54 (1): 38 – 42。

[133] Matsumura T. "Partial privatization in mixed duopoly" [J]. *Journal of Public Economics*, 1998, 70 (3): 473 – 483.

[134] Dias M, Rocha K. "Petroleum concessions with extendible options: investment timing and value using mean reversion and jump processes for oil prices" [R], *IPEA, Rio de Janeiro, discussing paper*, 1999 (620).

[135] Dixit A, Pindyck R. "Investment under uncertainty" [M]. Princeton: Princeton University Press, 1994.

[136] Dias M., Teixeira J. "Continuous – time option games: review of models

and extensions. part 1: duopoly under uncertainty" [C]. *the 7th Annual International Real Options Conference*, Washington DC, 2003.

[137] Huisman K, Kort P. "Effects of strategic interactions on the option value of waiting" [R]. *Working Paper*, *Tilburg University*, 1999, 92.

附 录

(一) 关于第七章第一节部分内容的相关证明及分析

1. 证明中要使用的一个重要引理

在开始证明第四章的所有结果之前,首先给出一个引理,用于其相关证明过程。

引理 A7.1 假设 $E(\Pi_1^i(x^i))$ 和 $E(\Pi_1^j(x^j))$ 分别表示企业 1 情况 i 和情况 j $(i,j=N,F,R,T,i \neq j)$ 的期望利润,并且 x^i 和 x^j 分别为在这两种情况下相应的研发创新成功率,那么,如果 $x^i \geq x^j$,有 $E(\Pi_1^i(x^i)) \geq E(\Pi_1^j(x^j))$;反之亦然①。

证明:从四种许可情况下的期望混合利润和相应的研发成功率可知,可以得到 $E(\Pi_1^i(x)) - E(\Pi_1^j(x)) = 2vx(x^i - x^j)$。显然,式 $E(\Pi_1^i(x)) - E(\Pi_1^j(x))$ 和式 $(x^i - x^j)$ 符号相同。另外,由于 x^i 和 x^j 分别用来最大化 $E(\Pi_1^i(x^i))$ 和 $E(\Pi_1^j(x^j))$,所以有如下结果:

(1) 如果 $x^i > x^j$,那么有 $E(\Pi_1^i(x^i)) > E(\Pi_1^i(x^j)) > E(\Pi_1^j(x^j))$;

(2) 如果 $x^i < x^j$,那么有 $E(\Pi_1^i(x^i)) < E(\Pi_1^j(x^i)) < E(\Pi_1^j(x^j))$。

---

① 这里,"N,F,R,T" 分别表示无技术许可,固定费用许可,单位提成费用许可以及两部制费用许可这四种情况。

证明完毕。

2. 私有企业两部制费用许可和单位提成费用许可比较（$\beta_0 < \beta < \beta^T$）

当 $\beta_0 < \beta < \beta^T$ 时，通过比较企业1在两部制费用许可和单位提成费用许可下的事前最大期望利润，可得如下引理。

引理 A7.2 就两部制费用许可和单位提成费用许可而言，对于企业1各自研发成功率和相应的事前最大期望利润，其比较结果是，对于 $\beta_0 < \beta < \beta^T$，有 $x^R < x^T$ 和 $E(\Pi_1^R(x^R)) < E(\Pi_1^T(x^T))$ 恒成立。

证明：注意到对于所有的 $\theta \in (0, 1)$，均有 $\beta^R < \beta^T$。所以，当 $\beta_0 < \beta < \beta^R$ 时，两种许可方式中的最优单位提成率均为内部解。此时，将在两部制费用许可和不许可情况下相应的研发成功率进行相减可知，

$$x^R - x^T = \frac{F_4(\beta)}{2v(8+\theta^2)(4+5\theta^2)(4-\theta^2)^2(1-\theta^2)} \quad (A-1)$$

其中，

$$F_4(\beta) = c^2(8+\theta^2)(4+5\theta^2)(2-\theta^2)^2\beta^2 - 2c(8+\theta^2)(4+5\theta^2)$$
$$(2-\theta^2)[(2-\theta^2)c - (2-\theta-\theta^2)a]\beta + N$$
$$N = (8+\theta^2)(4+5\theta^2)(2-\theta^2)2c^2 - 2(2+\theta)(1-\theta)(2-\theta^2)(8+\theta^2)(4+5\theta^2)ac$$
$$+ (1+\theta)(16+24\theta^2-8\theta^3+5\theta^4-\theta^5)(2+\theta)2(1-\theta)2a^2.$$

由此可知，$(x^R - x^T)$ 的符号由函数 $F_4(\beta)$ 所决定。由于 $F_4(\beta)$ 是一个单调递增函数且 $F_4(\beta^R) < 0$ 对所有的 $\beta_0 < \beta < \beta^R$ 恒成立。所以，有 $x^R - x^T < 0$ 以及 $E(\Pi_1^R(x^R)) < E(\Pi_1^T(x^T))$。

当 $\beta^R < \beta < \beta^T$ 时，可知在单位提成费用许可中的最优提成率为角解，而在两部制费用许可中的最优提成率为内部解。此时，将在两部制费用许可和不许可情况下相应的研发成功率进行相减可知，

$$x^R - x^T = -\frac{c^2(8+6\theta^2-5\theta^4)^2}{8v(4+5\theta^2)(4-\theta^2)^2(1-\theta^2)^2}\left[\beta - \left(1 - \frac{\theta(1-\theta^2)(2+\theta)^2}{(8+6\theta^2-5\theta^4)}\frac{a}{c}\right)\right]^2$$

$$(A-2)$$

显然，此时有 $x^R - x^T < 0$ 以及 $E(\Pi_1^R(x^R)) < E(\Pi_1^T(x^T))$。

综上所述，即可得到引理。

证明完毕。

（二）关于第七章第二小节部分内容的相关证明及分析

1. 证明中要使用的一个重要引理

在开始证明第五章的所有结果之前，首先给出一个引理，用于后续的相关证明。

引理 A7.3　假设 $E(U_1^i(x^i))$ 和 $E(U_1^j(x^j))$ 分别表示情况 i 和情况 j ($i, j = N, F, R, T, i \neq j$) 的期望混合利润，并且 x^i 和 x^j 为这两种情况下相应的研发创新成功率，那么，如果 $x^i \geq x^j$，有 $E(U_1^i(x^i)) \geq E(U_1^j(x^j))$；反之亦然①。

证明：从四种许可情况下的期望混合利润和相应的研发成功率可知，可以得到 $E(U_1^i(x)) - E(U_1^j(x)) = 2vx(x^i - x^j)$。显然，式 $E(U_1^i(x)) - E(U_1^j(x))$ 和式 $(x^i - x^j)$ 符号相同。另外，由于 x^i 和 x^j 分别用来最大化 $E(U_1^i(x^i))$ 和 $E(U_1^j(x^j))$，所以有如下结果：

(1) 如果 $x^i > x^j$，那么有 $E(U_1^i(x^i)) > E(U_1^i(x^j)) > E(U_1^j(x^j))$；

(2) 如果 $x^i < x^j$，那么有 $E(U_1^i(x^i)) < E(U_1^j(x^i)) < E(U_1^j(x^j))$。

证明完毕。

2. 混合企业最优单位提成率 $r^* = 0$ 的证明

如果不考虑企业 2 对于许可合同的态度而只关注能够最大化企业 1 事后混合利润的单位提成率，那么，可得到的角解如下：

$$r^{RI} = \frac{3\lambda^3 - (2\theta^2 + \theta - 5)\lambda^2 + (\theta^3 - 2\theta^2 + 1)\lambda + \theta - 1}{(1+\lambda)(3\lambda^2 - (2\theta^2 - 4)\lambda - \theta^2 + 1)}$$

$$= \frac{C^R(\theta, \lambda)}{(1+\lambda)(3\lambda^2 - (2\theta^2 - 4)\lambda - \theta^2 + 1)} \quad (A-3)$$

这里，如果用 λ^R 表示 $C^R(\theta, \lambda) = 0$ 在 $\lambda \in (0, 1)$ 范围内的解析解，那

---

① 这里，"N, F, R, T" 分别表示无技术许可，固定费用许可，单位提成费用许可以及两部制费用许可这四种情况。

么其具体函数形式如下：

$$\lambda^R = \begin{cases} \frac{11}{50}\sqrt{4\theta^4 - 5\theta^3 - \theta^2 - 10\theta + 16} \cdot \cos\left(\frac{1}{3}\arctan\left(\frac{9\theta\sqrt{3(1-\theta)(2-\theta)(4\theta^6 - 12\theta^5 + 9\theta^4 + 29\theta^3 + 18\theta^2 - 48\theta + 32)}}{16\theta^6 - 30\theta^5 - 27\theta^4 + 71\theta^3 - 54\theta^2 - 120\theta + 128}\right)\right) \\ + \frac{1}{9}(2\theta^2 + \theta - 5), \theta \in (0, 0.9066) \\ \frac{11}{50}\sqrt{4\theta^4 - 5\theta^3 - \theta^2 - 10\theta + 16} \cdot \cos\left(\frac{1}{3}\arctan\left(\frac{9\theta\sqrt{3(1-\theta)(2-\theta)(4\theta^6 - 12\theta^5 + 9\theta^4 + 29\theta^3 + 18\theta^2 - 48\theta + 32)}}{16\theta^6 - 30\theta^5 - 27\theta^4 + 71\theta^3 - 54\theta^2 - 120\theta + 128}\right) + \frac{\pi}{3}\right) \\ + \frac{1}{9}(2\theta^2 + \theta - 5), \theta \in (0.9066, 1) \end{cases}$$

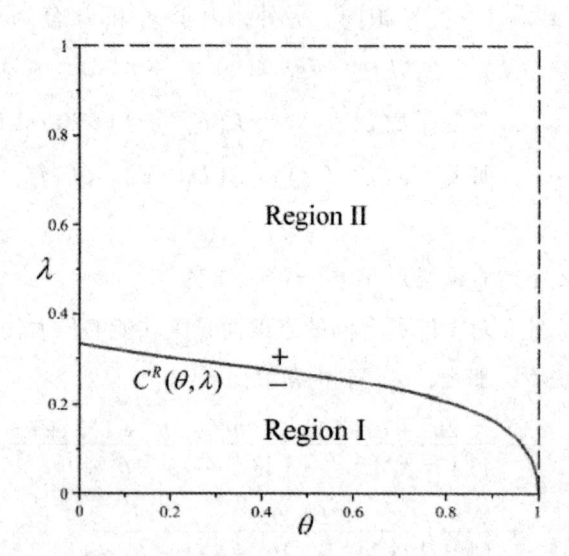

图 A–1　C^R (θ, λ) 的符号在 (θ, λ) 空间的分布情况

图 A–1 表示 C^R (θ, λ) =0 在空间 (θ, λ) 的符号分布情况。其中，红

色曲线表示边界 $C^R(\theta, \lambda) = 0$。显然，整个区域被这条曲线分成两个部分，分别为区域1和区域2。由于 $3\lambda^2 - (2\theta^2 - 4)\lambda - \theta^2 + 1 > 0$ 对于所有的 $\theta, \lambda \in (0, 1)$ 均成立，所以 r^{RI} 的符号和 $C^R(\theta, \lambda)$ 的符号相同。那么，在满足 $0 < \lambda < \lambda^R$ 的区域1，有 $r^{RI} < 0$。这说明，企业1的事后混合利润是关于 r 的一条单调递减曲线。考虑到单位提成率的可行性约束，$r \geq 0$，即可得出此种情况下的最优单位提成率应为零，即 $r^* = 0$。

然而，在满足 $\lambda^R < \lambda < 1$ 的区域2，有 $r^{RI} > 0$。此时，尽管角解为正，但其是否能够成为最优单位提成率，还要取决于企业2是否会接受此单位提成许可合同。

证明完毕。